AF453825

LE
GLAÇON DU POLARIS

I

PUBLICATIONS AUXQUELLES CE RÉCIT A ÉTÉ EMPRUNTÉ

1° **Arctic experiences and Captain Tyson's Ventures**. New-York. Harper brothers, 1874.

2° **Narrative of the North polar expedition « U.-S. Polaris, »** captain Charles Francis HALL commanding. — Washington, government printing office, 1876.

II

AUTRES OUVRAGES DE M. W. DE FONVIELLE

La Conquête du Pôle-Nord. Un vol. in-16, avec gravures. Prix . . . . 4 fr.

Les Aventures aériennes, et Expériences mémorables des grands Aéronautes. Un vol. in-16, avec gravures. Prix . . . . 4 fr.

Typographie Lahure, rue de Fleurus, 9, à Paris.

LE
GLAÇON DU POLARIS

AVENTURES

DU CAPITAINE TYSON

RACONTÉES D'APRÈS LES PUBLICATIONS AMÉRICAINES

PAR

M. W. DE FONVIELLE

CONTENANT UNE CARTE

PARIS

LIBRAIRIE HACHETTE ET Cⁱᵉ

79, BOULEVARD SAINT-GERMAIN, 79

—

1877

AVIS DU NARRATEUR

L'expédition extraordinaire du *Polaris* n'est pas seulemênt mémorable à cause des incidents dramatiques qui s'y sont succédé avec une rapidité sans précédents dans les explorations polaires; elle puise un intérêt extraordinaire dans les circonstances politiques qui ont influé sur son organisation, et dans les causes néfastes qui ont fait échouer une entreprise analogue préparée avec un incomparable dévouement par un Français dont l'enthousiasme s'élevait à la hauteur du génie.

Si notre malheureux Gustave Lambert n'était mort glorieusement, défendant les armes à la main notre grand et infortuné Paris, l'expédition du *Polaris* aurait certainement été sœur de la sienne. Le capitaine Hall aurait marché à l'assaut du pôle nord par le détroit de Smith, pendant que le vaillant capitaine du *Boréal* se serait lancé, avec l'impétuosité qui nous le rendait si cher, dans les profondeurs inconnues de la mer de Behring.

D'après les résultats négatifs obtenus par le capitaine Nares, il paraît certain que ni l'un ni l'autre de ces hardis navigateurs n'aurait pu se rencontrer ; mais les découvertes du Français auraient donné un nouveau prix à celles de l'Américain, et celles de l'Américain auraient éclairé une partie des mystères que le Français n'aurait pu percer.

La mort du capitaine Lambert ayant mis fin à l'expédition du *Boréal*, il semble que le capitaine Hall ait remplacé dans l'assaut du pôle nord le soldat tombé pour la défense de Paris.

On peut le dire avec d'autant plus d'assurance que, dans ses plans d'équipement du *Polaris*, le capitaine Hall a largement mis à profit le fruit des méditations du capitaine Lambert. Rien de ce qu'elles avaient de réellement praticable n'a été dédaigné par son successeur.

Le capitaine Hall est mort sans avoir pu accomplir le rêve de sa vie. Mais ce qu'il a fait n'a pas péri : ses travaux, ses souffrances, son trépas, sont destinés à fructifier.

En effet, le sillon qu'il a tracé dans les mers polaires semble être celui qui conduira finalement à la réalisation de ses grandes pensées.

C'est en suivant ses traces que le capitaine Nares est arrivé, trois ans plus tard, à des latitudes que personne n'avait encore atteintes, où les Ross, les

Parry, les Scoresby, n'avaient pu s'élever. C'est par
la porte qu'il a ouverte toute grande que la république américaine va se précipiter. C'est en face
du modeste monument où repose sa dépouille
mortelle, que va s'élever la première colonie consacrée à la science que pendant toute sa vie ce
grand explorateur a si ardemment aimée.

Son tombeau, où son cadavre se réduit en poussière, est un phare qui brille dans la grande nuit
polaire; la République américaine, autour de ce
monument funèbre, accomplira une œuvre de vie.
De l'autre côté du détroit de Smith qu'il éclaire,
la Providence a placé d'inépuisables mines de
houille qui permettront de triompher du froid
terrible par lequel Hall fut vaincu.

Heureux sont ceux qui meurent en rendant leur
pensée immortelle!

Leur nom ne doit pas périr où l'idée périclite,
et où les hommes de conviction sont si rares,
qu'on peut croire que la conscience, comme jadis,
suivant les poëtes, la bonne foi, a complétement
déserté la terre.

Hall est mieux qu'un souvenir; à une époque
d'expédients, il est un enseignement, un exemple.

Il n'est pas de ces héros d'un jour que la foule
acclame en attendant qu'elle les lapide. Sa gloire
est du nombre de celles qui grandissent avec le
temps, qui mûrissent au soleil de l'avenir.

Nous serions d'autant plus inexcusable de ne
point accorder à cette expédition mémorable une

attention extraordinaire, que nous avons à notre disposition le récit d'un témoin digne de foi, ami, confident, admirateur du capitaine Hall.

Marin depuis son enfance, le lieutenant Tyson n'a pas reçu l'éducation scientifique ou littéraire si utile pour jouer le rôle de chef, mais dans un grade relativement inférieur il a su mettre au service d'une grande cause les qualités précieuses que la nature refuse trop souvent à ceux que la fortune a favorisés.

Mis, par une étonnante catastrophe, à la tête d'un groupe de naufragés sans discipline, sans homogénéité, sans pain, sans feu, sans espérance, entouré de femmes et d'enfants, Tyson a trouvé le moyen de se passer de tout, même de bâtiment, pour naviguer heureusement sur un océan si terrible, que les plus admirables y disparaissent parfois sous les pieds des plus habiles capitaines. L'imagination la plus féconde n'a rien ni à ajouter, ni à retrancher à des événements, devant lesquels pâlissent les fictions vulgaires dont tant de lecteurs font trop souvent leurs délices.

Le voyage du détroit de Smith jusqu'aux côtes du Labrador restera certainement une des plus étonnantes épopées maritimes que l'histoire de la géographie militante ait à enregistrer.

Nous espérons que ce petit volume montrera que l'héroïsme ne s'exerce pas seulement sur les champs de bataille, et que la philosophie livre ses grands combats dans lesquels on saisit la nature corps à corps, et où l'on apprend à ne jamais désespérer du salut de la patrie !

Quand la science inspire ces beaux dévouements, c'est lorsqu'elle a horreur des sophismes par lesquels elle est trop souvent empoisonnée ou des erreurs au prix desquelles elle est trop fréquemment, hélas ! achetée.

Nous aurions bien mal réussi, si nous n'avions pas montré que l'amour du pays qui nous a vu naître est indispensable pour le succès des entreprises que l'on appelle téméraires. Mais en est-il même qui méritent ce nom, quand ceux qui s'y livrent sont pénétrés du grand devoir de contribuer à la gloire de leur nation ?

Le pôle n'est pas si loin de nous que l'on veut bien le dire. Il est possible de rencontrer ces températures effrayantes au-dessus de notre Paris. Il suffit d'un bond hardi pour lancer son ballon dans des températures dont Hall lui-même n'a point eu à éprouver la rigueur.

A ce point de vue, les aventures de Tyson et de son illustre maître doivent passionner tous ceux dont le récit des grandes expéditions aériennes a fait palpiter le cœur.

Le glaçon du *Polaris*, abandonné au gré des flots comme un ballon l'est au gré des vents, semble avoir été monté non par des marins, mais par des aéronautes !

Qu'il nous soit encore permis d'ajouter que,

profondément républicain, Hall n'avait perdu aucun des sentiments que les pèlerins de Fleur-de-May ont semés sur les rivages de la libre Amérique.

Loin d'être séduit par les sophismes d'une fausse science, impuissante autant que mensongère, le capitaine du *Polaris* croyait énergiquement à la vie future et à l'existence d'une intelligence régulatrice du monde.

Son hardi lieutenant, le capitaine du glaçon du Polaris, n'a pas perdu de vue un seul instant cette vérité éternelle.

C'est la splendeur de Dieu, si lumineuse en présence des splendeurs austères de la nuit polaire, et l'amour de la patrie républicaine, qui l'ont soutenu dans des périls inouïs ; sa foi dans l'immortalité lui a donné la force d'acquérir un nom qui ne périra pas, au lieu d'être englouti, docile victime d'un naufrage désespéré.

Nul spectacle n'est plus moral, plus digne de former des citoyens, et de préparer de futurs défenseurs à la République française.

Nous ajouterons que nous avons respecté religieusement les impressions de Tyson. Nous n'avons point effacé les traces de préventions que l'on doit considérer comme une partie essentielle de l'histoire du glaçon du *Polaris*. En effet on ne se ferait pas une idée exacte des souffrances des naufragés qui ont habité cette glace flottante, si on se bornait à décrire les ouragans qui ont trituré les banquises autour de leurs cabanes de neige.

Pour comprendre cette série de drames, dont l'Océan glacé a été le théâtre, il faut recueillir les confidences des héros de cette épopée maritime, penser ce qu'ils pensaient, et assister aux tempêtes qui se déchaînaient sous leur crâne.

Tyson ne pouvait rêver une plus belle récompense de ses succès, ni un plus magnifique dédommagement des souffrances que nous allons essayer de décrire.

Le commandement de la *Florence*, auquel il a été nommé par le capitaine Howgate, le principal membre de la commission d'enquête sur le naufrage du *Polaris*, est un premier triomphe que nous enregistrons avec sympathie et bonheur.

Il a de plus une occasion magnifique pour montrer qu'il a su profiter des enseignements de son maître, le glorieux capitaine Hall, dont il va enfin revoir la tombe féconde !

Mais quel que soit l'avenir réservé au petit schooner qui a quitté il y a peu de jours le port de New-Londres, son expédition marquera éternellement dans l'histoire de l'exploration du monde. Car désormais, suivant la belle parole du capitaine Howgate, on va employer à assiéger le pôle toute la persévérance dont le général Grant a fait preuve quand il s'est acharné à la poursuite de Lee dans le désert !

La colonie scientifique de la baie de Lady-

Franklin ne restera point isolée dans le monde. Elle se rattachera aux établissements analogues que l'on doit fonder dans la Nouvelle-Zemble, dans le Spitzberg, et jusque dans la terre François-Joseph, quand les plans de MM. Payer et Weyprecht, auxquels l'expédition de la *Florence* donne un appui aussi puissant qu'inattendu, auront reçu leur exécution prochaine.

Toutes ces grandes tentatives ont pour origine la merveilleuse et dramatique navigation que nous allons décrire, afin de compléter l'histoire du plus dramatique des incidents résumés dans notre *Conquête du Pôle nord*.

Si nous avons eu le courage de l'entreprendre, c'est grâce à la bienveillance peu méritée avec laquelle le public a accueilli notre précédent ouvrage.

Puissions-nous ne point rester trop au-dessous de la tâche que nous ont imposée à la fois notre patriotisme et notre amour de la science.

LE GLAÇON
DU POLARIS

CHAPITRE I

La naissance de Tyson et sa première campagne. — La baleine du
Pouce-du-Diable. — Le premier hivernage.

La naissance de Tyson et sa première campagne.

Je suis né, un an avant 1830, dans les environs
de Trenton, capitale du New-Jersey, pays agricole
assez pauvre si on le compare aux États de New-
York et de Pennsylvanie, entre lesquels il est situé.

La principale occupation du peuple y est l'agriculture, qui a été pendant plusieurs générations
celle de mes parents, éloignés par goût de tout ce
qui tient à la mer.

Quoique le sol soit fertile et que la température
soit généralement plus douce que dans l'État de

New-York, et que les unions soient fécondes, la population ne s'y augmente pas très-rapidement.

Beaucoup de familles, attirées par la facilité de trouver des occupations lucratives dans la grande capitale du nouveau monde, abandonnent le pays où leurs ancêtres ont passé une vie de labeurs, et se lancent dans ce grand tourbillon humain. Mes parents obéirent, comme les autres, à la séduction de cet éblouissant voisinage.

J'étais encore jeune quand mon père et ma mère quittèrent notre humble chaumière; mais j'avais vécu assez de temps dans le New-Jersey pour ne point y laisser le patriotisme ardent que l'on respire à pleins poumons dans cette province, une des plus anciennement colonisées et une des plus exclusivement américaines, car les émigrants qui nous arrivent sans relâche d'Europe dédaignent les côtes de l'Atlantique. Ces nouveaux venus, avides de s'enrichir, se dirigent généralement dans les États lointains où ils espèrent bientôt oublier dans l'opulence la patrie à laquelle ils ont si facilement renoncé. Je savais à peine lire, que mon jeune cœur battait déjà au récit des exploits de Paul Jones et des héros de la guerre de l'Indépendance. Quand je quittai le New-Jersey, j'avais visité tous les champs de bataille où les patriotes de 77 et de 78 avaient versé leur sang pour la défense de notre jeune République.

Mes premières lectures furent les romans, si admirablement américains, de Fenimoore Cooper,

notre merveilleux peintre de la vie maritime. Aussi
mes parents, qui redoutaient de me voir entraîne
par le désir d'imiter les héros de mes rêves, me
mirent-ils en apprentissage chez un forgeron dès
que j'eus fini le cours de mes études, c'est-à-dire
dès que j'eus appris dans les écoles publiques ce
que tout homme appartenant à un peuple véritablement maître de la destinée doit savoir. Grâce
à Dieu, ce minimum indispensable ne manque
point aux plus pauvres citoyens américains.

Les noms de Ross, de Parry et de Franklin
étaient alors dans toutes les bouches ; aussi
l'enthousiasme dont mes parents n'avaient pas
tort de redouter les effets prit-il une direction.
Dans ce vaste univers, si rempli de merveilles,
un coin mystérieux, obscur, dangereux à atteindre, attirait mon attention et centralisait tous mes
désirs. Le monde arctique me paraissait un paradis ruisselant de splendeurs. J'oubliais le froid
pour ne songer qu'à l'aurore boréale. A la perspective d'échapper aux glaçons gigantesques se
joignait l'attrait de poursuivre les phoques et les
baleines. La pensée de me trouver un jour face à
face avec les ours blancs me donnait, dans mes
rêves d'enfant, la force d'un géant.

Cette tournure de mon esprit détermina mes parents à chercher les moyens de m'établir dès que
je fus en âge de prendre femme. Mais mon cœur,
trop rempli des beautés éternelles de la nature, ne
trouvait point de place pour les charmes des jeunes

New-Yorkaises. Plusieurs mariages, qui eussent dû me tenter, me furent offerts sans me détourner de ma vocation maritime.

Le plus beau jour de ma vie fut le 7 février 1850, jour où, renonçant à ma forge, je quittai le port de New-London. J'avais pris un engagement à bord de la barque *Mac Clellan* qui, sous le commandement du capitaine William Quayle, allait à la pêche de la baleine.

Le *Mac-Clellan* avait fait, avec succès, la course pendant les guerres de la Révolution, et ramené plus d'un navire de la Compagnie des Indes dans nos ports insurgés. Mais l'âge avait affaibli ses membrures jadis si solides; aussi plus d'un matelot expérimenté aurait refusé de s'y embarquer; mais ce qui eût fait trembler un vieux loup de mer était précisément ce qui m'enchantait. En songeant à la légende du passé, j'oubliais trop facilement peut-être les dangers de l'avenir.

J'avais une bonne inspiration en choisissant pour mon apprentissage cette chasse au grand cétacé, car aucune spécialité n'est plus apte à former des explorateurs du pôle. Le plus illustre de tous n'est-il pas l'admirable baleinier Scoresby, dont le nom est devenu légendaire?

A peine avions-nous perdu de vue les côtes de Terre-Neuve qu'un événement tragique vint sinon refroidir mon ardeur, du moins m'inspirer de tristes réflexions sur les hasards infinis auxquels on est exposé dans ces mers agitées où, sous les rayons d'un soleil bizarre et capricieux, l'eau et la glace se livrent nuit et jour un éternel combat.

Un de nos quartiers-maîtres, déjà malade lors de l'embarquement, mourut après quelques jours de traversée. Les funérailles se célèbrent avec la solennité ordinaire en pareille circonstance. Le pavillon hissé à mi-mât, le capitaine donne lecture de l'office des morts devant l'équipage, tête nue, recueilli, silencieux. Le cadavre a été cousu dans une toile à voile. A bord des navires de guerre, on attache aux pieds du défunt un boulet de canon; mais notre pièce à signaux n'ayant que des gargousses blanches, on y a fixé une masse de fer. A un signal donné par le capitaine, on coupe la corde qui retient le cadavre sur une planche inclinée; la dépouille mortelle de notre malheureux camarade glisse en lançant un bruit sinistre, dont mes oreilles épouvantées retentirent longtemps. Un peu d'eau jaillit; un peu d'écume blanche, que la vague dissipe en un clin d'œil, indique la place où le quartier-maître a été englouti.

Le ciel était d'une pureté incroyable, le vent était tombé subitement comme si l'air avait été figé par la baguette d'un enchanteur. Le sifflet du contre-maître, l'ami du défunt, me rappela qu'il fallait prendre un ris dans les huniers. Il était temps, un mauvais grain approchait. Si nous avions conservé tout ce que nous portions de toile, le *Mac Clellan* aurait pu sombrer sous voiles....

Nous allions, nous vivants, rejoindre celui que nous venions de confier pieusement à l'océan Polaire.

Ce grain fut le dernier que nous essuyâmes, et nous gagnâmes sans trop de difficulté la côte du Labrador où devait commencer notre pêche.

La vie à bord des baleiniers est excessivement accidentée. On n'a pas, comme dans les autres navires, de quart régulier, car à tout instant on peut apercevoir *un poisson;* alors il faut lancer les embarcations à la mer, et sans perdre une minute se précipiter à la poursuite du colosse. On reste écarté du bord souvent pendant des journées entières. Aussi la cuisine chauffe en permanence afin qu'on ne soit pas exposé à s'embarquer sans vivres, ou au moins sans avoir fortifié par un repas improvisé l'homme intérieur. C'est ce dernier procédé que préfèrent les baleiniers qui ont l'habitude de dire « que l'estomac est encore la meilleure cambuse. »

Comme tout le monde est à la part, et que des primes spéciales récompensent les services signalés, toutes les facultés sont concentrées vers le but commun. La jalousie se transforme en une sorte d'émulation salutaire qui décuple les forces de chacun au grand profit de tous.

Nous étions depuis peu de temps dans la mer de Baffin, lorsqu'un peu avant le coucher du soleil il m'arriva une aventure extraordinaire.

J'étais en vigie, mon poste absorbait toutes les

puissances de mon âme. A force de regarder au loin avec une attention fébrile, il me semblait que les yeux allaient me sortir de la tête. Tout à coup je vois sur un glaçon un objet d'une forme extraordinaire : « *Un poisson!... un poisson!* » m'écriai-je.

Tout le monde saute sur le pont; mais avant que j'aie le temps d'être fier de ma trouvaille, je m'aperçois que je me suis trompé.

Heureusement on ne songe pas à se moquer de moi, à me reprocher ma maladresse, car on voit distinctement qu'un objet bizarre flotte en effet à la surface de l'océan. Des mâts se montrent, bientôt il devient évident que j'ai découvert un navire saisi par les glaces et dérivant vers le sud.

Que sont devenus les matelots qui le montaient? Est-ce une épave que l'équipage a désertée?

Pendant que les officiers dissertent et regardent avec la lunette, on voit des points noirs qui s'agitent sur la glace.

Les inconnus ont quitté leur bord; ils se sont approchés le plus possible de nous, qui serons leurs sauveurs. Ils traînent une baleinière qu'ils lancent à l'eau et font force de rames pour nous atteindre.

Les malheureux naufragés faisaient route avec leur glaçon vers le sud, dans les régions où il n'y a pas de glace qui puisse résister au soleil. Aussi auraient-ils pris facilement en patience une captivité qui devait trouver un terme prochain, s'ils n'avaient été réduits par la famine aux extrémités les plus dures. Ils avaient quitté leur banquise pour venir nous demander quelques provisions.

Ils n'ont point eu tort d'avoir confiance dans l'humanité de notre capitaine. Le vieux William Quayle avait bien ses défauts : il aimait un peu trop l'eau-de-vie et détestait la contradiction de quelque côté qu'elle pût venir. Mais dans ses vingt campagnes il n'avait pas sur la conscience d'avoir une seule fois refusé de partager à la mer ses provisions et même son rhum avec de pauvres affamés. Il était très-serré à New-York, et on lui faisait une réputation méritée d'avarice ; mais il avait l'habitude de dire que l'économie était une vertu pour le parfait baleinier à condition seulement qu'il la laissât à terre.

William Quayle leur donna autant de vivres que leur canot pouvait en tenir. Il y joignit, toujours plein de délicatesse, une petite caisse de tabac et un paquet de chiques. Je n'oublierai jamais la stupéfaction des matelots en voyant ce dernier trait de générosité qui serait pour moi inexplicable si William Quayle n'avait été un grand fumeur. Il savait qu'à la mer il n'y a pas de bon dîner s'il n'est *arrosé* par une pipe. Cet exemple se grava dans mon cœur, et dans toute ma carrière maritime je ne l'oubliai jamais.

Quoique nous fussions seulement arrivés au 62° de latitude nord l'hiver me semblait venu, et je me pris quelquefois à regretter amèrement de ne point être à New-York auprès de mon feu de forge. « Pourquoi, me disais-je dans ces moments de découragement, n'ai-je point écouté les avis de mes bons parents? Quel besoin avais-je de m'embarquer dans une si froide galère ? »

Mais il en est du frisson comme des autres sensations désagréables, on finit par s'y habituer gaillardement, surtout quand on est jeune comme je l'étais alors, que l'on est doué d'une constitution robuste que j'ai conservée grâce à Dieu, et que l'on aime la profession maritime. Le soleil devenant chaque jour plus actif, malgré les brumes, je finis par oublier les terribles impressions des débuts de ma campagne.

Nous avions d'autant moins chaud que nous n'osions point nous écarter des glaces. Comme le vent soufflait du nord-ouest et que ces banquises atteignaient des hauteurs incroyables, elles nous fournissaient un abri relativement sûr. N'était-ce pas le comble de l'art que de tirer parti d'un si dangereux voisinage? Le vieux Quayle était tout fier d'avoir imaginé un pareil subterfuge.

Une autre raison nous obligeait à côtoyer ces glacières flottantes. Nous n'avions pu attraper de baleines; et pour faire honneur au proverbe « faute de grives, on mange des merles », le vieux William Quayle avait résolu de nous mettre à la chasse aux phoques que l'on trouve en singulière abondance le long des glaces sur lesquelles ces singuliers animaux aiment à folâtrer.

Ces phoques, surtout ceux qui portent une crinière et que l'on nomme quelquefois les lions marins, ont un aspect véritablement effrayant. Ce sont des animaux doués d'un grand courage, et d'une incontestable intelligence. Ils défendent quelquefois leur vie avec un incroyable acharnement. Si la nature les avait mieux armés contre l'homme, ils seraient les rois du monde arctique; c'est eux qui feraient la chasse aux baleiniers.

Leurs yeux sont doux et expressifs; on dirait qu'ils vous reprochent votre barbarie quand ils ne peuvent plus résister, et qu'avant de rendre l'âme ils demandent de quel droit vous ensanglantez les neiges sur lesquelles ils viennent paisiblement humer quelques rayons de soleil. Dans les premiers temps j'avais senti en les massacrant de singuliers remords dont je ne fis confidence à aucun de mes camarades, et qui finirent par se dissiper entièrement.

Cependant je ne fus jamais assez habitué à mon métier de boucher pour ne pas me sentir ému, lorsque j'étais dans la nécessité d'égorger un jeune qui persistait à ne pas quitter le cadavre de sa mère.

Une fois même pendant l'étrange hivernage dont j'aurai bientôt à parler, cette sensibilité faillit m'attirer une méchante affaire.

J'avais épargné un petit phoque que je nourrissais de mon mieux et que j'avais formé le projet de ramener en Amérique; mais un grossier camarade l'étouffa brutalement en s'asseyant dessus.

Il s'en est peu fallu que nous n'en vinssions aux mains, et sans l'intervention des autres l'un de nous fût certainement resté sur le carreau.

Les Esquimaux produisirent sur moi un effet des plus désagréables, et je partageai bien vite le mépris que les matelots affichent presque toujours pour eux. C'est seulement dans les subséquents voyages que je me rendis compte des qualités réelles de ce peuple, et du parti qu'on peut tirer de son expérience ainsi que de son humanité.

Les femmes surtout me paraissaient horribles, et je m'indignais qu'un Européen pût concevoir pour elles la moindre affection. Rien n'égala ma surprise quand je vis que des négociants danois avaient épousé des filles ainsi bâties et si singulièrement attifées. Je finis il est vrai par m'habituer à leur costume, à leurs allures. Dès que je cessai de les comparer avec nos élégantes de la nouvelle Angleterre, je m'aperçus qu'elles ne manquaient pas de qualités réelles, et je reconnus qu'elle possédaient des charmes que d'autres avaient pu apprécier.

Toutefois la bonne opinion que je fus conduit à à concevoir de ces tribus étranges eut bien du mal à triompher de la répugnance que leur odeur m'inspira longtemps.

Pourtant je n'étais pas délicat, et, quoique jeune baleinier, j'avais eu l'odorat chatouillé par des senteurs qui n'étaient pas précisément celles de la rose.

Nous fîmes escale à Godshaven, capitale d'un inspectorat du Groënland. C'est une ville, célèbre dans toutes les géographies, qui ne vaut pas notre plus obscur village.

M. le gouverneur général a une place dont ne voudrait pas le maître d'école de chez nous. Il a l'air d'un pauvre ouvrier, chargé d'une nombreuse famille qu'il nourrit du travail de ses bras. Si j'avais eu à cette époque assez d'instruction, j'aurais ajouté : « Je ne comprends pas qu'un César passant dans ces régions eût appliqué à Godshaven ce qu'il avait dit d'une bourgade des Alpes. Quant à moi, je préférerais être le dernier à New-York que le premier ici. »

Une fois habitué aux hivernages, je compris que, sous ces régions désolées, la vie patriarcale a des charmes sans pareils. Si mon humeur voyageuse et vagabonde ne me précipitait constamment dans de nouvelles aventures, je me serais certainement établi à Disco, sans plus de répugnance que dans le New-Jersey ou la Pennsylvanie.

Par exemple ce que j'appréciai sur-le-champ, et ce que je trouvai au-dessus de tous les rêves, ce fut la nature dans ses habits de neige. Je ne chercherai jamais à peindre l'effet que produisirent sur ma jeune intelligence le vrai ciel arctique et les vraies glaces flottantes.

Nulle plume ne peut rendre l'impression qui s'empara de moi, lorsque je me trouvai ballotté par les vagues au milieu d'une armée de pics fantastiques, d'une légion de montagnes ayant l'instabilité des nuages et la dureté des rochers.

Toutes les formes que l'imagination en débauche peut rêver, toutes les couleurs qu'un Turner peut accumuler sur sa palette sont effacées quand le moindre rayon de soleil se brise sur les cristaux dont ces pointes aiguës sont enguirlandées.

Les aurores des régions tempérées sont fades, prosaïques, bourgeoises, auprès de l'étincelante écharpe de lumière qui, caressant des myriades de diamants à facettes, sème tant de reflets divins.

C'est certainement dans ma première campagne que j'ai rencontré le glaçon flottant le plus merveilleux qu'il m'ait jamais été donné d'admirer.

Je ne sais si c'est parce que j'étais novice, mais jamais je n'ai vu les vagues de l'océan soutenir une masse si prodigieuse par ses proportions, si effrayante par l'art surhumain avec lequel elle a été sculptée.

Il me semble que les flots portent vers notre nouveau monde un des chefs-d'œuvre de l'architecture gothique de l'ancien continent.

Ses hauts sommets dépassent ceux de Notre-Dame de Paris et de Strasbourg, et même, d'après ce que disait le capitaine, la pointe de la plus grande pyramide des pharaons.

Dire qu'il y a des matelots qui ont des yeux comme moi, qui, lorsqu'ils sont en vigie, découvrent une baleine de plus loin que moi, et qui ne voient rien de merveilleux dans d'aussi prodigieuses apparitions ! Leur esprit n'a d'enthousiasme que pour les tonnes d'huile. Ils rêvent les Barrooms de Brooklyn ! Le paradis est pour eux dans les bas quartiers de New-York, où ils passent quelques semaines d'ivresse luxueuse, quand la pêche a donné, et que les quarts de parts rapportent beaucoup de dollars en or.

Dans cette partie de notre croisière, nous avons éprouvé quelques accidents qui ont fait une décisive impression sur mon esprit.

Nous avons rencontré l'expédition américaine du lieutenant de Haven, qui, grâce à l'intelligente intervention de millionnaires de New-York, avait été envoyée une des premières à la recherche du capitaine Franklin.

Quand nous avons aperçu les deux navires qui la composaient, ils avaient mis le cap vers le sud et ils revenaient de conserve en Amérique.

Nous échangeâmes des signaux, et un des canots nous accosta. Il était commandé par le docteur Hayes, chirurgien de l'expédition, qui monta à bord et s'entretint longtemps avec le capitaine devant moi.

Chacune des paroles de cet homme, qui devait devenir immortel, resta gravée dans ma mémoire.

Avec quel entrain admirable il nous parlait de ce qu'il avait vu ! Comme il était facile de voir que chacune de ses épreuves, de ses souffrances, avait allumé son ardeur et confirmé sa constance !

Je ne fus nullement étonné quand j'appris plus tard ses étonnantes aventures, quand je lus le récit de ses admirables découvertes dans le détroit de Smith.

Si nous avions eu un tel chef, combien notre campagne eût changé de caractère !

Que d'incidents oubliés eussent été employés utilement pour la science ! Que d'enseignements recueillis, que de scènes admirables conservées ! Que d'opportunités auraient fait notre gloire !

Je n'oublierai jamais la pénétration singulière dont le docteur Hayes fit preuve, à propos du capitaine Franklin et de ses infortunés compagnons. Il ne partageait aucune de nos illusions sur leur sort.

« On n'en reverra pas un seul, disait-il, sans pouvoir réprimer un profond soupir.

« Trop heureux si l'on peut découvrir quelques reliques de l'expédition, si l'on a la consolation de rendre les honneurs funèbres aux cadavres qui ont été semés les uns après les autres sur la neige homicide ! »

Quand je lus plus tard le dénoûment de cette lamentable tragédie, je fus épouvanté par la netteté quasi surnaturelle de ses conclusions. A l'heure où nous devisions ensemble, les derniers survivants des équipages de l'*Érèbe* et de la *Terreur*, tragique coïncidence, épuisés, affamés, gelés, rendaient en effet leur âme à Dieu !

Le docteur Hayes nous laissa les médicaments dont nous avions grand besoin, car les armateurs avaient été d'une parcimonie sans pareille. Il donna de plus une consultation à nos malades, et il consentit à recevoir en échange un sac de pommes de terre. Il nous questionna avidement sur les nouvelles d'Amérique et même d'Europe, mais personne à bord ne fut à même de le satisfaire. Nous cherchâmes dans nos poches tous les vieux morceaux de journaux, qu'il emporta afin de les lire, de les commenter et d'en tirer les renseignements que nous avions été hors d'état de lui fournir. Je suis sûr qu'avec sa sagacité il est parvenu à reconstituer ce qui manquait, comme Agassiz refit un animal avec un os. Vingt-quatre heures après notre rencontre il aurait pu nous rappeler ce que nous avions oublié, ou nous apprendre ce que nous aurions dû savoir.

A peine avons-nous perdu de vue l'escadrille que la vigie du bord crie *a fall, a fall*, une baleine! une baleine!

La baleine du Pouce-du-Diable.

Le cétacé paraît gigantesque. C'est peut-être un de ces doyens de l'océan qui, ayant bravé l'hameçon vainqueur des Scoresby, se promènent depuis plus d'un siècle sur les mers glaciales, pour le désespoir des navigateurs.

Si l'on en croyait les vieux harponneurs, on ne tenterait pas la poursuite, car nous venons d'apercevoir au milieu des nuages le *Devil's Thumb*, le Pouce-du-Diable.

C'est une immense pyramide de rochers, dix fois plus large, vingt fois plus haute que le monument élevé aux victimes de notre grande et glorieuse défaite de Buncker's Hill.

Les matelots sont persuadés que ce pic maudit porte malheur. Tant qu'il ne s'est pas caché derrière la courbe de l'océan, il est inutile d'envoyer des vigies dans le « Nid de corbeau ». Les baleines qui se montrent entraîneraient sans profit les pêcheurs dans des parages lointains.

Heureux si elles ne se précipitent pas sur les embarcations et ne les coulent pas, car elles connaissent la manière de les remplir, d'un coup de queue assené sur la vague au moment propice! On raconte que quelques-uns de ces monstres, développant une malice infernale, sont sortis de l'abîme, qu'ils sont parvenus à soulever la barque sur leur dos et à la lancer en l'air, de sorte que ceux qui la montent ont été dispersés à la surface de l'eau.

En tout cas, disent les vieux matelots, le moindre mal qui puisse arriver c'est que la ligne se casse et que le cétacé entraîne au loin le morceau de fer qu'un bras robuste a inutilement fiché dans son lard.

Cette dernière mésaventure ne nous fut point épargnée. Après une course échevelée, au moment où nous croyons tenir notre proie, la baleine se réveille, elle fuit avec tant de fureur que le grelin cède. Peut-être s'est-il enflammé par le frottement sur le bordage malgré l'eau dont on l'arrosait sans relâche.

Cette épreuve n'était point la seule qui nous attendait. A peine le monstre avait-il disparu qu'un épais brouillard s'abattait sur l'océan. On eût dit qu'il avait donné le signal de cet horrible obscurcissement. Nous étions trop éloignés du navire pour entendre le bruit des détonations de notre pièce à signaux. A peine aurions-nous pu voir le haut des mâts si le temps eût été clair.

Ces brouillards sont la malédiction des navigateurs dans les régions arctiques. Ils sont produits par le refroidissement de l'air au contact des glaces[1].

1. Les brouillards ordinaires sont produits par la même cause. Les physiciens discutent beaucoup en ce moment pour savoir s'ils sont formés par des gouttes d'eau pleines, comme la pluie, ou creuses comme les nuages.

D'après les observations faites par Scoresby, j'inclinerais à supposer que les gouttelettes, au moins dans certains cas, sont creuses.

Pour arriver à une conclusion définitive, il faudrait faire une ascension en ballon au-dessus de ces vapeurs. Si l'on voit se peindre une auréole simple ou double, on aura devant soi de petites gouttelettes; si l'on aperçoit autour de sa tête une multitude de

Leur présence n'avait rien qui ne fût parfaitement explicable par la physique. Mais j'avoue que je n'étais que fort médiocrement rassuré en errant ainsi dans des ténèbres aussi froides qu'épaisses, et d'autant plus effrayantes que le soleil ne se couche pas dans cette latitude à l'époque de l'année où nous étions parvenus. Il y avait quelque chose de surnaturel à se sentir emprisonné dans cette vapeur qui, blanche comme de l'ivoire, venait se coller contre notre cristallin et qui nous empêchait de distinguer notre voisin, celui dont nous sentions les coudes. A peine si nous pouvions nous-mêmes voir notre propre main en la mettant devant notre visage.

Pendant trente-six heures consécutives, cette nuée aveuglante ne cessa de nous entourer. Je ne suis pas superstitieux, mais je pensai plus d'une

couleurs fondues, simulant également une sorte de gloire, les rayons du soleil tomberont sur de petits ballons d'eau ayant au centre un espace rempli d'air. C'est encore une fois cette seconde hypothèse qui nous paraît la plus probable. La théorie complète de ces apparences lumineuses, dont les Allemands ont fait beaucoup de bruit sous le nom de « Spectre du Brocken », a été donnée par l'illustre Bravais, célèbre physicien français, il y a plus de trente ans dans le « *Journal de l'École polytechnique*. » Bravais, qui appartenait à la marine comme lieutenant de vaisseau, avait fait campagne au Spitzberg avant d'aller avec Charles Martin au sommet du mont Blanc, où il campa plusieurs jours. Les phénomènes météorologiques du pôle sont analogues à ceux que l'on constate dans les excursions alpestres et dans les voyages aéronautiques. Il doit donc y avoir une intime alliance entre les grimpeurs, les explorateurs du pôle nord et les aéronautes.

fois au *Pouce-du-Diable*. Nous arrivâmes à bord, bredouilles, harassés de fatigue, transis de froid, excédés de faim et de soif, car notre absence avait duré cinquante deux heures. Je ne sais ce qui serait arrivé si nous n'eussions découvert le vieux *Mac Clellan*, au moment où il me semblait que j'allais expirer d'épuisement.

Depuis lors, notre campagne ne fut qu'une suite non interrompue de déceptions se représentant sous toutes les formes. Il serait trop long de rapporter comment, à la fin de la saison, nos cales étaient encore presque veuves d'huile. Nous errions alors sur les côtes de Cumberland. Quel parti prendre ? Il ne fallait pas songer à hiverner avec le *Mac Clellan* qui n'eût pu supporter une pareille épreuve. D'un autre côté, il était excessivement pénible de revenir avec la bourse plate du départ.

Le premier hivernage de Tyson.

J'avais assez du métier; en ce moment j'étais profondément dégoûté de la baleine, je commençais à regretter amèrement ma forge. Mais je craignais les *lazzi* de mes camarades de New-York, les brocards de mes parents. J'étais navré. La question d'argent, quoiqu'elle eût de l'importance pour un pauvre diable, n'était que secondaire pour moi;

aussi je respirai bien franchement lorsque je vis
le capitaine nous réunir sur le gaillard d'arrière,
au moment d'un changement de quart, et nous tenir à peu près ce langage :

« Mes amis, nous sommes enfoncés, à tout
jamais déshonorés, si nous revenons les mains
vides. Voici ce que je vous propose : dix volontaires vont hiverner dans ces parages, qui sont
très-riches en phoques, et où les baleines se promènent dès le commencement de la belle saison.
Aussitôt que le soleil se montrera, ils se mettront
en chasse ; nous autres, nous reviendrons les
chercher à l'ouverture de la navigation. Nous pourrons être de retour à New-York à une époque où
la baleine est généralement en hausse. Somme
toute, nous ferons une bonne affaire, quoique
l'année présente soit perdue.

« Je serais très-volontiers du nombre des res-
tants, vous pouvez m'en croire ; mais, vous le sa-
vez, un capitaine n'a pas le droit de quitter son
bord. »

Je crois qu'il y aurait eu un mouvement d'hésitation, si je n'avais donné l'élan avec une ardeur
toute juvénile dont je ne tardai pas à me repen-
tir. Je sortis des rangs, je me précipitai au-devant
du capitaine, qui me serra la main si fort que je
compris qu'il avait craint que son appel ne fût pas
entendu.

Dix volontaires y ayant répondu, on nous dé-
barqua avec des vivres, des armes, des munitions

et des planches pour nous construire une hutte. On eut le soin de nous laisser une carte où l'on avait marqué un village esquimau qui devait se trouver quelque part dans le voisinage, puis on nous souhaita bonne chance.

Nous répondîmes par des hourras un peu faibles. Nous voulions faire bonne contenance, mais à mesure que les mâts du *Mac Clellan* s'enfonçaient dans l'océan, notre émotion surgissait de notre cœur. Lorsque nous fûmes seuls, elle déborda d'elle-même. Sans nous faire de confidences, nous ne nous étions que trop bien compris : il nous semblait à chacun que nous avions perdu famille, patrie, tout, jusqu'à l'espérance!

Nous finîmes cependant par triompher de ce moment de défaillance ; nous nous mîmes à travailler avec ardeur à élever la cabane qui devait nous abriter pendant la saison dont la rigueur épouvantable glaçait d'avance notre courage.

La côte de Cumberland se trouve sur la côte américaine du détroit de Davis, un peu au sud de Disco et au nord d'Holsteinborg. Elle est excessivement aride et montagneuse. Heureusement nous trouvâmes une roche abrupte qui nous protégeait contre les vents du nord. Nous fûmes assez bons architectes pour nous en servir et abréger notre travail.

On ne nous avait pas laissé assez de bois. Par bonheur nous découvrîmes beaucoup de cailloux et de petites pierres, dont nous nous servîmes pour remplir les crevasses. Nous ramassâmes aussi une grande quantité de mousse, dont nous tapissâmes de notre mieux presque tout l'intérieur.

Le toit nous embarrassait, quand l'un de nous eut l'heureuse idée de mettre en travers des perches, et de les couvrir de toile à voile à laquelle nous donnâmes une certaine inclinaison, pour empêcher que la neige ne s'y accumulât.

Mais nous ne tardâmes pas à reconnaître qu'il ne fallait pas craindre de nous trouver trop enfouis. Cette neige que nous redoutions était précisément ce qui faisait notre salut. Des Esquimaux qui vinrent nous voir nous firent comprendre par signes la faute grave que nous commettions en cherchant à nous en débarrasser; nous nous hâtâmes de rétablir les choses dans leur état logique, normal, nécessaire.

En se gelant, la neige ne tarda pas à former un plafond compacte qui, grâce aux appuis que nous multipliâmes, se maintint par son propre poids et entretint dans l'intérieur une inconcevable chaleur.

Nos vivres étaient peu abondants et de mauvaise qualité, car le *Mac Clellan* n'avait pas été mieux approvisionné qu'un baleinier ordinaire; les générosités de notre brave capitaine avaient creusé un vide notable dans nos soutes, et, en nous abandonnant, le vieux Quayle n'avait pu nous mettre à l'abri de la faim.

Nos indigènes, moyennant un payement en nature de petits objets de nulle valeur, nous rendirent mille services. Ils nous apprirent à chasser le gibier qui, même dans cette contrée désolée, trouve encore à subsister avec une étonnante facilité. Nous eûmes la chance de tuer deux bœufs musqués et un ours blanc. Nos Esquimaux égorgèrent pour nous deux phoques, dont la viande nous fut d'un grand secours. Ils nous firent présent de deux lampes en pierre qui nous servirent à brûler de l'huile provenant de notre chasse ; ce petit appareil est tout simplement admirable : il est creusé avec un art infini dans une pierre tendre. Se chauffer et s'éclairer à la fois, quel bienfait ! Ne pas perdre un rayon de lumière, ne point laisser égarer un degré de chaleur !

L'homme qui a trouvé la solution de ce double problème me paraît avoir le génie d'un Newton doublé d'un Watt.

Les Groënlandais ont aussi un couteau très-commode pour découper la baleine et les phoques. Leurs femmes le manient avec autant de dextérité que nos couturières mènent leur aiguille.

La poignée est très-solidement emmanchée, d'une façon très-simple. Elle est petite et accommodée à la forme de leurs mains, qu'elles ont souvent fort mignonnes.

CHAPITRE II

Notre chasse du printemps.

Heureusement, à la latitude de la terre de Cumberland, la vraie nuit ne dure guère plus de vingt-quatre heures. Le soleil n'oublia qu'une seule fois de se lever pour nous ; mais les visites qu'il nous fit un peu avant le solstice d'hiver étaient si courtes, que ce n'est guère la peine d'en parler. En outre c'était à l'époque de la nouvelle lune, et le ciel était presque constamment couvert de nuages.

Je serais donc mort plusieurs fois d'ennui, si dans le fond de mon coffre il ne s'était trouvé une vieille Bible, qu'une main bienfaisante y avait glissé. J'en lus et j'en relus les touchants épisodes. Je les connaissais à peine, je l'avoue à ma honte, avant cette épreuve. La conversation de mes camarades était à peu près nulle; ils fumaient, ils dormaient, ou ils se querellaient. Plusieurs fois j'eus l'idée de leur proposer de leur en faire une lecture, mais une mauvaise honte me retint. Je perdis ainsi l'occasion de les distraire d'une façon aussi utile qu'efficace; mais je n'étais plus seul comme l'impie; il me semblait que le Dieu qui avait gardé Israël dans les solitudes du Sinaï ne m'abandonnerait pas dans ces déserts glacés.

Je m'attendais à ce que cette vie de réclusion forcée aurait des effets terribles sur ma constitution, mais non. Jamais, je dois le dire, je ne m'étais mieux porté à New-York. Nous n'eûmes pas du reste un seul malade.

La nature est pleine de contradictions, on dirait qu'elle se plaît à nous faire aller de surprise en surprise. N'est-ce pas après tout parce que nous ne savons point l'étudier, et que nous nous empressons de porter sur elle une multitude de jugements téméraires?

L'histoire des explorations de l'Afrique tropicale, où la nature prodigue ses merveilles, est en réalité le martyrologe des voyageurs. Si les hardis Européens qui se hasardent dans ces régions sauvages sont victimes de leur bravoure, ce n'est pas le plus souvent la faute des hommes. L'hostilité des misérables habitants du pays du soleil est le plus souvent méprisable: c'est l'abondance de la lumière inestimable qui fait leur malheur. Au contraire, le nombre des morts dans les explorations polaires est insignifiant. A moins de sinistres, comme celui du grand Franklin, tous ceux qui partent sont presque sûrs de revenir.

Notre hivernage se passa sans accident mémorable, si ce n'est l'assassinat de mon petit phoque, crime contre nature, auquel, même à présent, je ne puis songer sans colère.

J'arrive donc sans transition à ce que, par respect pour la tradition, j'appellerai le printemps. C'est le temps où nous pûmes mettre le nez dehors sans le faire geler, et où nous commençâmes notre chasse.

Je ne peux cependant omettre nos embarras, lorsque la neige qui formait notre toit commença à fondre. Nous nous empressâmes trop vite de nous en débarrasser, car lorsque le vent tourna de nouveau au nord, nous nous trouvâmes dans une situation terrible. Il faisait excessivement froid dans notre hutte. Malgré nos lampes, nous gelions. Il fallait rester tapis dans les cadres que nous avions disposés autour de notre salle commune. Ce regain de froid détestable nous eût coûté peut-être la perte de quelques-uns de nos orteils, s'il eût duré; mais le vent étant descendu au sud, nous pûmes sortir.

Nos premières courses furent heureuses : nous tuâmes un nombre prodigieux de phoques. Alors il nous vint à l'idée de construire un grand canot avec les peaux de nos victimes, et de le faire semblable en tout à celui dont les Esquimaux se servent pour leurs femmes. Une fois en possession de ce véhicule nous nous lançâmes à la poursuite des baleines.

Je crois ces monstrueux cétacées susceptibles de raisonnements plus compliqués qu'on ne le pense. Ils savaient par expérience (au moins telle est ma version) qu'ils n'avaient point à craindre l'homme, à une époque si peu avancée de l'année. Ils ne se tenaient pas sur leurs gardes. Ils dormaient sans défiance à la surface des flots. Comme nous approchions en tapinois en pagayant sans bruit, nous étions des ennemis terribles, nous poursuivîmes vingt de ces monstres et nous en tuâmes dix-sept; nous n'en manquâmes que trois !

Nous avions établi à terre notre atelier d'équarrissage, et nos fourneaux pour fondre la graisse.

Nous vivions dans l'abondance, car nous avions appris à nos dépens à ne point mépriser la chair de la baleine. Nos amis esquimaux emportaient ce que nous laissions; nous, en vrais gourmets, nous ne gardions pour notre table que de bons morceaux, dignes d'être appréciés par les cuisiniers français de New-York.

Cette existence active, occupée, n'était pas sans charmes. Nous savions du reste que chaque tonne remplie par nos soins représentait pas mal de dollars.

Tant que nos fûts furent vides, nous travaillâmes avec ardeur à les remplir; mais dès qu'ils

furent pleins, ce qui ne tarda pas, nous sentîmes
le mal du pays. Alors nous nous aperçûmes que
le *Mac Clellan* n'arrivait pas.

La mort du vieux Quayle.

Le capitaine avait bien des défauts que nous ne
connaissions que trop, mais il avait une qualité
qui les effaçait tous, il était excessivement ponc-
tuel. On pouvait compter sur lui. Comment expliquer qu'il fût infidèle à un rendez-vous pareil?

Pour tromper le temps, nous nous mîmes à
chasser pour notre plaisir, en sportsmen. Nous nous
écartions de plus en plus de notre campement;
aussi nous arrivait-il quelquefois de nous trouver
à court de vivres, quand nos coups de fusil n'a-
vaient point été heureux.

Mais nous n'étions plus étrangers aux habitudes
singulières des peuplades voisines. Nous savions
à quels signes reconnaître les dépôts de vivres
qu'elles cachent sous des pierres. Elles enfouissent
simplement des outres en peau de phoque qu'elles
ont remplies de chair de baleine et qu'elles abandonnent à la bonne foi publique. Celui qui passe a
le droit d'y faire de larges emprunts, pourvu qu'il
ne prenne pas tout. Quand il est dans l'abondance, au lieu de laisser perdre le surplus de sa

chasse, l'Esquimau se croit obligé d'établir à son tour des dépôts pour les affamés, qui un jour ou l'autre passeront dans le voisinage.

C'est de la fraternité bien entendue, du vrai socialisme arctique.

On dit en Amérique : « Ventre affamé n'a pas d'oreilles ; » je crois décidément que c'est : pas de nez qu'il faut dire sur la côte de Cumberland : car la viande que nous trouvions sous ces cairns, et dont nous nous contentions dans nos moments de disette, était à moitié putréfiée. Elle exhalait une odeur de nature à faire reculer un chien de Washington.

Mais malgré la forte répugnance que j'éprouvais à disputer ainsi ma pâture aux vers, je fus bien des fois fort heureux de tomber sur une cachette bien garnie. Malheureusement, comme les cairns sont rares, de pareilles aubaines ne peuvent se reproduire tous les jours. A mesure que le mois d'août s'épuisait, nos inquiétudes devenaient plus vives. Ce fut bien pis encore quand nous eûmes entamé le mois de septembre.

Enfin nous voyons au large une voile. Le capitaine Quayle nous avait laissé une méchante lunette dont nous nous servons de notre mieux. Non, ce n'est pas le *Mac Clellan*. Le navire porte à l'arrière les couleurs anglaises.

C'est le premier bâtiment que nous voyons depuis un an, tant ces parages sont déserts.

On dirait que le vaisseau inconnu cherche à

accoster, car il court des bordées comme pour reconnaître la côte. C'est après avoir bourlingué pendant plusieurs heures qu'il finit par mettre le cap sur un petit havre.

C'était bien le vieux Quayle qui venait s'acquitter de sa promesse. S'il était en retard, ce n'était pas sa faute, mais celle du *Mac Clellan*. Le pauvre bâtiment avait fait naufrage dans la baie de Melville, heureusement dans le commencement de la saison, au milieu pour ainsi dire de la flotte des baleiniers. Nos camarades avaient été distribués sur différents bords et faisaient campagne chacun de leur côté, mais le brave Quayle ne nous avait pas oubliés. Il y avait dans la baie de Melville un navire vétéran du même âge à peu près que le *Mac Clellan*, et qui, comme lui, avait fait la guerre révolutionnaire, mais sous pavillon anglais. Chacun s'accordait à dire que le *True Love* voyait la mer pour la dernière fois. Aussi âgé que son bâtiment, le capitaine allait prendre sa retraite en rentrant à Hull, son port d'armement.

Le vieux Quayle n'eut pas de peine à persuader au vieux Parker qu'il n'avait pas besoin d'aller courir la baie de Baffin et l'archipel arctique pour chasser la baleine. Il lui démontra qu'il était beaucoup plus économique de couronner sa carrière en remplissant sa cale d'huile ramassée par douze loups de mer sur la côte de Cumberland.

Notre double part avait été comme de juste réservée ; aussi n'avions-nous rien à perdre au changement de navire.

Après avoir versé un pleur sommaire sur le sort du *Mac Clellan*, nous quittâmes la côte de Cumberland, heureux et contents, fiers de nos prouesses. Je m'apprêtais à faire des récits étourdissants à mes amis de New-York et de Brooklyn. Je voyais déjà dans ma bourse trois ou quatre cents dollars en or, pour le moins, en supputant les choses au plus bas et sans compter ma solde.

Hélas ! que j'étais loin de m'attendre aux péripéties extraordinaires qui devaient signaler la fin de mon voyage ! Le *True Love* mit à la voile pour Hull, le 4 octobre. Il était temps de quitter ces parages, car les montagnes de glaces devenaient gênantes, et si l'hiver eût été précoce, nous étions réduits à hiverner une seconde fois.

Notre nouveau bâtiment se comporta à la mer mieux que nous ne l'aurions supposé. La cuisine européenne nous paraissait délicieuse. Comme nous n'étions point inscrits sur les rôles de l'équipage, on nous considérait presque comme passagers ; nous ne montions notre quart que pour ne point en perdre l'habitude ; quand il faisait mauvais nous pouvions rester dans nos hamacs, à moins que l'on n'appelât tout le monde sur le pont pour quelque manœuvre pressée. Mais dans ce cas, nous travaillions en même temps pour notre vie et notre huile, puisque notre cargaison n'était pas assurée.

La traversée, fors quelques grains inévitables, ne fut pas trop mauvaise, quoique le *True Love* eût, entre autres défauts, celui d'être un mauvais marcheur, parce qu'on n'osait pas couvrir ses vieux mâts de toiles neuves.

Toutefois, rien de particulier ne survint jusqu'à ce que nous eussions atteint les côtes d'Écosse. Là, nous fûmes assaillis par un terrible coup de vent auquel la coque du *True Love* ne put résister, et le pauvre navire coula bas sous nos pieds. Le capitaine Quayle et son ami Parker périrent presque à mes côtés. A force de nager je m'approchai de terre; une vague me lança si durement que je tombai évanoui sur le sable! Des personnes charitables me ramassèrent et me soignèrent, mais mes tonnes d'huile étaient perdues. Je n'avais pas un sou daus ma poche et sans le consul d'Amérique je ne sais pas ce que je serais devenu.

Désireux de me rapatrier, je me rendis à Liverpool. J'en partis en décembre, sur le *Charles Holmes*, steamer américain en charge pour New-York, et commandé par le capitaine Croker.

Mon retour en Amérique.

Je n'avais jamais navigué à bord d'un vapeur. La nouveauté du spectacle me fit oublier un peu mes chères tonnes d'huile. Je ne pouvais me rassasier de regarder le *Charles Holmes* naviguant vent debout. Je passais de longues heures à contempler son sillage. Il me semblait qu'avec un steamer la pêche à la baleine ne serait qu'un jeu d'enfants, et que la conquête du Pôle ne demandait que le courage de l'entreprendre.

Mais la brise ne tarda pas à fraîchir. Les vagues grossissant d'une façon démesurée embarquaient sans relâche des paquets incroyables. Il fallut mettre à la cape et fuir devant le temps.

Nous n'étions pas très-éloignés de Terre-Neuve, quand nous dûmes prendre à regret la résolution de retourner en Europe. Mais il était trop tard pour mettre ce sage dessein à exécution, car un de nos tambours avait été emporté par les vagues, et le navire ébranlé par les chocs qu'il avait reçus faisait eau de toutes parts.

Les vents violents d'ouest nous ramenèrent en huit jours à Queenstown, où le navire fut mis en réparation. J'y restai jusqu'à ce qu'il fut en mesure de reprendre la mer, ce qui n'eut lieu qu'en mars, et je partis de nouveau pour l'Amérique. J'arrivai en avril sans nouveau naufrage, mais plus pauvre que je n'étais parti, et plus vieux de deux ans. Je n'avais gagné que de l'expérience.

Mes parents et mes amis profitèrent de mon désappointement pour chercher à ébranler ma vocation. Je ne pouvais donner de bonnes raisons pour persévérer dans ma passion maritime. Je me

laissai donc convertir à la nécessité de débarquer.

Je repris l'enclume et je me mis à forger avec
autant d'acharnement que si je n'avais jamais
quitté le plancher de Vulcain.

Cependant il m'était resté de ma première campagne le désir de m'entretenir avec les gens de
mer. J'avais retrouvé des anciens camarades à
qui j'avais raconté nos tribulations et la mort du
capitaine.

Je m'étais surtout lié avec son neveu, qui était
parti peu de temps après pour la pêche.

Pendant son absence, tout marcha à souhait;
mais les journaux étaient remplis des aventures
des hardis marins lancés à la recherche du capitaine Franklin.

Je les lisais avec une avidité facile à comprendre de la part d'un ancien baleinier. Mon esprit
s'échauffait progressivement pour les glaces. La
nostalgie du pôle Nord commençait à me reprendre. Aussi, au printemps de 1854, lorsque mon
ami Quayle revint, je le priai de me trouver un
engagement au même bord que lui. En quelques
jours il avait bâclé mon affaire; il s'agissait d'aller à New-London et de s'engager, en qualité de
harponneur, sur le trois-mâts-barque le *George
Henry*, capitaine James Buddington (oncle de S. O.
Buddington, maître d'équipage du *Polaris*). Ce navire appartenait à William et Haven. C'étaient ces
grands armateurs qui avaient monté la célèbre

expédition que j'avais rencontrée dans mon premier voyage.

La part du harponneur est beaucoup plus belle que celle des simples matelots. Chaque coup de lance qui porte lui donne droit à une prime fixe. Ces considérations réunies ne me permettaient point d'hésiter.

Je signai l'engagement et j'embarquai le lendemain même sans prévenir autrement mes amis que par des lettres jetées à la poste au moment du départ.

Ma seconde campagne.

Nous devions faire notre pêche sur la côte de Cumberland, le théâtre de mon dernier hivernage. Mais bien avant d'y arriver nous rencontrâmes des champs de glace ayant une étendue que je ne leur avais jamais vue. Les banquises s'étendent vers l'ouest jusqu'à une distance de plusieurs centaines de milles, il était impossible de songer à approcher de terre, tant que ce *pack* n'avait pas disparu.

En attendant que le soleil nettoyât cette partie de la mer de Baffin, nous fîmes voile vers Disco où nous espérions trouver de la baleine franche.

Nous ne nous trompions pas et nous fîmes une assez bonne tournée.

Au mois d'août, nous mîmes de nouveau le cap

sur le golfe de Cumberland ; mais contrairement à ce que nous pensions, la mer était encore prisonnière.

Jamais le capitaine Buddington ni personne à bord n'avait vu de la glace dans cette région à pareille époque de l'année. Aussi ne voulûmes-nous pas en avoir le démenti. Nous cotoyâmes le *Pack* sous petite voilure jusqu'à ce que nous arrivâmes en vue du cap Walsingham ; à ce moment nous aperçûmes une belle clairière ; immédiatement nous en profitâmes pour nous lancer dans la direction que nous désirions atteindre. Nous pensions, non sans quelque apparence de raison, que la mer était libre le long des côtes, que les baleines qui ont besoin d'eau pour respirer s'y réfugieraient et que nous pourrions les harponner ; nous fîmes ainsi environ quarante milles avec beaucoup de difficulté, mais bientôt il nous fut impossible d'avancer : nous étions emprisonnés dans la banquise, nous n'avions point assez de bras pour nous frayer une route avec la scie, comme dans de pareilles circonstances le grand Parry l'avait fait plus d'une fois. Nous n'avions même pas de scie à bord, où ne se trouvaient que les agrès ordinaires de la marine, ainsi que les chaudières et les outils de baleinier. Notre seule ressource était donc d'attendre que la banquise s'ouvrît pour nous laisser passer.

La glace n'avait pas une immense épaisseur : aussi n'avions-nous guère à craindre de nous trouver écrasés entre deux montagnes ou soulevés par quelque mouvement général du paquet, genre d'accident qui n'est pas sans précédents [1].

Nous supportions notre captivité avec assez de patience, mais nous regardions constamment à l'horizon pour voir si un craquement de la banquise nous rendrait enfin nos mouvements. Un jour que j'étais en vigie j'aperçois dans le lointain un navire. La mer est donc libre! Victoire! Tout le monde sur le pont! Hélas! la lunette ne tarde pas à nous désenchanter. Ce navire est dans la même position que nous. Pensant que l'équipage pouvait avoir besoin de notre assistance et curieux en tout cas de connaître nos camarades de captivité, Quayle et moi nous demandons au capitaine Buddington la permission de l'aborder. Il faut, nous disions-nous, que l'équipage soit bien affaibli par la famine, car pas un seul matelot ne se montre. Seraient-ils tous morts de besoin et de froid!

Nous prenons avec nous quelques vivres dans une baleinière, que nous traînons sur la glace jusqu'au bord de la fissure, nous la lançons à l'eau, nous y montons avec quatre hommes, et nous gouvernons sur le bâtiment prisonnier. Nous abordons sur l'île flottante dans laquelle il est enchâssé, et où nous avons beaucoup de peine à mettre notre embarcation en sûreté. Ce n'est pas

---

1. Il est notamment arrivé au « *Teghetoff* ». Voir le récit de l'exploration polaire autrichienne.

sans difficulté et sans courir de danger que nous parvenons à atteindre le navire charrié par une glace extraordinairement accidentée. A mesure que nous approchions notre surprise augmentait.

Le tonnage de ce bâtiment n'avait rien d'extra-ordinaire, mais tous les aménagements étaient exécutés avec un soin, un luxe, que les gouvernements peuvent seuls se permettre. Nous prenions à l'abordage un navire de guerre. Une plaque de cuivre nous apprit qu'il appartenait à Sa Majesté Britannique et avait nom le *Resolute*.

Nous entrâmes fort émus dans le carré des officiers, nous attendant à trouver des cadavres. Pas du tout; la table était encore servie. Le pain était durci et couvert de poussière; la viande qui était dans les plats s'y était desséchée. Il avait même poussé une sorte de mousse jaunâtre sur le tapis; mais des flacons le couvraient; quelques-uns à moitié vides et d'autres encore remplis renfermaient une liqueur qui semblait être ici du rhum et là du porto!

Les armoires étaient garnies de vivres, et il y avait du charbon dans le cabinet du steward; nous n'avions qu'à nous installer, faire du feu, manger et dormir.

Rien ne peut donner une idée de notre stupéfaction. Nous hésitons longuement avant de nous décider à prendre possession de notre trouvaille et à nous y installer comme chez nous. Quand nous prenons cette résolution, ce n'est pas sans avoir fait un tour dans les entre-ponts, visité la cale; en un mot, nous ne retournons au carré des officiers qu'après avoir exploré les plus petits recoins. C'est à la lumière de nos falots que nous terminons cette étrange visite domiciliaire.

Étant enfin certains que nous n'avons affaire ni au Grand-Hollandais ni au vaisseau-fantôme, nous nous rassurons et nous passons une joyeuse soirée en buvant à la santé peut-être bien compromise de nos hôtes inconnus. Nous ne pouvions plus décemment utiliser quelques rasades d'excellent porto qu'ils ont laissé sans doute à notre intention.

Le lendemain et pendant les deux jours suivants il faisait un si grand brouillard qu'il n'y avait pas moyen de songer à regagner notre bord. Nous prîmes notre mal en patience, nous employâmes nos loisirs forcés à fureter dans tous les coins, car l'histoire de ce *Resolute* nous intriguait étonnamment; plus nous réfléchissions, moins nous pouvions comprendre par suite de quels événements il flottait enchâssé dans un glaçon.

On avait soigneusement enlevé tous les papiers, on n'avait laissé aucun document. Le navire avait été évacué systématiquement, on ne trouvait pas un sac de matelot laissé à la traîne. Évidemment les vivres qui garnissaient encore la chambre n'avaient pu être emportés faute de place et non faute de bras ou faute de temps.

Nous découvrîmes cependant quelques brouillons de lettres que nous ramassâmes soigneusement pour les montrer au capitaine, croyant qu'il serait plus habile que nous à débrouiller ce mystère.

Quand les brouillards se dissipèrent, nous reconnûmes avec la plus grande surprise et la plus vive satisfaction que le *George Henry* était encore en vue. Il était engagé comme le *Resolute* dans le *pack*, mais il ne tenait pas à la même banquise, il en était séparé par une fissure, s'étendant à perte de vue : c'était peut-être un bras de mer.

Nous ne fûmes pas longs à atteindre l'eau libre, à lancer notre baleinière à la mer, et une heure après nous grimpions à l'échelle du *George Henry*.

Nous racontâmes avec les plus grands détails à Buddington ce qui s'était passé et nous lui montrâmes les papiers que nous avions rapportés. Mais pas plus que nous le capitaine ne fut à même de deviner la vérité, qui était en effet extraordinaire, extravagante, moins vraisemblable que ce qu'on lit dans les romans. Voici ce qui s'était passé.

Alarmés des premières nouvelles incomplètes reçues de l'expédition du capitaine Franklin et craignant avec raison qu'une grande catastrophe n'ait frappé les équipages de l'*Érèbe* et de la *Terreur*, l'amirauté Britannique avait résolu de faire un grand effort pour arracher à la mort les marins anglais, qui pouvaient errer encore dans les solitudes boréales.

Les lords-commissaires avaient envoyé dans le

détroit de Lancastre une escadre de quatre vaisseaux de guerre commandés par l'amiral sir
Edward Belcher, marin très-célèbre, qui avait fait
ses premières armes arctiques sous le commandement de l'amiral Beechey.

Sir Belcher, alors âgé d'au moins cinquante ans,
était dans la marine depuis l'âge de treize ans. Il
avait assisté au bombardement d'Alger par lord
Exmouth ; il avait commandé le *Sulphur* dans un
voyage autour du monde, qui ne dura pas moins
de sept ans ; il avait forcé la rivière de Canton et
fait la chasse aux jonques des pirates chinois dans
les mers les plus dangereuses du globe ; il avait
lutté presque corps à corps avec les pirates malais
et affronté les récifs les plus terribles du monde entier. Les glaces polaires n'étaient pas des étrangères pour lui, car il avait sondé les profondeurs de
la mer de Behring et devancé Maclure dans ces
régions inextricables. Aucun commandant n'offrait
de plus sérieuses garanties de courage, de résolution, de capacité. Aucun ne tenait autant à rester
digne de son pavillon et de sa vieille réputation.
Il se lança à la recherche de Franklin avec une
véritable *furia francese* et s'engagea hardiment
dans les détours terribles du détroit de Wellington.

C'était de ce côté, d'après des renseignements
vagues, que l'on pensait rencontrer encore en
vie quelques-unes des victimes du grand naufrage.

Le chemin paraissait facile, les glaces étaient peu nombreuses; mais le vent tourna au nord et, quand il eut cessé, on s'aperçut que la banquise se refermait. La flotte britannique avait été prise dans un piége tendu par le vieux génie de ces mers insondées.

L'amiral Belcher lutta vaillamment; mais quand il vit que, sauf un, tous ses navires étaient cernés, scellés, soudés, il perdit la tête. Il craignit d'avoir compromis non sa vie, un vieux marin anglais en fait volontiers le sacrifice, mais celle de ses équipages. Il se vit, nouveau Franklin, perdu dans les mers polaires; il ne comprit pas qu'un rayon de soleil devait dégager ses bâtiments, qu'il n'avait qu'à attendre le retour des vents qui lui avaient permis d'aborder dans ces régions inhospitalières, et qui lui permettraient de les quitter triomphalement. Il ordonna d'abandonner ses quatre vaisseaux, et entassant les quatre équipages dans un transport qui était resté en dehors des atteintes de la banquise, il revint inopinément en Angleterre.

C'était un de ces quatre navires que nous rencontrions en plein Océan, encore captif, mais flottant et entraîné par les courants dans des régions où la glace ne saurait résister à l'été. Nous n'apprîmes ces détails qu'à New-York, en arrivant en Amérique. Notre surprise fut immense quand nous sûmes que le *Resolute* avait fait plus de mille milles depuis le détroit de Wellington, où il fut abandonné, jusqu'aux eaux du Cumberland où nous le capturâmes.

« Mes enfants, nous dit Buddington, je ne sais pas ce que ce navire vient faire ; je ne comprends pas d'où il sort, ce que je sais, c'est qu'il est à nous, puisqu'il n'est à personne ; nous allons le harponner. C'est une baleine qui nous dispensera d'en chercher d'autres, et nous aurons bonne part de prise, si Dieu nous permet de le conduire à New-York. »

Nous espérions, Quayle et moi, que le capitaine nous laisserait remonter à bord du *Resolute*. Mais Buddington avait l'ambition de coucher dans le cadre d'un capitaine de Sa Majesté Britannique. La description magnifique que nous avions eu l'imprudence de faire des installations du *Resolute* fut notre condamnation. On nous laissa à bord du *George Henry*.

Les deux navires entre lesquels l'équipage fut réparti en proportions presque égales dérivèrent paisiblement de conserve, attendant l'un et l'autre qu'une tempête vînt les débarrasser.

Si le vent était resté au sud-ouest, notre captivité eût été bientôt terminée, car la fusion des glaces eût été prompte ; mais, soufflant du côté opposé, le vent du nord consolidait les glaçons, heureusement en augmentant la dérive vers le sud.

Le *Resolute* fut le premier dégagé. Le 14 octobre, il trouva une clairière qui lui permit de sortir du paquet presque sans aucune difficulté.

Au contraire, le *George Henry* ne fut délivré que par une tempête d'une violence inouïe, dans laquelle il faillit sombrer.

Cette tourmente dura deux jours entiers, pendant quarante-huit heures nous restâmes en lutte ouverte avec les glaces qui nous enveloppaient de toutes parts.

Dans cette bataille échevelée, notre avant fut emporté et notre gouvernail brisé.

Quand nous fûmes rendus à la liberté de nos mouvements, nous nous aperçûmes, par-dessus le marché, que le *George Henry* faisait eau comme un panier.

Le *Resolute* avait disparu depuis longtemps. Aussi dûmes-nous rester aux pompes nuit et jour, pendant près de quarante jours.

Nous débarquâmes cependant à New-York avant le *Resolute*, qui mit soixante jours à faire le même trajet que nous.

Quand nous arrivâmes, nous racontâmes naturellement ce qui s'était passé.

Notre récit produisit une émotion universelle, mais beaucoup de personnes commençaient à suspecter notre bonne foi lorsque le *Résolute* vint nous donner la meilleure de toutes les confirmations possibles.

D'après la loi maritime, le gouvernement britannique ne pouvait reprendre sa propriété qu'après avoir payé une prime de capture, car toute épave trouvée en haute mer à l'état d'abandon appartient à ceux qui sont assez heureux ou assez habiles pour l'amariner[1].

On nous paya, sans la moindre difficulté, *rubis sur l'ongle*, en bonnes livres sterling bien sonnantes.

Notre aventure fit d'autant plus de bruit que l'amiral Belcher venait d'être acquitté par le conseil de guerre devant lequel il avait dû passer. Quoique ce brave amiral fût irréprochable, eût-il été traité d'une façon si favorable, si nous lui avions amené un de ses navires au beau milieu de son procès?

---

1. L'abandon du navire *Amérique*, que l'équipage déserta pendant une tempête, a donné lieu à une prime de capture considérable.

CHAPITRE III

La rencontre du capitaine Hall. — Le capitaine Hall engage Tison.

La rencontre du capitaine Hall.

Cette nouvelle aventure m'avait donné une somme assez ronde. J'étais enfin vengé des méchantes critiques de mes amis, et je me trouvais mis forcément en relief.

Le capitaine Buddington, reprenant la mer pour la campagne de 1856, m'offrit naturellement la place de second-maître.

Nous partîmes pour les mers polaires à bord du *George Henry*, qui avait été réparé de fond en comble. Cette fois le *George Henry* n'était pas seul; on y avait joint le schooner *Ameret*, qui lui servait d'aviso. C'est une excellente pratique que je ne saurais trop recommander aux baleiniers, que d'avoir deux bâtiments. Mais il faut que le navire accessoire soit fin voilier, afin de ne pas retarder la marche du principal. Sans cela, on aurait à redouter des inconvénients dont nous avons eu, dans cette campagne, à nous plaindre plus d'une fois. Pour ma part, je prenais ces contretemps avec un cœur léger. Je ne pouvais oublier que l'*Ameret* était le tender de l'*Ariane* dans l'expédition de Haven, et sa vue me rappelait toujours les émotions de mon premier voyage.

Mon but n'est pas de raconter par le menu toutes mes aventures. Loin de moi l'intention d'entretenir le lecteur de mon humble personne. Je ne le fais qu'autant qu'il est nécessaire pour donner confiance dans mon témoignage; car mon récit a été attaqué avec trop de violence pour que je ne sois pas obligé de montrer ce que je suis.

Je me bornerai donc à dire, relativement à cette période de ma carrière maritime, que j'ai fait successivement avec le même bâtiment et avec le même capitaine trois campagnes consécutives.

La première dura jusqu'au printemps de 1857. A peine avais-je eu le temps de serrer la main de mes amis que je repartais immédiatement pour la pêche et nous arrivions sur la côte de Cumberland au mois d'août, juste à temps pour faire nos préparatifs d'hivernage. J'avais encore eu de l'avancement; on m'avait nommé premier maître.

Comme la pêche nous retarda l'année suivante,

nous ne pûmes quitter la côte qu'à la fin de l'année 1858. Nous fûmes cependant assez heureux pour ne point être bloqués par les glaces.

Je fis encore un voyage au printemps de 1859, avec l'intention d'hiverner une nouvelle fois; mais le sort en avait décidé autrement. Tout n'est qu'heur ou malheur à la mer.

Notre navire fut démâté par un coup de vent au large du cap Charles; nous fûmes bien heureux de pouvoir regagner Saint-Jean, le principal port de l'île de Terre-Neuve. Cette campagne étant tout à fait manquée, il fallut retourner bredouille à New-York, ce qui me désappointa fort; car j'avais été promu second et je comptais sur une bonne part de prise.

Mais bientôt devait m'arriver l'événement capital qui fixa définitivement ma carrière.

Je partis au printemps de 1860 à bord du *Georgiana* dont le commandement m'avait été confié. C'était la première fois que j'étais embarqué sur un navire sans autre maître que Dieu.

Mes armateurs avaient adopté mon plan, qui consistait à faire la chasse des phoques le long de la baie Frobisher.

C'est là que je rencontrai un Américain vêtu en Esquimau et dont le langage était celui d'un Washington ou d'un Penn. Plus éloquent que le docteur Hayes, plus hardi que Franklin, cet homme n'était autre que le capitaine Hall, l'apôtre convaincu de la conquête du pôle Nord.

Sa figure respirait la douceur et la résolution, le calme et le courage indomptable !

Dès qu'il me vit, il me prit en amitié comme s'il m'avait connu depuis mon enfance, et moi qui ne l'avais jamais vu, il me semblait que je me trouvais en présence de mon père.

Il était né à Rochester, ville de l'État de New-York, dans le courant de l'année 1821.

Comme moi il appartenait à une famille de travailleurs ; mais lui était parvenu à se faire une instruction complète ; aucune science ne lui était étrangère, et moi je les ignore toutes ! Mis en apprentissage chez un maréchal comme moi chez un forgeron, il n'a pas reçu d'autre éducation que celle que l'on donne à tous les enfants de la libre Amérique ; mais la nature l'avait doué d'un esprit véritablement volcanique, toujours prêt à se mettre en éruption de pensées grandioses ! Lui qui n'avait eu pour maître de rhétorique que l'amour de la vérité, devint insensiblement un écrivain de premier ordre. Je n'ai jamais rien lu de si attachant que ses *Recherches arctiques*, et les pages qu'il m'a consacrées sont pour moi mon plus beau titre de gloire. Je me garderai bien de raconter de nouveau ce qu'il a dit avec une grâce et une bonhomie si frappantes.

Le capitaine Hall avait été journaliste à Cincinnati où il avait publié dans le *Daily Penny Press* une multitude d'articles que j'avais dévorés pendant les interminables nuits de l'hivernage.

Que j'étais loin de me douter alors qu'un jour viendrait où j'aurais le bonheur de rencontrer ce héros au milieu des glaces polaires, que ma main pourrait serrer la main qui avait écrit des phrases si nobles et merveilleusement vraies!

Jamais je ne quittais New-York sans emporter une collection du recueil de Hall; je le lisais et le relisais dans ma hutte de neige. A la lueur de ma lampe fumeuse, les clartés de son esprit me faisaient oublier les ténèbres de la nature.

En outre, il y avait entre nous un lien commun.

Il était protégé par les armateurs du *George Henry*. Ces messieurs lui avaient donné passage sur un de leurs bâtiments et avaient mis à sa disposition le schooner l'*Ameret*, notre ancien tender.

Si Hall avait voulu attendre on eût fait plus grandement les choses. Mais tourmenté de l'idée que chaque jour de retard diminuait ses chances de sauver les compagnons de Francklin, il n'avait pas voulu remettre son départ; son temps, sa vie, ne lui appartenaient pas.

Son schooner, il l'avait nommé la *Rescue*, c'est-à-dire la *Délivrance*. Pour délivrer les captifs du Pôle, il comptait sur sa bonne étoile, sur sa vaillance, puis sur un canot de caoutchouc, merveille de légèreté et de solidité.

Hélas! l'histoire de la laitière et du pot au lait sera toujours vraie, même sous le cercle polaire.

Le capitaine Hall se rendait à la baie Frobisher pour affronter les régions terribles où il espérait découvrir les traces de l'expédition de Franklin.

Mais on eût dit que les éléments s'insurgeaient contre l'audace de l'homme énergique qui s'apprêtait à les braver. Au moment où, l'esprit échauffé par de légitimes espérances si longuement couvées, l'intrépide explorateur va débarquer sur la glace, se déchaîne une épouvantable tempête qui met à néant tant d'espérances.

La *Rescue* est engloutie avant que le précieux canot de caoutchouc ait pu être remisé sur la banquise.

Tout ce que je pus faire, au risque de voir ma *Georgiana* sombrer à son tour, ce fut de sauver la vie du capitaine Hall !

Jamais salut ne fut accepté avec un pareil désespoir. S'il n'avait cru à l'âme immortelle et au devoir de vivre, Hall eût suivi son canot et sa *Rescue* dans les abîmes océaniques.

Buddington, qui était dans ces mêmes parages, se laissa toucher. Il donna imprudemment au brave capitaine une des deux embarcations qui lui restaient. C'était avec ce mauvais canot tout rapiécé que Hall allait braver l'inconnu redoutable, l'ennemi devant lequel ont succombé les vaillants équipages de l'*Erèbe* et de la *Terreur*. A peine échappé lui-même à un naufrage, il avait l'audace, lui, le naufragé d'hier, de sauver les victimes d'anciens naufrages !

Il y a dans la conviction enthousiaste un tel entrain, une telle force d'impulsion que Hall put persuader à quelques matelots de partager sa vie aventureuse. Moi-même, pour la première fois, je maudis le commandement qui avait fait mon bonheur et mon orgueil. Si je n'avais été retenu à mon bord par mon grade, si je n'avais été responsable du salut de la *Georgiana*, avec quel entrain ne me serais-je point dévoué à cette noble tâche! Comme mon cœur se serra en voyant le plus vaillant des marins disparaître avec sa petite troupe derrière un glacier! Ma campagne dura jusqu'à la fin de 1861 et ne fut pas fructueuse. Aussi renonçai-je à naviguer sur de petits bâtiments. Je m'embarquai comme second à bord de la barque *Orray Taft*. Nous passâmes à la côte de Cumberland l'hiver de 1862, et nous retournâmes en Amérique dans les derniers mois de 1863 avec une riche cargaison.

L'*Orray Taft* était un beau navire tout neuf, construit, ce qui est assez rare, pour la pêche, et qui devait fournir une brillante carrière. Mais l'*Orray Taft* a péri au mois de septembre 1872 à Marble Island, sur des récifs bien funestes aux marins américains. Peu de mois après, l'*Ansel Gibs* disparaissait au même endroit, d'une façon lamentable qui a excité la pitié de tous les honnêtes gens des États-Unis. Sur un nombreux équipage, une vingtaine d'hommes à peine avaient échappé aux vagues. Était-ce la peine d'avoir disputé si vaillamment sa vie à l'Océan? Six seulement de ces malheureux revirent leur patrie; quatorze succombaient à la misère, au scorbut et au froid, dans des circonstances plus affreuses que la mort à laquelle ils avaient échappé au prix de tant d'effort.

Je pris ensuite le commandement de la barque *Antilope* de New-Bedford, et pendant cette campagne j'hivernai deux fois, la première dans la baie d'Hudson, la seconde sur la côte de Cumberland, pour laquelle, comme on le voit, j'avais conçu une affection bien dessinée. Je finissais par m'y trouver comme chez moi. En fait, j'y passai plus d'heures qu'à New-York depuis que j'avais commencé à naviguer. Je m'étais insensiblement habitué aux climats du Nord; un hiver dans lequel je ne sentais pas piquer un froid de trente ou quarante degrés au-dessous de zéro me paraissait un été déguisé.

Cette campagne me fit beaucoup de bien parmi les capitaines baleiniers, car je menai mon navire beaucoup plus loin que mes camarades de pêche. *Je fus le premier qui prît une baleine dans Repulse Bay*, où, jusqu'à ce jour, les explorateurs avaient seuls touché.

Auparavant, les baleiniers les plus intrépides n'allaient point poursuivre les cétacés dans une latitude plus élevée que la rivière Waser.

Depuis lors, malgré le nom terrible de cette baie (*Repulse* en anglais veut dire *repoussoir*), on s'est habitué à la visiter; on l'a trouvée beaucoup plus sûre, beaucoup plus commode qu'on ne pouvait s'y attendre. Je ne sais pourquoi j'y ai vu se produire, pendant mon court séjour, plusieurs orages de foudre. C'est une circonstance très-digne de fixer l'attention des savants. La foudre est à peu près inconnue dans le monde arctique. Les manifestations électriques si effrayantes, si désordonnées, si terribles dans les autres parties du monde, sont remplacées avec beaucoup d'avantage par l'inoffensive aurore polaire.

Une auréole brillante de douce lumière vient donner au ciel assombri, embruni, déshérité, du Nord, un charme et une splendeur que le plus beau soleil des tropiques ne procure point aux plus riches horizons de la mer des Antilles.

Le capitaine Hall engage Tison.

Quand j'étais à l'hivernage de la baie d'Hudson, plusieurs vaisseaux avaient été emprisonnés, comme nous, par les glaces. Au milieu de la saison rigoureuse, nous voyons arriver des traîneaux indigènes. Nous croyons avoir affaire à un grand chef. Pas du tout : nous avions devant nous le capitaine Hall. Cet homme admirable venait apporter des nouvelles au navire *Monticello*, qui devait retourner en Amérique dès l'ouverture des glaces.

Depuis que je n'avais serré la main loyale du

capitaine Hall, il lui était arrivé bien des aventures extraordinaires, qu'il eut tout le loisir de me raconter.

Il était revenu en Amérique, ramenant avec lui Joe, sa femme Hannah et sa fille, la petite Puney.

Il me montra des photographies qui avaient été tirées à New-York. La famille indigène avait pris des vêtements européens. On eût dit trois caricatures. La petite, qui était charmante avec sa parure esquimote, s'était coiffée avec un chapeau blanc qui la rendait hideuse.

Il avait parcouru toute l'Amérique du Nord comme Gustave Lambert parcourait en même temps la France, il était parvenu à créer un véritable mouvement national en faveur de la recherche du capitaine Franklin.

Il était même arrivé, ce qui paraîtra un singulier tour de force, à donner une sorte de régularité à la publication de ses *Recherches arctiques*.

Son activité dévorante n'était satisfaite qu'à condition de continuer à distance son métier de journaliste et de l'allier avec les hasards de la vie d'explorateur!

Hall n'était plus un individu isolé dont le capitaine du *George Henry* avait en quelque sorte eu pitié. C'était un homme célèbre qui avait réussi, à force d'énergie, à créer une croisade permanente; c'était le Pierre l'Hermite du Pôle!

Le *Monticello* retourna en Amérique, non pas seulement avec quelques récits, mais avec un véritable musée de reliques du capitaine Franklin.

Hall aurait pu terminer ses explorations, car toutes les probabilités étaient contraires aux compagnons du malheureux Anglais. Mais il tenait à honneur de ne point lâcher prise tant qu'il resterait une lueur d'espérance. La question d'humanité était la plus grande de ses préoccupations. Elle passait bien avant la science, la conquête du Pôle était ajournée jusqu'au moment où il n'aurait plus de naufragés à sauver !

Mais dès lors Hall se préparait à une expédition plus hardie que toutes celles qu'il avait tentées jusqu'à ce jour. Il ne se considérait, me disait-il dans ses moments d'expansion, que « comme étant en apprentissage. »

J'eus le bonheur de le prendre à mon bord pendant quelques jours, et de recevoir ses plus intimes confidences. Il ne se faisait aucune illusion sur les difficultés de sa tâche, car il ne partageait aucune des erreurs vulgaires chez les savants à propos de la mer libre. Il savait que les difficultés augmenteraient à mesure qu'on approcherait du sommet du monde, et que c'était en bravant mille fois la mort qu'il pouvait acquérir la gloire d'y planter l'étendard étoilé.

Je lui demandai de mettre mon dévouement à ses ordres ; je le priai en grâce de me permettre de participer à cette héroïque entreprise. Mon ardeur le toucha, il me promit de me prendre à son bord. Cette assurance me transporta de joie, et j'acceptai sans m'inquiéter du grade que mon protecteur serait à même de m'offrir. A tous les commandements je préférais l'honneur d'être associé à une entreprise que je sentais devoir immortaliser tous ceux qui y prendraient part.

J'abrégerai de nouveau le récit de campagnes qui fatiguerait le lecteur, mais je ne peux m'empêcher de rapporter avec détail un incident qui exerça une grande influence sur le sort des infortunés que la Providence plaça plus tard sous mon commandement. Un étrange et terrible événement de mer me prépara providentiellement à remplir la mission dont la miséricorde divine devait me permettre de m'acquitter avec honneur.

Après avoir eu le malheur de perdre l'*Antilope* dans les mers polaires, je fis, en 1867, campagne à bord de l'*Eva*.

Les froids avaient été précoces et nous nous trouvions cernés par les glaces avec sept autres baleinières dans la baie de Niomutolèk. Nous n'avions devant nous d'autre perspective qu'un rude hivernage à subir dans des conditions très-périlleuses.

Mes collègues semblaient glacés d'avance par la perspective des souffrances auxquelles ils se voyaient condamnés.

Je les réunis, je les harangue, je leur rappelle l'exemple de Ross et de Parry. Bref, je les enlève, je les réchauffe. Il est convenu que nous allons travailler tous d'accord pour le salut commun.

Nous taillerons ensemble dans la glace le chemin qui nous rendra à chacun la liberté.

Nous nous mettons à l'œuvre avec une ardeur qui me surprend moi-même. Lorsque les dernières lueurs du crépuscule s'éteignent, nous sommes obligés d'arrêter notre travail et nous regagnons en chantant notre bord.

Nous nous donnons rendez-vous pour le lendemain. Pour ne pas perdre de temps, chacun devait se trouver sur la place de nos opérations de sauvetage au moment où les premières lueurs de l'aurore nous mettraient à même d'attaquer la glace.

A peine suis-je arrivé sur le pont de l'*Eva* qu'un vent terrible se déchaîne. Les ténèbres épaisses qui nous entourent ne nous permettent pas de voir ce qui se passe à une encâblure du navire. Mais notre oreille est saisie d'horreur. Avant que la lumière n'ait reparu à l'Orient, l'ouragan a brisé ces barrières, a balayé ces masses que nous pensions éternelles.

Nous restons ahuris, cramponnés le long du bastingage, plongés dans de continuelles alarmes, perdus au milieu d'une neige épaisse qui tombe à gros flocons. Les cristaux chassés par la tempête nous fouettent la figure. Les craquements de la banquise nous stupéfient même au milieu du mugissement des flots. Quelquefois nous entendons des détonations pareilles à celles des pièces d'artillerie. Les blocs de glace heurtent avec fureur d'autres blocs plus gigantesques encore !

Le lendemain, 19 novembre, nous nous sommes, sous un certain point de vue, dégagés. Mais, hélas ! si nous avons cessé d'être immobiles, c'est pour nous trouver de nouveau prisonniers. En pleine mer l'*Eva* est encore la proie d'un monstrueux glaçon. Atome vis-à-vis du radeau de la veille, le rocher d'eau qui nous étrangle n'en est pas moins un monde par rapport à nous, pauvres insectes ! Nous sommes tellement serrés entre deux montagnes, que nous serions écrasés vingt fois par jour sans vingt miracles !

Deux bâtiments partagent notre sort. Un d'eux est à moitié renversé. L'autre est très-loin de nous. Nous ne pouvons distinguer si sa position est aussi critique. Pendant deux jours nous voyons nos compagnons de captivité dériver comme nous. La troisième fois que revient le soleil ils ont disparu.

Ont-ils chaviré, ont-ils échappé? Nous ne savons.... La crainte incessante, énervante, la perspective d'être écrasés, engloutis, aplatis, pèse sur nous nuit et jour. Elle nous empêche de songer à leur sort ! Toutes nos forces, toutes nos facultés sont concentrées sur la solution du problème effrayant.

Frappés d'impuissance en pleine force de vie, paralysés d'une façon terrible, tout en restant maîtres de nos membres, nous suivons tous les mouvements de la glace dont nous sommes devenus le noyau involontaire ; nous ignorons si le caprice des forces aveugles de la nature va faire notre salut ou notre perte. Nous sommes le jouet des flots, qui eux-mêmes sont le jouet du vent. Tantôt nous sentons à des bruits sous la cale que la mer bondit furibonde. Quelquefois il nous semble que nous sommes désertés par l'eau ; nous nous sentons suspendus en l'air. Est-ce une marée gigantesque qui se produit sous nos pieds ; est-ce, au contraire, pensée épouvantable, la glace qui se dresse par un mouvement subit ? Alors nous sommes perdus ! Nous allons être lancés comme si un volcan sous-marin avait fait explosion.

Je n'ose interroger ma propre raison. Ne voyant rien à faire, je succombe devant l'impossible. Ma pensée a fait peur à ma pensée même.

Les hommes restent inertes ; à peine s'ils ont le courage de prendre leur nourriture. La faim, la faim elle-même semble perdre ses droits. A peine si elle les oblige à entretenir le feu de cette lampe intérieure qui fume entourée de neiges !

Cela dure depuis le 19 novembre jusqu'au 9 décembre. Vingt jours, vingt ans, vingt siècles !

Un caprice de la glace nous eût livrés pieds et poings liés. Nous tombions laminés dans l'abîme effroyable. Un caprice de l'eau nous sauve. Le vent se charge de nous pousser à terre.

En arrivant sur le sol glacé, je me jette à genoux. Dans un élan de reconnaissance, j'embrasse cette froide écorce que peut-être jamais brin d'herbe n'a ornée.

Mais l'espérance folle ne tarde point à céder la place à un découragement plus fou peut-être!

C'est la terre que j'ai sous les pieds, mais quelle terre !

Mes compagnons qui n'ont pas même senti cet élan d'enthousiasme, ce rayon de soleil descendant jusqu'au fond du cœur, ils font peine à voir! Si quelque chose pouvait augmenter leur découragement, ce serait de me voir tomber, pâlir!

Non, me dis-je, je ne veux pas mourir ici! Il est impossible que je succombe autrement que sous les ordres de Hall, en vue du Pôle !

Jamais mon cœur de matelot ne me suggéra des phrases plus incisives pour secouer la torpeur de l'équipage.

Sans perdre un instant, je fais porter à terre des provisions, des munitions, notre grande voile, notre voile carrée et des mâts.

Des Esquimaux! ô bonheur! nous sommes sauvés; je loue deux attelages de chiens de trait. Nous nous en servons pour nos transports. Le froid est horrible, il fait nuit et jour 20° au-dessous de zéro. Mais la neige est là en abondance. Elle est fraîchement tombée et, par conséquent, facile à entasser en couche assez épaisse pour échapper à l'hiver.

Jamais je n'ai vu un aussi grand nombre de loups arctiques. Mais grâce à ma bonne carabine, leur peau enrichit notre cargaison et leur carcasse n'est pas dédaignée dans notre marmite.

CHAPITRE IV

Les préparatifs de l'expédition du « Polaris ».

Au printemps de 1869, je faisais mon dernier
voyage à bord de l'*Eva*, et je revenais à New-York
à la fin de 1870, au moment où le monde entier
était stupéfait en apprenant l'héroïsme de Paris et
les malheurs de la France.

A peine ai-je débarqué que je reçois une lettre
du capitaine Hall. Le brave capitaine avait lu dans
le *Herald* l'arrivée de mon navire, et il m'écrivait
loyalement pour me prévenir qu'il était à ma disposition, qu'il me donnerait la meilleure place
qu'il pourrait à bord de son navire. Il me renou-
velait les promesses de la baie de Frobisher!

Le capitaine aurait bien voulu me prendre
comme second, car il savait combien j'étais dévoué à ses plans, mais il n'était pas libre. Le
choix de l'équipage ne lui avait point appartenu.

Il devait compter avec une multitude d'influences. Le gouvernement des États-Unis lui avait fait payer cher les subsides qu'il accordait à sa persévérance.

Le capitaine en second, Sydney O. Buddington, neveu de mon ancien commandant, originaire du Connecticut, faisait, depuis plus de vingt ans, en qualité de capitaine, la pêche de la baleine. C'était un marin expérimenté, très-familier avec les dangers de la navigation polaire.

Le docteur Émile Bessel, chef de la mission scientifique, était Allemand. Quoique relativement jeune, il avait déjà acquis, dans son pays natal, une certaine notoriété. Élève de la célèbre université de Heidelberg, ses travaux en zoologie et en entomologie l'avaient étroitement lié avec le docteur Auguste Peterman, de Gotha. Celui-ci le fit embarquer, comme attaché scientifique, à bord de l'*Albert*, appartenant à M. Rosenthal, et qui, en 1869, alla chasser les Walrus au nord du Spitzberg. On le considérait comme un excellent chirurgien, un naturaliste enthousiaste et, intellectuellement parlant, comme absolument à la hauteur de la mission qui lui était confiée.

Le météorologiste, M. Frédéric Meyer, Prussien de naissance, était attaché au corps des signaux (*signal service*) des États-Unis, à Washington. Doué d'une instruction profonde, il passait pour digne de son nouvel emploi.

M. Émile Schumans, l'ingénieur en chef, Allemand également, était fort habile dans sa profession et, en outre, un dessinateur d'un rare mérite.

Le second lieutenant, William Morton, était déjà célèbre dans les annales des régions polaires, car il avait accompagné le docteur Kane sur les bords du détroit de Smith, dans cette belle expédition, et il passait alors pour avoir découvert les bords de la mer libre. C'était un excellent homme qui partait plein de préventions, conséquences fatales de ses premières illusions. Mais il était de bonne foi, sans prétention, toujours prêt à reconnaître ses erreurs involontaires.

Malheureusement, l'équipage était presque composé d'Allemands, d'Irlandais et d'Anglais. On n'avait oublié que des Américains dans cette cohue cosmopolite.

Si le recrutement du personnel laissait beaucoup à désirer, le matériel était dans l'état le plus satisfaisant. Jamais expédition polaire n'avait été équipée avec un soin pareil. On avait profité de toutes les dernières idées, de toutes les découvertes de la science [1].

---

1. Le capitaine Hall s'était visiblement inspiré des projets mis en avant par le capitaine Lambert, lorsqu'il montait l'expédition de son *Boréal*. On peut dire que, jusqu'à un certain point, l'expédition du *Polaris* a remplacé celle que notre vaillant ami devait diriger. Mais le capitaine Hall, comme on le voit par ce qui précède, ne partageait aucune des opinions de l'explorateur français relativement à la mer libre du Pôle. Il ne croyait pas non plus à la nécessité d'attaquer le pôle Nord par la mer de Behring, ni à la possibilité de l'atteindre en faisant la chasse aux phoques et à la

Le *Polaris* était un ancien steamer de l'État, qui, sous le nom de *Periwinkle*, avait fait un glorieux et pénible service pendant la guerre de la sécession. On l'avait construit pour être à l'épreuve des boulets confédérés; mais pour le mettre à l'abri des glaces, le capitaine Hall l'avait avec raison fait doubler d'une épaisseur de planches. Il avait armé son avant d'un éperon semblable à celui des galères romaines.

Il avait donc transformé son navire en un véritable bélier, qu'il avait l'intention de lancer contre la banquise avec toute la puissance de sa machine.

Le capitaine Hall avait fait construire deux foyers, un pour le charbon et l'autre pour l'huile. Excellente idée qui permet d'utiliser à la propulsion du navire la graisse des baleines ou des phoques.

Il avait organisé le chauffage intérieur des cabines avec tout le soin nécessaire pour que, le cas échéant, on pût hiverner à bord.

Toujours désireux de s'instruire et de trouver dans l'histoire du passé les inspirations nécessaires pour triompher des difficultés que suscite l'avenir, le capitaine Hall avait formé une collection d'un grand nombre d'ouvrages ayant trait aux explorations polaires. M. J. Carson Brevoort, de Brooklyn, lui avait fait présent, don inestimable, de

baleine. On trouvera de plus amples détails dans notre *Conquête du pôle Nord*.

tous les *Blue Books* du Parlement d'Angleterre racontant les innombrables expéditions organisées par l'amirauté anglaise.

Un facteur d'orgues de New-York lui avait fait cadeau d'un magnifique instrument destiné à occuper les loisirs de la longue nuit polaire.

Enfin on lui avait remis le drapeau historique que le commodore Wilkes avait si glorieusement déployé en face des grandes banquises australes. C'était la seconde fois que ce précieux étendard retournait au pôle Nord. Morton l'avait en main, lorsqu'avec un seul compagnon, le brave Esquimau Hall, il avait salué du haut d'un pic, gravi par miracle, le Nord insondé, encore tout rempli de mystère! Noble et poétique idée de placer les nouveaux efforts sous l'invocation des anciennes entreprises. Admirable attention qui relie et complète la chaîne des temps, puisqu'elle met sans cesse le présent en présence du passé [3] pour le bien de l'avenir!

1. Qu'il me soit permis de rappeler ici un souvenir personnel. Dans le courant de l'été 1868 je fis des courses dans les Alpes et notamment au mont Rose, avec M. Dolfus aîné, le frère du député actuel de Mulhouse. Un accident faillit me devenir funeste. J'eus le pied gelé sur les rochers du « Höchste-Spitze », où le froid et la fatigue me saisirent. Ramené blessé à Paris, je me fis soigner à la maison municipale de santé. Là j'eus l'honneur de faire la connaissance de M. Wilkes, qui était retenu dans cet établissement par une paralysie. Rien n'était plus touchant que les soins que lui prodiguait sa fille. J'eus alors bien des conversations du plus haut intérêt avec ce vétéran du pôle Sud. La maladie cruelle dont il

Le gouvernement des États-Unis avait pris les soins les plus minutieux pour que le bien-être de l'équipage ne laissât rien à désirer. Les provisions de choix, les vivres les plus délicats, les conserves les plus raffinées, avaient été entassés dans la cale.

Le capitaine Hall avait surtout tenu à avoir des boîtes de Pemmican dont son expérience des régions boréales lui avait appris tout le mérite. Cette préparation, imitée des Indiens de l'Amérique du Nord, consiste dans un mélange de viande et de graisse. C'est un aliment qui fournit en grande quantité ce que, d'après les derniers progrès de la chimie des corps vivants, l'on nomme des éléments respiratoires. Avec du Pemmican, le voyageur des régions polaires peut facilement fournir à la combustion respiratoire dont l'activité est, comme on le sait, si énergique. Il n'avait pas oublié non plus les préparations antiscorbutiques telles que le jus de citron, mais il n'attachait pas à ces condiments l'importance exagérée de certains théoriciens [1].

Sans sortir des limites que je me suis naturel-

souffrait n'avait atteint en aucune façon la lucidité et la vivacité de son esprit. Il racontait avec un charme inexprimable ses admirables campagnes.

1. Nous engageons les personnes que ces détails intéressent à lire dans le *Journal d'hygiène* notre article : *Le jus de citron et la conquête du pôle Nord*. On pourra trouver d'autres renseignements, que nous ne pouvons placer ici, dans les derniers chapitres de *la Conquête du pôle Nord*, Paris, Plon, 1877.

lement imposées, je ne saurais décrire toutes les innovations saillantes que le *Polaris* a inaugurées, mais je demanderai la permission de dire quelques mots d'une combinaison tellement simple qu'elle sera suivie par tous les futurs explorateurs du cercle arctique.

Le capitaine Hall avait compris qu'il fallait que le *Polaris* pût aborder sa grande exploration sans avoir entamé ses provisions et son combustible, indispensables munitions pour la *conquête du pôle Nord*.

On avait donc décidé que l'on enverrait à Disco le *Congress* pour y former un dépôt de charbons et de vivres, exclusivement destinés au service de notre expédition.

Les provisions du *Congress* devaient en outre servir à combler les vides que la traversée de New-York à Disco devait creuser dans nos soutes et dans nos cales. Nous ne pouvions deviner qu'une mine de charbon qui nous échapperait serait découverte par nos successeurs en face de la tombe du capitaine Hall, aussi avons-nous surtout demandé qu'on nous portât une grande quantité de houille.

La plus grande partie de ces provisions formant une réserve fut laissée par nous à Disco, sous la garde des autorités danoises. Les hommes que j'eus à commander pendant notre naufrage n'ignoraient pas cette circonstance. Je savais que leur but secret était de retrouver à tout prix ces vivres. Pendant longtemps j'eus lieu de craindre qu'ils ne se révoltassent pour tenter, malgré moi, d'y parvenir.

Grâce à Dieu! il n'arriva rien de pareil. Ces provisions, qui étaient d'excellent choix et en parfait état de conservation, ainsi que des approvisionnements de toute nature, furent vendus par le gouvernement américain à l'expédition du capitaine Nares.

Non content de les employer, le gouvernement britannique en fit recueillir d'autres par les soins des autorités danoises[1].

Il est nécessaire qu'un dépôt pareil soit formé pour les besoins de l'expédition qui partira d'Amérique en 1878 pour fonder la colonie scientifique du pôle Nord.

C'est ce qui a décidé le capitaine Hougate à prendre l'initiative de l'expédition de la *Florence* dont il a bien voulu me donner le commandement. J'irai, soldat d'avant garde, préparer les voies à l'habile marin qui sera chargé de couronner l'édifice dont les bases reposent sur la tombe du grand Hall.

---

1. Voir ce qui est dit à ce sujet sur la *Conquête du pôle Nord*.

CHAPITRE V

Les débuts de la campagne. — Dans le détroit de Smith.

Les débuts de la campagne.

Le *Polaris* quitte New London, le dernier port américain, à quatre heures du soir, le 3 juillet 1871. Le temps est magnifique. Nous arrivons sans autre incident qu'une violente tempête à Saint-Jean de Terre-Neuve.

A peine avons-nous ancré qu'un orage autrement redoutable s'élève! La mission scientifique commence à s'insurger contre l'expérience et l'autorité du capitaine!

Combien je suis heureux de n'être qu'un ignorant, quand je vois ce que certains savants font de la Science! Mais ne blasphémons pas contre l'institutrice du genre humain. Tous ceux qui la cultivent ne perdent pas la raison en acquérant du savoir. Il y en a, qui ont appris à lire dans les livres, sans cesser de regarder ce qu'a écrit la nature, non pas avec de l'encre, mais avec des caractères vivants! Un jour viendra où ceux-là seuls auront le droit de parler au nom de la Raison que les autres outragent!

Les matelots, qui ne pouvaient rien comprendre à un pareil débat, prirent ouvertement le parti de leurs compatriotes.

A partir de ce moment, je vis bien que les éléments étrangers étaient plus disposés à se soutenir mutuellement qu'à favoriser le but de l'expédition. Le capitaine Hall parvient cependant à rétablir l'ordre.

Dans le port ordinairement désert d'Uperniavick, nous rencontrons l'expédition suédoise. Elle est commandée par le baron von Otter.

Avec une admirable cordialité, ce brave officier, incapable de sentir la moindre jalousie internationale, met à notre disposition les renseignements inestimables qu'il vient de recueillir. Nos amis scandinaves nous donnent d'excellentes nouvelles de l'extrême Nord. Les glaces ont disparu plus rapidement que de coutume. Ils nous engagent à nous presser, si nous voulons profiter de cette heureuse chance.

En arrivant à Disco, nous trouvons notre tender le *Congress*. Il nous apporte d'Amérique notre complément de vivres.

Le gouverneur des établissements danois se met

à notre disposition pour nous procurer des chiens.

Ces étonnants quadrupèdes sont d'une intelligence rare, et c'est avec peine que les indigènes s'en défont, même à prix d'or. La race en diminue chaque jour et un Groëlandais sans chiens est un corps sans âme.

On peut dire sans exagération que ces animaux ont une taille et une force au-dessus de la race canine.

Par leur intelligence, par leur sensibilité, je dirai presque par leur raison, ils forment bande à part. Pour les juger, il n'y a qu'à regarder leur œil !

Leur tête respire l'intelligence ; ce sont des compagnons dévoués plus que des bêtes de trait. Ah! si tous les hommes étaient aussi étroitement attachés à leur devoir !

Le capitaine avait déjà engagé Joe et sa famille, mais il trouve à Disco Hans, l'Esquimau de Hayes, celui qui avec Morton a cru apercevoir dans le lointain l'immense bassin polaire au milieu duquel trône la mystérieuse Polymnie.

Hans est un hardi chasseur, qui n'a point d'idées théoriques. Le capitaine Hall lui offre de le prendre à son bord.

Mais Hans, de même que Joe, a l'esprit de famille, il ne veut pas se séparer de sa femme et de ses enfants.

Le capitaine Hall, qui a toutes les délicatesses, partage et approuve ce sentiment.

Il ne recule pas devant l'idée de faire cette expédition périlleuse avec deux femmes et deux bandes d'enfants. La famille de Hans comme celle de Joe prend passage à bord du *Polaris*.

Peut-être le capitaine Hall espérait-il par le spectacle de ces dévouements, de ces tendresses, désarmer l'égoïsme qui se déchaîne autour de lui. Noble calcul, digne d'une grande âme !

Mais, à Disco même, les dissentiments recommencent. Ils ne furent pas de longue durée, grâce au capitaine Hall qui, dans ces circonstances critiques, se montra admirable de patience et d'abnégation. Noyé, pour ainsi parler, dans un courant d'insolence et de désaffection, il y résistait par la ténacité de ses convictions. Une idée fixe et immuable dominait les ressentiments personnels qu'il pouvait éprouver : *pousser vers le Nord.*

Il avait emporté ses manuscrits pour les compléter pendant les nuits de l'hivernage. La peur le prend, non pour lui, l'homme intrépide, s'il en fut, mais pour des notes si précieuses !

Il confie son trésor aux mains bienveillantes et fidèles de M. Karrup Smith, le gouverneur. Miraculeusement préservés, ces documents ont été achetés par le gouvernement des États-Unis. Mis entre les mains habiles du professeur Nourse, ils serviront à reconstituer l'étonnante odyssée du capitaine Hall.

Je n'insisterai pas sur l'itinéraire de notre voyage qui n'offrit rien de remarquable jusqu'à ce que nous fussions entrés dans le détroit de Smith. Les renseignements des Suédois étaient de la plus parfaite exactitude ; partout les glaces avaient disparu depuis longtemps. Si nous nous étions plus pressés, si nous n'avions point été retenus à New-York par mille détails superflus, nous aurions pu nous trouver déjà à une latitude plus élevée. Mais peu importait, puisqu'un hivernage au moins entrait dans les plans du capitaine Hall.

Cet homme admirable ne voulait pas des explorations faites à la légère. Il voulait en quelque sorte prendre possession des régions nouvellement pratiquées ; il tenait à les connaître complétement dans les plus grands détails. Si une pareille idée n'eût été trop précoce en 1870, il eût imaginé la colonie scientifique du pôle Nord.

Dans le détroit de Smith.

Le 28 août, un peu avant minuit, nous jetons l'ancre en rade de la baie de Renselaer, point extrême de l'hivernage de Kane.

Bientôt nous franchissons le cap où Hans et Morton ont vu, disent-ils, briller la mer libre.

S'ils ont raison, nous devons apercevoir devant nous l'immense bassin qu'Hayes a décrit avec tant d'enthousiasme.

Nous ne tardons pas à nous rendre admirablement compte de ce qui a produit leur erreur.

Nous apercevons bien un élargissement du canal, une espèce de carrefour auquel aboutissent deux immenses détroits, deux gigantesques fiords ; mais dans toutes les directions nous ne voyons que des roches, des roches, toujours des roches !

Morton est curieux à observer. A mesure que nous approchons du lieu de sa grande découverte (car c'est d'après son rapport que le docteur Kane a rédigé ses conclusions), il perd progressivement son assurance. Il se fait petit, il voudrait se dissimuler. Il craint qu'on ne le regarde, il redoute qu'on ne lui parle.

Le pauvre diable était évidemment de bonne foi : il avait cru voir ce qu'il venait chercher ! Combien les jugements téméraires sont difficiles à éviter, et communs en science !

Il est bien rare qu'un homme ait le génie d'aller au delà de ce qu'il voit, et de soulever par la pensée le voile sombre qui couvre l'inconnu ! La première partie de notre voyage dans les régions que l'on croyait explorées se passe à reconnaître les erreurs de nos prédécesseurs[1].

1. La justesse de cette partie des remarques de Tyson est mise en évidence par l'exploration du *Polaris* elle-même. Les découvertes que le capitaine Hall croyait avoir faites dans la mer Polaire ont été contredites par le résultat des explorations du capitaine Nares. Le cap Constitution et les autres terres qu'il a cru voir à l'horizon, n'étaient que le produit d'un étonnant mirage ! Voir encore notre *Conquête du pôle Nord*.

Nous autres, malgré l'extraordinaire habileté de
Hall, nous n'aurions point été constamment in-
faillibles. Quand tout est gel, dégel et regel, comment ne point confondre le bousin léger, formé
sur les banquises par l'écume des flots, avec
la glace de pied, que les marées déposent le long
des rivages?

De loin, une clairière d'eau vive et libre réfléchit
moins la lumière qu'une surface neigeuse, de sorte
qu'au milieu du brouillard on peut prendre une
mare dégelée pour un promontoire!

Le même jour nous arrivons en face d'un nouveau détroit que je ne peux comparer qu'à celui
de Kennedy, ou même à celui de Smith. Le capitaine Hall a une heureuse idée, il le baptise détroit de Robeson. Il lui donne le nom du ministre
de la marine qui nous a rendus tant de services
de tout genre. C'est grâce à cet administrateur intelligent que nous abordons le Pôle avec nos soutes combles.

A ce moment, le commandant est admirable
d'activité, de jeunesse. Il reste sur le pont nuit et
jour. A peine s'il prend à la hâte quelques légers
repas. Rien ne lui échappe. Il pense à tout. Sa
figure respire un enthousiasme sincère! Il oublie
ses tribulations. Il est au but de ses désirs. La
grande route du Pôle est ouverte devant lui, et
il est le capitaine du *Polaris*.

Le 29 août nous nous trouvons complétement
entourés de glaces, un brouillard épais nous en-

veloppe de toutes parts ! Nous travaillons avec une ardeur inouïe à écarter les glaçons ; je commence à craindre que nous ne puissions avancer plus loin, que nous ne soyons obligés de nous arrêter sur le seuil de cet océan inconnu ! Car le vent glacial et geleux, qui souffle du nord avec impétuosité, ne va pas tarder à marier tous ces blocs. Je crains que demain cet ouragan maudit n'ait fini de bâcler l'Océan, et que le *Polaris* ne trouve devant lui la glacière boréale formée devant nous, scellée sous nos pas, fixée en notre présence.

Mais je me garde bien de laisser deviner le découragement que j'éprouve. Le capitaine Hall nous pousse, du geste, de la voix, de l'exemple !

Je vivrais mille ans que je n'oublierais jamais ce merveilleux spectacle, exceptionnel même dans les mers où toute eau est gelable, où le flot qui est lancé contre la roche retombe en pierre.

Le ciel était couvert de gros nuages épais, lourds, bas, rapides, glauques, qui se fondaient avec l'horizon, dont ils diminuaient l'ampleur.

La houle très-forte, amplifiée par les glaçons qui dansaient sur la crête des ondes, paraissait fantastique. Des brouillards sortant de la terre, au levant, se joignaient à la brume qui s'épanouissait des banquises, et la vapeur que vomissait la cheminée du steamer nous couvrait de neige cristallisée en étoiles. Le soleil, rougeâtre, semblait faire des efforts pour ne pas être étouffé, car il lançait, par les intervalles des nuées, des colonnes de lumière qui tombaient sur les glaces aiguës avec une vigueur torrentielle.

A sept heures et demie du soir nous sommes obligés de stopper. La nuit est venue, nous nous trouvons dans des ténèbres que n'égaye pas la lueur d'une pauvre étoile. Nous nous amarrons à un glaçon qui paraît échoué sur un haut fond.

Le capitaine fait jeter à la mer un cylindre dans lequel il a écrit à la hâte le récit de ce qui nous est arrivé jusqu'à ce jour.

Au moment d'un péril grave, ses instructions lui enjoignaient de confier ainsi à l'Océan le soin de transmettre au monde civilisé l'histoire de cette découverte.

Quelque petite que fût la chance qu'il s'assurait ainsi, il laissait au moins une porte ouverte au hasard.

Un procédé plus efficace, et que nous avons employé plus d'une fois, c'est d'avoir recours à des *cairns*, ou pyramides de pierre, construites dans des lieux apparents.

Presque tous les messages que nous avons ainsi déposés sont parvenus actuellement entre les mains de l'amirauté britannique. Suivant toute probabilité, la prochaine expédition américaine relèvera de même les messages confiés aux solitudes arctiques par les compagnons du capitaine Nares.

Sans perdre de temps, il fait mettre à la mer sa

baleinière. Il me dit de le suivre. Il prend deux rameurs et nous nous rendons à terre.

Nous examinons avec une lanterne le sol que nous venons de découvrir, vingt fois nous courons le danger d'être engloutis. Nous prenons une peine inutile, cette plage inhospitalière ne nous offrirait aucun abri. Nous revenons rapidement à bord.

Le capitaine juge la position critique. Pour être prêt à tout événement il fait descendre des provisions sur la glace.

Le lendemain 30 août, la situation change : à la pointe du jour un vent glacial nous chasse du détroit de Robeson. Nous sommes malgré nous repoussés vers le sud. Nous faisons force vapeur pour gagner l'abri de la terre. Nous jetons l'ancre derrière une pointe de roches élevées. Il était temps ; les glaçons montent les uns sur les autres, ils se choquent en faisant un bruit épouvantable. Que nous sommes heureux d'avoir trouvé ce refuge !

Le 1er septembre, la tempête augmente encore. Le capitaine Hall prend le parti de faire ramener l'hélice à bord, afin d'éviter qu'elle ne soit brisée. Une disposition très-simple, qu'il a imaginée, permet d'effectuer cette manœuvre sans aucune difficulté, et avec une rapidité surprenante.

Le lendemain, le capitaine Hall réunit dans sa cabine un conseil de guerre. Il nous convoque, Buddington, M. Chester et moi, afin de voir s'il est prudent de continuer la marche vers le Nord.

Chester et moi nous sommes d'avis qu'il faut partir aussitôt que le vent se sera calmé, et mettre de nouveau le cap sur le Pôle. Buddington est d'un tout autre avis. Il n'y avait pas besoin de lui demander ce qu'il pensait : c'était écrit sur son visage et dans son allure. Quand il a opiné, il se lève et sort de la cabine comme s'il voulait éviter de nouvelles explications.

Mais on ne se débarrassait pas si facilement de Hall. Le capitaine se lève aussi ; il suit Buddington, et une conversation vive s'engage sur le pont. Le capitaine n'a ni paletot, ni casquette, rien sur la tête. Il ne sent ni le froid ni l'ouragan, il gesticule avec une animation extraordinaire.

Le soir, le capitaine m'appelle pour me parler de nouveau d'aller vers le Nord. Il me semble fatigué, désespéré de n'avoir pu convaincre Buddington. Dans une matière de vie ou de mort, il ne se sentait pas le droit d'imposer sa conviction ; sa conscience était inflexible. Je lui dis que je n'avais rien à gagner à soutenir son opinion, que c'était sa gloire qui était en jeu, que nous lui étions dévoués corps et âme, qu'il ne devait pas s'arrêter devant les hésitations de Buddington. Je ne lui dis pas tout ce que je pensais des motifs véritables de cette obstination : j'aurais eu l'air de chercher à nuire dans son esprit à mon supérieur. Il prit plaisir à m'écouter. De grosses larmes mouillaient ses yeux. Il me serra la main et il rentra dans la chambre d'un pas méditatif.

Le lendemain, qui était un dimanche, nous avons célébré le service divin. D'après l'estime, nous nous sommes élevés jusqu'au 82° 29′[1].

Au nord-ouest du point extrême de notre voyage nous avons vu des terres hautes, un immense promontoire; c'est au moins le rapport des vigies. Le capitaine Hall, qui est monté dans le nid de corbeau, nous dit que les vigies ont bien vu[2]. Il est tombé de la neige pendant toute la journée. Elle se précipite en si grande quantité qu'il est presque impossible de voir la terre dont nous sommes si voisins.

Cette observation importante, capitale, s'est faite dans des conditions véritablement désespérantes, qui nous empêchent nous-mêmes d'y ajouter la moindre confiance.

En somme, personne ne peut affirmer que ce n'est pas une clairière qui, noircie par un contraste, a donné lieu à la sensation d'une terre !

Dans les explorations polaires, ce n'est pas trop que de voir et de toucher pour avoir confiance

---

1. Cette estime a été corrigée depuis. Vraie latitude, 82° 16′.

2. Le nid de corbeau est un tonneau placé au sommet du grand mât. On y monte par une échelle ou l'on s'y fait hisser à l'aide d'une drisse. C'est de là que l'on peut commodément inspecter l'horizon à une distance immense avec un télescope.

L'expédition du capitaine Nares, qui est parvenu à environ un degré au delà du point où Hall s'est élevé, prouve qu'il n'y a point de terres au Nord. Le capitaine Hall aura été victime d'une illusion d'optique. Voir ce que nous disons à ce sujet dans la *Conquête du pôle nord*. C'est une erreur du même genre, quoique produisant des résultats opposés, que celle dont Kane et Hayes ont été successivement victimes.

absolue. Car on est dans la région des miracles d'optique.

L'ordre normal et logique de la succession habituelle des couches d'air est à chaque instant interrompu. Le ciel peut servir de miroir pour renvoyer les images droites ou retournées des objets terrestres. Le disque du soleil ou de la lune n'apparaît presque jamais avec le diamètre apparent que la nature lui a donné pour nous.

Mille paillettes qui circulent dans l'air nous montrent des couronnes, tantôt autour de la planète qui nous est attachée, tantôt autour de l'astre dont nous ne sommes qu'un humble satellite.

Quelquefois, au lieu d'une lune ou d'un soleil, on en voit apparaître trois ou cinq. Les paysages de la baie de Baffin sont illuminés comme doivent être les nuits de Jupiter ou de Saturne ou les jours des terres du ciel, des astres gravitant dans les systèmes stellaires à soleils multiples dont le capitaine Hall aimait tant à me parler.

Le lendemain 4 septembre, le temps s'est calmé; nous voulons remettre l'hélice en place, mais il a gelé très-fort, de si gros glaçons se sont accumulés, que nous avons toutes les peines du monde à venir à bout de notre tâche. Le soir nous sommes parés et nous pouvons chauffer pour suivre le rivage et chercher une anse pour l'hivernage.

Le soir, comme il y a quelques jours, nous descendons de nouveau à terre, le capitaine et moi. A minuit le capitaine arbore un drapeau au haut d'un mât que nous fichons en terre. Il prend possession de ce sol aride au nom du peuple des États-Unis. Nous nous disions : Jamais colon ne viendra habiter ces lieux maudits; jamais navires ne fréquenteront ce port, à jamais condamné à la solitude. Nous ignorions alors jusqu'à la possibilité de la glorieuse résolution que le congrès des États-Unis eût déjà prise, sans les orages politiques soulevés par la nomination du successeur du général Grant.

Cependant cette simple cérémonie, accomplie avec solennité sous les rayons de la lune qui passe au méridien, frappe mon imagination. Il me semble avoir devant moi une idée de la patrie absente!

Nous ne retournons à bord du *Polaris* que le lendemain dans l'après-midi. Le capitaine ne quitte pas ce nouveau *territoire* sans l'avoir examiné minutieusement. Il eût tenu à utiliser sa nouvelle annexion.

Mais il finit par reconnaître qu'il faut continuer à descendre plus au sud. Malgré sa répugnance à s'éloigner du Pôle, il doit rétrograder. Il flétrit ce havre inhospitalier en lui imposant le nom de *baie du Repoussoir*[1].

1. Il ne faut pas confondre cette baie du Repoussoir avec celle dont Tyson a parlé plus bas.

CHAPITRE VI

L'hivernage du *Polaris*. — Le campement du *Polaris*. — La mort
du capitaine Hall.

L'hivernage du « Polaris ».

Peut-être le brave Hall avait-il conservé quelques
espérances de remonter vers le Nord, car le lendemain nous restons au large toute la journée,
sous petite vapeur. C'est seulement le 7 que nous
mettons le cap vers le sud. Le 7 nous arrivons en
face d'un port bien abrité au pied de hautes montagnes. Il n'y a ni à chercher ni à hésiter, c'est
là que nous allons passer l'hiver.

La vue de ce havre commode semble faire oublier les désenchantements passés. Hall nomma ce
lieu le port *Merci-Dieu*.

Comme c'est un dimanche, il nous signifie cette
décision après l'office divin, pendant lequel il
montre une ferveur plus qu'ordinaire.

Nous venons d'échapper à un immense danger provenant de notre faute : un des mécaniciens ne s'était pas aperçu qu'il y avait quelque chose de dérangé dans la pompe alimentaire. Il avait continué à chauffer comme si la chaudière était pleine; un peu plus nous périssions brûlés au milieu des glaces par une explosion d'eau bouillante ! Le *Polaris* est amarré à une banquise que Hall nomme la montagne Providence. Le 11 septembre nous commençons à couvrir le navire de toiles ; nos voiles nous servent admirablement à nous faire un plafond de neige. Quand il en sera temps, nous entourerons les flancs du bâtiment d'une véritable muraille d'eau glacée. Fortifiés de tous côtés contre le froid par l'œuvre des hivers, nous pourrons braver la bise.

Je n'entrerai pas dans tous les détails de nos préparatifs, qui n'ont offert rien de particulier, si ce n'est le soin et la méthode surprenante que Hall apportait à tous les détails.

Sa justice est absolue, son impartialité admirable. Il étend à tous sa prévoyance. Il s'occupe des besoins de tous avec une égale sollicitude, même de ceux dont il aurait le plus à se plaindre.

Le campement du « Polaris ».

Nous avons hiverné à l'abri du cap Lupton dans une baie longue de douze milles et large de neuf, qui est à la latitude de 81° 38' sur la rive orientale du canal Kennedy. Jamais navire n'a passé la saison rigoureuse si près du Pôle. Aussi, dès le milieu de septembre la gelée commence. MM. Bessel et Meyers, membres de la commission scientifique, ont voulu, accompagnés d'un seul matelot, explorer une montagne située à une distance d'une quinzaine de milles dans le nord-est. Ils sont obligés de battre en retraite et ils nous arrivent au navire à moitié morts de faim.

Les côtes, comme je l'ai déjà dit, sont d'une hauteur extraordinaire. Les montagnes qui se prolongent dans l'intérieur sont précédées d'immenses moraines que le soleil met à nu chaque été, pendant un trop petit nombre de semaines pour qu'il s'y développe des plantes susceptibles de porter des graines ou des fruits. La végétation qui y rampe ressemble à celle que l'on découvre dans les glaciers des Alpes. On dirait qu'elle a été destinée à être admirée à la loupe.

On la foule aux pieds sans la voir. Mais, dès que l'œil, suffisamment armé, pénètre dans ce monde

infini de détails, il s'égare dans un océan de per-
fections surhumaines. Plus on descend dans l'é-
chelle des grandeurs, plus on monte dans celle de
la perfection. O mystère! L'atome qui constitue
cette tige méprisable, à peine visible, a été sculpté
par le ciseau d'un Phydias éternel.

Mais cette terre isolée n'est pourtant pas veuve
d'habitants. Nous ne sommes pas les premiers
hommes qui l'aient visitée. Nous trouvons près du
Polaris des cercles de pierre qui indiquent que
l'Esquimau y a dressé sa tente au moins pendant
l'été. Des pierres portent des traces de feu qu'une
main intelligente y a allumé. Nous ramassons des
dents de cheval marin façonnées et percées, des
hameçons en os de poisson et des petits objets à
l'usage des indigènes.

En face de ces débris informes d'une civilisation
rudimentaire, notre surprise dépasse celle des
voyageurs des tropiques, qui ont découvert des
capitales et des palais cachés sous des lianes, au
milieu des forêts vierges du Guatemala!

Nous ne tardons point à comprendre pourquoi
les Esquimaux se sont hasardés dans ces régions
désertes. En effet, nos chasseurs rencontrent plusieurs bœufs musqués, ruminants dont la chair est
excellente même pour nos palais de civilisés. La
capture de ce gros gibier nous cause une grande
joie. La viande que produit la carcasse de cet ha-
bitant du Pôle fait une excellente figure dans notre marmite. Je ne lui trouve pas la moindre trace

de l'odeur qui infecte la chair du bœuf musqué du
Labrador à un tel point que beaucoup de matelots
y renoncent. Ces animaux ont en outre de longs
poils soyeux qui forment une excellente fourrure.
Les Groënlandais savent très-bien utiliser cette
circonstance[1]. Ces pauvres sauvages pourraient,
sous ce point de vue, donner plus d'une leçon à
nos premiers fourreurs de Washington. Je suis
sûr que les vêtements qu'ils façonnent à l'aide de
ces toisons admirables auraient eu un étonnant
succès à l'exposition commémorative du centenaire de notre indépendance.

Nous avons encore tué un animal bien curieux,
un renard tout blanc. Son pelage doit avoir un prix
considérable ; c'est un chef-d'œuvre de la nature.
Il a fallu une série de circonstances bizarres pour
faire ce bon coup de fusil. Car le renard du pôle
nord n'est pas moins malin, moins dissimulé que
son frère de nos pays. Il y a une resemblance frap-
pante dans la physionomie. Mais quelle élégance
dans le renard arctique. Je ne peux m'empêcher
d'admirer les détails de cette organisation grandiose et puissante !

Il me semble que si j'étais poule j'aurais moins
de répugnance à être croqué par un gaillard vêtu
d'une peau si merveilleuse.

Tous les poils, d'une étonnante couleur argen-

1. On a vu des troupeaux encore plus nombreux à des latitudes
supérieures. Voir le récit de l'expédition de l'*Alert* et de la *Discovery*, dans la *Conquête du pôle nord.*

7

tine, sont rigoureusement pareils. On les dirait tirés à la filière. Leur nuance est identique. Leur longueur est graduée, avec une étonnante précision, de manière à produire des reflets chatoyants. Cette livrée ne craindrait pas de s'étaler sur un champ de neige; à côté, celle de la blanche hermine paraîtrait jaunâtre.

L'architecte de l'univers sait partout mettre le sceau de son génie divin. Son talent infini comme le monde dont il est l'auteur s'adapte à toutes les situations qu'il a créées. Évidement d'autres merveilles nous attendraient à chaque pas, si nous pouvions franchir les limites étroites de notre atmosphère, nous lancer dans les espaces célestes et voyager de monde en monde. Pourtant il y a des astronomes qui prétendent que Dieu a réservé les splendeurs de la vie pour la terre, et que, dans aucune des planètes ou des soleils qui peuplent l'immensité, il n'a pu créer des animaux et des végétaux différents de ceux dont la surface de la terre est recouverte [1].

1. Dans l'*Annuaire du Bureau des longitudes*, Paris, 1873, un membre de l'Institut publie un long travail pour prouver que, parmi les planètes, les unes sont trop froides et les autres sont trop chaudes. Quant aux soleils, évidemment il n'y faut pas songer, suivant M. l'astronome. Et les comètes! Celles-là, n'y touchons pas, M. Babinet nous a appris que ce sont des *riens visibles*.

Quelle différence avec l'incomparable Shakspeare, qui n'était point un membre de l'Institut, mais simplement un poëte, et qui faisait dire à Hamlet, son héros favori : « Il y a plus de choses sous le ciel et sur la terre qu'on ne le croit dans votre philosophie, ô Horatio. »

Afin d'être à l'abri de tout accident, le capitaine Hall fait transporter toutes les provisions à terre. Il ordonne de les placer dans un magasin en planches qu'il a fait construire *ad hoc* et qui a été consolidé avec des murailles faites de ce béton économique qui se nomme la neige.

Après avoir assuré l'équipage contre toute catastrophe, il songe à commencer son métier d'explorateur; le 10 octobre, il se lance pour la première fois en traîneau vers ce pôle que n'a pu atteindre le sillage triomphant de notre vaillant steamer.

Les préparatifs de l'expédition avaient duré une douzaine de jours. Ils avaient commencé, pratique que je recommanderai à mes lecteurs, si quelqu'un veut entreprendre jamais une expédition polaire, par engraisser les chiens en leur donnant des rations supplémentaires. Quand ils reviennent de voyage, ils sont excessivement maigres; mais la graisse qu'ils ont perdue a été utilisée à tirer le traîneau.

La manière la plus habile de leur faire porter les provisions, c'est d'employer la méthode des Esquimaux, et de les leur faire consommer en nature avant le départ. Étrange analogie, renversant paradoxe! Cette élite de la race canine cumule avec l'intelligence des munitos l'étonnante faculté du chameau. Je ferai peut-être trop d'honneur à ce vaisseau du Sahara en l'appelant le *Chien de l'Esquimau du grand désert*.

Le capitaine Hall avait emprunté cette habitude aux indigènes qui, quoique trop économes, ne négligent jamais de donner à manger à leurs chiens lorsqu'ils sont sur le point de s'en servir [1].

La mort du capitaine Hall.

Cette promenade en traîneau avait rendu au capitaine Hall toute son ardeur et toute sa confiance, car elle lui rappelait ses explorations de la Terre du roi Guillaume.

Cette première excursion n'était pour lui qu'un préambule, qu'une préface à des expéditions bien autrement dangereuses; les difficultés contre lesquelles il s'était heurté jusqu'alors n'étaient que des incidents qui excitaient son ardeur.

Il était comme le gourmand qui, avant de livrer bataille à un festin, aiguise son appétit avec des apéritifs.

Il se préparait et se mettait en haleine pour se

1. La pratique des Esquimaux est tout à fait d'accord avec les derniers résultats scientifiques. La graisse est une réserve, une économie faite par la matière. Il y a dans l'organisation une certaine élasticité dont on peut profiter. Non-seulement les chiens polaires, mais nous tous nous pouvons, pendant un temps plus ou moins prolongé, diminuer notre ration avec bénéfice si nous voulons nous débarrasser d'un embonpoint gênant. C'est ce que savent très-bien les jockeys.

lancer, corps perdu, à l'assaut de la grande glacière du monde.

Nul plus que moi n'admire le capitaine Markham, le capitaine Nares, les braves marins de l'*Alert* et de la *Discovery;* mais on ne me retirera pas ma conviction intime que le capitaine Hall se fût avancé plus loin encore, qu'il eût porté d'un seul bond les *stars and stripes* de la République au delà des régions presque infranchissables devant lesquelles s'est arrêté le *Jack* de l'Union britannique.

Malheureusement, un destin ennemi de la gloire de nos États-Unis devait arrêter cet élan prodigieux. Un accident incompréhensible, que j'ai cru pendant longtemps le résultat de combinaisons coupables, allait anéantir cette organisation puissante.

Le capitaine nous semblait à la veille de nous traîner avec lui au pôle, de nous faire partager malgré nous d'énormes triomphes. Il allait nous rendre grands à notre corps défendant, et cependant il avait déjà un pied dans la tombe.

Le 24 octobre, il tombe soudainement malade après avoir pris une tasse de café.

Le lendemain, il avait le délire. Cette intelligence si calme, si ferme, était frappée par une cause soudaine, invisible, mystérieuse. Il lançait en l'air des accusations vagues, incompréhensibles !

Lui-même il semblait surpris, stupéfait de se sentir frappé si étrangement. Il se demandait avec inquiétude, anxiété, si le crime n'avait pas jeté ce caillou qui venait de faire éclater son engrenage!

Le 5 novembre, sa situation avait tellement empiré qu'il était impossible de ne pas prévoir une issue funeste

Hall est le premier à ne pas se faire la moindre illusion. Il sent, il sait qu'il n'échappera pas.

Mais ce n'est pas la pensée de paraître devant son juge qui le préoccupe. Il n'a qu'une seule idée, une idée fixe.

« Mes enfants, dit-il, vous ne vous arrêterez pas! Vous continuerez à marcher vers le pôle. »

On ne peut en tirer autre chose, et il expire le 8 novembre sans avoir expliqué les paroles arrachées par la douleur!

Je ne chercherai pas à dépeindre quelle fut ma douleur quand ma main eut fermé les yeux à mon vaillant capitaine.

Il me semblait que je n'avais plus de père!

Les Esquimaux étaient consternés. Suivant l'habitude de leur nation, ils poussaient des hurlements lugubres.

Les femmes se livraient aux démonstrations d'un désespoir que j'eusse trouvé extravagant en toute autre circonstance.

Pauvres sauvages, ils savaient qu'ils perdaient en Hall leur seul protecteur.

L'imagination la plus féconde ne peut se présenter une scène aussi lugubre que les funérailles!

Figurez-vous des fantômes, enveloppés de peaux

d'animaux sauvages, qui trébuchent à chaque pas, par un froid horrible, par une nuit incroyable. Les étoiles lançaient des feux sinistres sur cette procession lamentable. Elles scintillaient avec une force extraordinaire au-dessus de nos têtes courbées par la douleur; la neige, malgré sa blancheur, semblait refléter le deuil de la nature !

Le corps cousu dans une toile à voile avait été placé sur un traîneau que nous avions couvert du pavillon national.

Nul héros, tombé pour la patrie, n'était plus digne d'être enveloppé par les *stripes and stars*[1].

Quand nous sommes arrivés au pied d'une immense falaise, on place le corps dans un trou préparé à l'avance , on le recouvre d'une couche de pierres, et l'on plante le plus solidement possible une tablette verticale en planches.

Sur cette tablette, peinte en blanc, j'avais tracé au pinceau les mots suivants :

CAPITAINE HALL

EXPÉDITION DU POLARIS

1871

AGÉ DE 51 ANS.

1. Les bandes et les étoiles ; c'est ainsi que les citoyens des Etats-Unis nomment leur pavillon. Le nombre des bandes est égal à celui des États primitifs de l'Union (13). Le nombre des étoiles varie avec celui des États nouveaux. Chaque État donne naissance à une étoile nouvelle. D'année en année la constellation des États-Unis s'enrichit. Les étoiles sont blanches sur fond d'azur. Les bandes sont alternativement blanches et rouges.

Ces mots disent tout. Hall n'avait besoin ni d'autre épitaphe ni de plus éloquente oraison funèbre.

Qui donc eût osé ouvrir la bouche en présence d'un pareil trépassé? Nous n'avions qu'à nous taire. Quand il fallut quitter ce suaire gelé, ce corps que les vers ne sauraient ronger, je me sentis anéanti.

La douleur pulvérisait mon être intérieur.

J'avais à peine la force de retenir mes larmes et de suivre mes camarades. Je me retournais à chaque instant. Si je l'eusse osé, je me serais agenouillé sur la neige.

Le capitaine Buddington qui avait pris le commandement adressa à l'équipage une proclamation fort simple et fort touchante. Il annonça qu'il donnait le nom de bassin de Hall à l'épanouissement du détroit de Kennedy, en face duquel nous avions amarré le *Polaris*.

Plus d'une fois, pendant la fin de ce triste hivernage, je me rendis, solitaire, auprès de la tombe de Hall. Que n'aurais-je donné pour y porter une fleur!

Quelle ne sera pas ma joie, quand je pourrai faire un nouveau pèlerinage dans ce lieu où fructifiera l'idée du grand martyr de la conquête du pôle, quand je pourrai prier, en face de son cadavre, le Dieu de Washington, de protéger notre grande République!

CHAPITRE VII

Le capitaine Hall était mort le 8 novembre.
Après la catastrophe, nous n'eûmes de service divin que le dimanche 19. Jamais je ne m'adressai
à Dieu avec tant d'ardeur. J'avais copié en tête
de ma Bible une prière que le capitaine Hall avait
composée avant de quitter le *Polaris* pour son expédition en traîneau.

« Père tout-puissant, qui règnes au ciel, n'es-tu
pas le Dieu de tous les siècles, de tous les climats
et de toutes les planètes ? Est-ce que les hivers ne
t'obéissent pas aussi bien que les autres saisons ?

« Dans les tropiques, tu as voulu que ton soleil
distribue des rayons de lumière et de chaleur sur
les plaines et même sur les montagnes. De ta
terre tu as fait un désert brûlant ; à ces climats lointains du nord tu as donné une neige plus soyeuse

que la toison des troupeaux et ton vent la disperse comme une poussière de cendres impalpables.

« Personne ne peut supporter ton froid. Et cependant, Père éternel, c'est Toi qui es notre refuge contre la congélation. C'est Toi qui empêches notre sang d'être solidifié dans nos veines.

« Nous te remercions, Père tout-puissant, de nous avoir fait traverser les abîmes insondés de l'Océan. Nous laissons notre vaisseau sous ta protection pendant que nous cherchons à traverser les montagnes de neige qui se dressent devant nous. Daigne nous garder comme tu gardas jadis ton peuple dans les sables ! Sois notre colonne de feu pour nous éclairer dans ta nuit !

« Si nous venons ici explorer ces régions inconnues, c'est afin de mieux apprendre à admirer tes œuvres ; c'est afin de confondre les faux savants qui croient que la science consiste à cacher les traces partout évidentes de ta puissance et de ta bonté !

« D'autres ont péri avant nous au milieu des dangers que nous connaissons et de ceux que nous ignorons encore ; mais nous avons confiance que tu nous soutiendras, et que si tu as marqué notre heure dernière, ce ne sera pas sans qu'elle soit utile à l'augmentation de ta gloire et à l'agrandissement de la science humaine destinée à manifester ta supériorité et ta bonté ! »

J'étais en train de méditer sur ces lignes admirables, prophétiques, lorsque je m'aperçois que le lieutenant donne lecture d'un ordre du jour du capitaine Buddington. On déclare que les offices publics seront dorénavant supprimés. Chacun priera l'Éternel à sa guise. On ne lit plus l'évangile en commun! Si le service du dimanche exerce une influence salutaire, n'est-ce pas sur des hommes placés dans une situation aussi dangereuse que la nôtre? N'est-ce pas au milieu des ténèbres matérielles qu'il faut rechercher ce qui éclaire et réchauffe l'intelligence?

Peu de temps après cette mesure barbare, il nous arrive un accident étrange.

Le capitaine Hall avait eu l'excellente idée de faire construire un bâtiment en bois consacré aux observations météorologiques, où l'on entretenait un poêle brûlant constamment.

Le docteur Bessel y allait chaque jour pour faire les observations aux mêmes heures qu'à Washington[1].

Vers le 20 novembre, on ne le voit pas revenir. On s'inquiète. Joe et Hans se rendent en toute hâte à l'observatoire.

Le docteur Bessel y était; mais une cause qu'il

1. Ces observations ont lieu à midi 53' du méridien de Paris. Depuis lors leur usage s'est généralisé. M. Leverrier les fait exécuter dans toute l'étendue du territoire français. Cette heure répond au moment où le jour astronomique commence pour le méridien qui passe au milieu du détroit de Behring. C'est la première tentative sérieuse pour l'établissement d'une véritable météorologie universelle. Elles ont eu lieu dans le détroit de Smith, par les soins du capitaine Hall, avant d'avoir été exécutées en Europe.

ne put définir ayant éteint son feu, il n'avait pu rallumer son charbon.

Il n'avait osé se risquer au milieu d'une nuit froide et noire et il était resté à geler sur place. Il s'était résigné à attendre la mort. Son supplice durait depuis huit heures. Il était perdu si on avait tardé plus longtemps à aller à son secours.

Le malheureux commençait déjà à avoir le délire. Il était dans un état particulier qui précède l'anéantissement définitif. Il fallut le secouer vivement pour l'arracher à la mort.

C'est la grande glacière polaire qui attire tous les ouragans de l'hémisphère. C'est là que se rendent les furieuses bourrasques qui se forment dans le golfe du Mexique.

Quelquefois cette région inconnue riposte en lançant vers l'équateur d'incroyables cyclones.

Une de ces tempêtes boréales se met à souffler avec tant de vigueur et de soudaineté, qu'un matelot allemand est enlevé, soulevé comme un fétu de paille. Il est précipité la face contre terre, on le ramasse à grand' peine et on le porte à l'hôpital.

Cette tempête venait du nord-est, et le froid était inouï. La mer était si furieuse, que tous les glaçons qui entouraient le navire se brisent.

Nous commençons à craindre que le *Polaris* ne soit enlevé par l'ouragan. Nous envoyons les femmes et les enfants à l'observatoire. Tout ce monde sera sauvé. Nous autres, nous aurons, il faut l'espérer, la force de nous rendre dans ce lieu de refuge, si notre navire est englouti.

Ce pauvre docteur Bessel joue de malheur. Une autre fois il s'est égaré. Pendant six mortelles heures il a erré dans la neige. Depuis lors nous avons établi un câble qui, du *Polaris*, va directement à notre petit monument en planches. En cas de besoin, nous-mêmes nous pourrons trouver plus facilement notre route. La mésaventure terrible de l'Allemand a été un avertissement dont nous avons tous profité[1].

Pendant cet hivernage, nous avons admiré quelques aurores boréales dont quelques-unes avaient un éclat fantastique. Celle du 10 décembre 1871 formait un arc merveilleux, embrassant environ vingt degrés du sud-est au nord-ouest[1].

Une seconde aurore boréale, encore plus brillante, dura pendant vingt-quatre heures, du 6 au 7 janvier 1872[2].

1. Le capitaine Nares a fait grand usage de l'observatoire comme refuge pour les marins qui exploraient la côte nord-est du détroit de Robeson, et complétaient ainsi les découvertes du *Polaris*. Sans cette précieuse construction, ces braves gens mouraient de froid et de misère.

2. Cette magnifique aurore a été aperçue à Paris même. Les journaux illustrés en ont donné des dessins. Elle fut presque aussi brillante que les aurores observées pendant le siége de Paris, avant les grandes tempêtes qui rendirent si dangereuses les communications avec la province. Aucune de ces grandes crises n'échappera aux observateurs, quand les Américains auront établi une colonne scientifique à la baie Lady-Franklin. La seconde aurore dont il va être également question fut visible à Paris comme la précédente.

Je n'essayerai point de donner des descriptions qui ont été mille fois répétées par des plumes plus habiles que la mienne, et que personne certainement n'a jamais pu réussir.

Comment, avec des mots, faire vibrer devant l'esprit du lecteur le plus impressionnable cette électricité géante qui remplit l'infini du firmament?

Quel poëte pourrait montrer ces teintes plus délicates que celles de l'aile d'un papillon, et qui recouvrent des zones entières de la voûte céleste?

Des jets de lumière vifs, étincelants, soudains, apparaissent comme des éclairs. D'autres courbés en cercle se dessinent en franges autour d'un segment obscur. On dirait un arc-en-ciel enroulé sur lui-même et servant de cadre magnifique au globe terrestre.

Un grand nombre d'étoiles filantes traversent rapidement le ciel. L'obscurité totale qui nous entoure nous permet de suivre pendant longtemps leur trace, qui reste lumineuse pendant quelquefois plus d'un quart d'heure.

Ces phénomènes épouvantent les Esquimaux qui mettent, comme on le sait, leur enfer là où nous plaçons notre paradis, et qui placent leur paradis là où nous plaçons notre enfer!

Ces deux croyances, qui semblent s'exclure, sont aussi explicables l'une que l'autre. Ils ont peur du ciel, d'où leur vient la froidure. Et nous nous redoutons l'intérieur de la terre, où nous ne trouvons que ténèbres. Nous, nous préférons la lumière, et ils recherchent avant tout la chaleur.

Ils fuient l'air, qu'ils trouvent trop facilement gelable, et ne veulent point prendre au sérieux des flammes ne rayonnant point de calorique.

En voyant ces aurores, les Esquimaux sont dans une consternation dont je ne peux m'empêcher de rire.

Ils croient que le diable nous ménage quelques-unes de ces surprises qui coûtent souvent si cher aux navigateurs.

J'avouerai que j'observai ces phénomènes avec une admiration sans bornes, je dirai même une sorte de reconnaissance.

Ces orgies de lumières mystérieuses me faisaient oublier ma douleur. Elles m'empêchaient de penser à la perte de l'homme dont le souvenir remplissait toute mon intelligence.

Une coïncidence étrange me frappa. De même que la grande aurore du 10 décembre 1871, la grande aurore du 6 janvier 1872 se produisit lors du renouvellement de la lune. Il me semblait reconnaître dans ce fait une preuve nouvelle de la sollicitude divine.

L'aurore nous éclaire, me disais-je, pour nous tenir lieu de la lune absente. N'est-ce pas une preuve que dans le monde tout est le fruit d'une organisation profonde, savante, et que Dieu n'a rien laissé au hasard ?

Je n'aurais plus ni pieds ni mains si j'avais attrapé des engelures toutes les fois que notre thermomètre est descendu au-dessous de quarante degrés.

Pour prendre les températures, nos physiciens devaient avoir recours à l'alcool.

J'ai vu le mercure se solidifier en plein air comme l'eau se fige chez nous.

J'ai pu manier cette neige étrange sans me sentir brûlé jusqu'aux os, comme l'on m'en menaçait. Je me suis amusé à en couper avec un canif. Si j'avais été artiste, j'aurais sculpté une figurine dans ce marbre fait par le froid avec du mercure !

Nous sommes restés cent trente-cinq jours sans apercevoir une seule fois le soleil. Cent trente-cinq fois nous nous sommes levés comme nous nous étions couchés, dans les ténèbres.

Le moment où le capitaine avait rendu son âme à Dieu avait coïncidé à peu près avec le dernier soupir de la lumière mourante.

Avec quel bonheur il aurait salué les premiers rayons si purs, et cependant si frigides ! Malgré l'air glacial qui nous entoure, ces lueurs remplissent l'âme. On dirait une résurrection. C'est une image de celle qui nous attend le jour où, sortant du tombeau, nous serons admis à voir la face du Créateur de toutes choses.

Le soleil donne le signal du réveil de la nature. Nous nous sentons touchés comme si une influence mystérieuse était descendue d'en haut. Notre appétit grandit. Il nous faut de la viande fraîche. Nous nous mettons en chasse avec une activité qui tient de la rage. Joe rapporte un ours, qu'un de nos chiens a gardé en arrêt. Ce coup de fusil est admirable. Une balle lancée à bout portant dans l'oreille, et le monstre est tombé roide. Ce chien si intelligent est d'une vaillance inouïe. Nous l'appellerons l'*Ours*. Il s'était jeté sur la brute, en cherchant à la mordre au museau. Jamais je n'ai vu d'être aussi hardi, aussi courageux ! Ah ! si tous les hommes avaient ce diable au corps, nous serions les conquérants du pôle nord.

Mais pendant la longue nuit, dans les ténèbres, on m'a fait des demi-confidences. On m'a sondé. L'enthousiasme est mort depuis que le capitaine Hall dort là-bas sous son édredon de neige !

Depuis le mois d'avril jusqu'au 1ᵉʳ août, on fait des excursions en traîneau dans tous les sens ; mais le capitaine Hall n'est plus là pour communiquer aux plus nonchalants une portion de la fièvre qui le dévore. Nos chiens ont plus d'ardeur que nous, ils nous guideraient, il n'y aurait qu'à les suivre. Mais nous ne faisons que de simples promenades. Le résultat le plus clair de nos excursions est de nous procurer des vivres et de reconnaître notre voisinage immédiat.

C'est seulement le 12 août que nous quittons la baie du *Polaris*.

Si nous avions profité des premiers beaux jours, nous serions depuis longtemps parvenus au delà de la latitude que nous avons atteinte. Mais qui songe maintenant sérieusement à la conquête du pôle ?

Le jour où le *Polaris* est enfin tiré de son ancrage est signalé par un événement inouï, invraisemblable, quoique depuis quelque temps nous dussions nous y attendre.

La femme de Hans, qui était devenue enceinte au milieu de ces émotions incessantes, est arrivée à terme ; sa grossesse a été plus heureuse que ne l'aurait été celle d'une petite-maîtresse. Un beau matin elle nous surprend en donnant naissance à un gros garçon qui paraît très-heureux d'être venu au monde.

Je dois dire que tous, Allemands aussi bien qu'Américains, nous nous sentons également touchés par l'arrivée de l'innocente créature au milieu d'un pareil désert.

Tous d'une voix nous déclarons qu'il faut l'adopter. On l'appelle Charles Polaris. Cette idée n'est venue à personne, parce qu'elle est venue à tous.

Nous assistons alors à une cérémonie étrange que j'avais déjà vu pratiquer par les Esquimaux de la côte de Cumberland. Les vêtements de la mère sont entièrement brûlés. On n'en épargne pas une bribe. D'après la coutume extravagante des Esquimaux, d'autant plus singulière qu'ils n'ont point une garde-robe richement garnie, la mère ne gagnait rien à les conserver. Elle n'aurait pu s'en vêtir. Elle n'aurait jamais eu le droit de

les mettre sur le dos. Cela aurait porté malheur à
son enfant et à elle-même! La même malédiction
se fût attachée à quiconque aurait eu l'audace d'en
faire usage!

L'accouchement des Groënlandaises offre une
autre particularité non moins singulière.

La mère n'a voulu accepter d'aide de personne.
Elle s'est délivrée elle-même de ses propres mains;
elle n'a pas eu plus besoin de secours qu'une femelle d'ours ou de renard!

J'attendais avec une incroyable impatience le
moment où nous lèverions enfin l'ancre.

Hélas! il est facile de voir que nous n'irons pas
loin. Ce n'est point avec l'idée d'obéir au vœu
sacré du capitaine, que nous mettons le cap vers
le nord.

Après de vains et futiles efforts, que je prie de
me dispenser de décrire en détail, nous nous laissons cerner par les glaces; entraînés par le courant, nous dérivons vers le sud.

Nous sommes à court de charbon, il est vrai;
mais a-t-on ramassé tout ce qui se trouvait au
campement de la baie du *Polaris*? Pourquoi avoir
employé la vapeur à faire marcher les pompes?
Est-ce que nous n'avions pas nos bras pour vider
la cale? Pourquoi a-t-on, il y a déjà un an, maladroitement brisé le foyer qui marchait à l'huile?
Pourquoi? Pourquoi? Je m'arrête.

Nous passons ainsi notre reste d'août et tout
notre mois de septembre. Les jours deviennent de

plus en plus courts. La température tombe au-dessous de zéro. L'heure des frimas a sonné. Nous nous croyons encore en été, et, sans avoir passé par l'automne, nous voici déjà lancés en plein hiver.

Le 4 octobre nous nous trouvons bloqués au large du cap Renselaer, et obligés d'hiverner jusqu'au printemps de 1872.

Nous descendons à terre pour construire une cabane. Nous voulons mettre à profit le temps que le *Polaris* reste encore engagé dans les glaces. Mais il peut être écrasé, et nous serons perdus, si nous échappons sans provisions, sans abri, sans charbon! Quelle situation terrible! Nous sommes punis, mais ne l'avons-nous pas mérité? Ce n'est pas moi qui me plaindrai de l'injustice de la Providence. J'essayerai de revenir en Amérique, mais qu'aurai-je à dire pour atténuer notre défaite? Qu'avons-nous fait pour justifier les sacrifices de la nation, les espérances que l'on a conçues, et pour être dignes de notre glorieux capitaine? Combien j'étais loin de me douter des catastrophes dont j'allais être le témoin et dont, sans une série continue de miracles, nous eussions tous été victimes!

CHAPITRE VIII

La séparation.

Il doit être six heures du soir dans les pays où le jour et la nuit se distinguent l'un de l'autre. La glace s'ébranle et entraîne le *Polaris*.

Je sors de ma chambre, je m'accoude sur le bordage à tribord, puis à bâbord, afin de voir ce qui se passe autour de moi. Presque tout l'équipage, poussé par un sentiment analogue, grimpe dans le bastingage.

La pression soulève visiblement le navire ; immédiatement il retombe, brisant et broyant la glace, mais la banquise est d'une telle épaisseur qu'on entend gronder et craquer chaque planche. C'est le *Polaris* qui sera le pot de terre dans cette lutte horrible.

Schuman, l'ingénieur, s'élance sur le pont; il s'écrie : « Nous avons à l'avant une voie d'eau qui gagne sur les pompes! »

Prompt comme l'éclair, je me jette dans l'entre-pont, je rencontre Buddington. Je lui rapporte ce que vient de dire le mécanicien. Il lève les bras, il crie à tue-tête : *Jetez tout sur la glace!* Cette fatale exclamation est entendue par tous, voilà le sauve-qui-peut qui commence.

En un instant le navire est dans une confusion épouvantable. Les hommes prennent ce qui leur tombe sous la main, ils lancent tout par-dessus bord.

Le *Polaris* s'élève et retombe comme un gigantesque marteau-pilon ; à chaque coup il disloque la banquise.

La nuit est horriblement noire; je peux à peine voir si nous flottons sur la mer ou si la glace nous porte encore.

Je demande à Buddington combien le vaisseau fait d'eau : « Pas plus qu'à l'ordinaire, » me répondit-il.

Le mécanicien s'est trompé; il a pris le bruit du liquide qui cascade dans la cale pour le fracas d'une immense voie d'eau.

Je saute sur la glace. Je crie aux hommes de ne

point se presser, de tout ranger avec soin, de ne rien perdre.

Je lève la tête.

Je ne vois plus le steamer.

Il s'éloigne dans les ténèbres.

Quelles ténèbres!

En un instant, avant de comprendre l'étendue de notre malheur nous perdons de vue notre bâtiment, nous sommes séparés du *Polaris*.

La catastrophe est produite par une saute de vent qui vient de se jeter au sud-est.

Un mélange de neige et de verglas se précipite sur nous avec tant de fureur qu'aucun de nous n'ose se retourner du côté où le navire a disparu.

Je ne sais avec qui je me trouve, ni par conséquent combien nous sommes. Si je n'entendais des cris je pourrais croire que je suis seul dans cette nuit horrible dont mon œil épouvanté ne peut percer les ténèbres.

Parmi les derniers objets que j'ai jetés se trouvaient quelques peaux de bœuf musqué.

Deux ou trois des enfants de Hans y sont roulés : pauvres créatures! un instant plus tard, je ne pouvais les sauver ; elles étaient écrasées par un bloc énorme qui roule à mes pieds. Une circonstance véritablement effrayante : cette catastrophe arrive précisément le dernier jour de lumière. Demain, malédiction, nous ne reverrons pas le soleil, nous sommes plongés tout vivants dans la grande nuit du pôle.

A la lueur d'un crépuscule fugitif j'entrevois Hannah qui me touche presque. En l'apercevant, j'éprouve un mouvement de satisfaction égoïste. Je la croyais restée à bord.

Elle me dit que Joe et Hans font la chaîne, qu'ils lui jettent les objets éparpillés sur la glace, et exposés à être engloutis dans le gouffre où a disparu le *Polaris*.

Je causais encore avec elle, quand je vois quelques hommes cramponnés sur de petits glaçons qui les entraînent au large.

Je saute dans la yole et je me lance à leur poursuite. Mais une vague jaillit et la yole coule bas... Un peu plus j'étais noyé...

J'ai échappé grâce à un bond furieux.... Une baleinière est à la portée de ma main. Je la prends et je pousse.

Une fois que la barque est à l'eau je saisis l'aviron et me voilà en chasse. J'aborde un fragment de glace.... Le malheureux qui s'y cramponne parvient à gagner le canot.... Tous les deux nous faisons force de rames. Je le débarque sur la banquise et je cours après un autre matelot.

Une fois assuré qu'il n'y a plus de naufragés à recueillir, je rejoins ceux que je viens de sauver.

Mes compagnons sont ahuris. Ils n'osent quitter mes talons; ils sont groupés autour de moi comme des brebis tremblantes qu'un loup guette.

Nous ne pouvons nous rendre un compte exact de la taille de l'île qui nous porte, nous, nos vivres, nos hardes, notre fortune. Mais ce n'est point une raison pour rester tassés les uns contre les autres, comme des pucerons sur un rosier.

Tous, enfants, femmes et même hommes, finissent par prendre leur parti en braves.

Chacun s'enveloppe de son mieux dans une peau de bœuf musqué, et se met à dormir, mais moi je passe toute la nuit sur la glace, errant dans la nuit sombre.

Elle revient enfin la pâle lumière du crépuscule qui nous tient lieu de jour. Jamais Parsis n'a attendu avec autant d'impatience que son Dieu vînt se montrer à ses regards.

Je constate alors avec joie qu'il nous reste deux bateaux. Je m'assure que le hasard nous a jetés sur une glacière flottante qui n'a pas moins de six kilomètres de tour. Elle est couverte de monticules dont quelques-uns ont une hauteur de quinze à vingt mètres. Ils sont séparés par des lacs d'eau saumâtre formés par l'action du soleil qui hier brillait encore. C'est le dernier souvenir d'un été écoulé avec la rapidité d'un songe.

L'épaisseur de la couche d'eau gelée qui nous sépare de l'Océan, de l'abîme, est extraordinairement variable. Au-dessous des collines elle est au moins de dix mètres, mais dans les plaines elle ne dépasse pas trois ou quatre. Il est très-difficile de marcher, car toutes les rugosités sont couvertes de petite neige sèche.... Cette poussière est tombée dans le dernier orage. Le vent qui l'a apportée en tourbillons nous a séparés à jamais du *Polaris*. Elle est notre édredon, elle recouvre les dormeurs et les protége contre le froid de l'air.

Je ne pense pas que nous ayons perdu un seul homme dans cet épouvantable chaos nocturne.

Je fais l'appel ; en me comptant, nous sommes dix-neuf : Frédéric Meyer le météorologiste, John Herron le steward, William Jackson le cuisinier ; six matelots, J. W. C. Kruger, que nous appelons Robert, Fréderic Jamka, William Lindermann, Frédéric Anthing, Gustave Lindquist et Peter Johnson ; deux familles d'Esquimaux, celle de Joe et celle de Hans. Hannah, femme du premier, n'a qu'un enfant, la petite Puney ; mais Christiana en a plusieurs, dont un à la mamelle, celui que nous avons baptisé Charles Polaris.

J'ai beau fouiller du regard l'horizon, je ne vois rien.

Comment se fait-il que le vaisseau ne cherche pas à nous rejoindre ?

Désespoir.

Que ferai-je avec ces hommes, ces femmes, ces enfants, si la Providence nous oblige à errer ainsi pendant toute la durée d'un hivernage ?

C'est moi qui suis chargé d'un commandement

que l'héroïque Hall aurait certainement trouvé trop lourd. Quelle responsabilité écrasante avec des moyens d'action nuls, avec des provisions qui vont être dévorées, avec un combustible insuffisant pour entretenir notre foyer ! Sans lumière, sans abri, sans navire !

Admettons par impossible que nous résistions, que nous arrivions à vivre, que le froid et la faim nous épargnent, qu'aurons-nous gagné ?

Est-ce la peine de retarder la catastrophe ?

Est-ce humain de prolonger une existence condamnée à s'éteindre ?

L'Océan ne pardonne pas.

Un jour viendra inévitable, où ces montagnes se dissoudront et cette île se brisera.

Nous avons devant nous l'abîme et la débâcle.

Le froid qui tue est notre seul refuge contre la mort. Point de faiblesse, car je suis homme, je suis marin, je suis chrétien et je suis Américain.

Douter du succès même impossible, c'est déserter le pavillon de Washington !

Ce serait abjurer ma religion, ma patrie, que de ne pas employer à sauver ma vie et celle de mes compagnons toutes les forces de mon âme !

Dédaigner une chance ce serait un suicide. J'assassinerais par lâcheté ceux que je commande.

Qui sait si dans sa miséricorde l'Être infini ne nous a point choisis pour donner un grand exemple d'héroïsme ?

Ne nous plaignons pas, pensons !

Que nous reste-t-il? Comptons avec soin, sans rien exagérer, sans rien omettre.

Pour nourrir tout ce monde nous n'avons que quatorze boîtes de pemmican, onze sacs et demi de pain, un sac de pommes sèches.

C'est peu, mais faisons bonne contenance.

Donnons aux autres une confiance que nous n'avons pas nous-même.

Voilà le meilleur moyen de reprendre courage.

Je fais faire une battue générale et bien m'en a pris, on retrouve quatorze jambons qui nous avaient échappé jusqu'alors.

Cette découverte inattendue produit l'effet d'une victoire.

Dès que nous sommes tous réunis, que notre triste inventaire est terminé, je traverse le glaçon pour tâcher de trouver une route qui nous permette de gagner le sol gelé du Groënland. J'aperçois une ornière d'eau libre qui va jusqu'à terre. J'ordonne aux matelots de parer les deux bateaux, je suis décidé à faire un effort désespéré pour arriver quand même.

Il faut secouer longtemps la neige qui recouvre ce tas d'hommes avant de les réveiller tout à fait. Je leur dis qu'il faut atteindre à tout prix un plancher solide. Mon plan paraît bon, mais je ne peux rien tirer de ces brutes que des plaintes. Ils sont trempés jusqu'aux os, harassés de fatigue et dévorés par une faim canine; ils n'ont pas mangé depuis la veille à trois heures.... Ils veulent commencer par déjeuner. Malgré toute mon impatience, je dois attendre qu'il soient repus. Oh! le ventre, le ventre!

Ils ne se contentent pas d'un repas improvisé, ils se mettent à faire la cuisine. Ils allument leur feu avec du bois qu'il leur faut le temps de ramasser. Leurs casseroles sont des boîtes aplaties en fer étamé qui contenaient des conserves. Ils vont s'en servir pour faire du café et du chocolat.

Il est neuf heures lorsque ces messieurs ont fini.

Je crains qu'il ne soit trop tard pour tenter la fortune. Voilà mon sillon d'eau qui se ferme, le vent monte du côté du nord-est, il va nous boucher la route.

Notre glaçon est serré entre deux énormes banquises échouées l'une et l'autre, il est en quelque sorte à l'ancre.

Première tentative pour regagner la terre.

Regagner la terre : quelle pensée délirante! Songer que par un coup hardi je peux me trouver débarrassé de la perspective de la débâcle!

Mais il faut commencer cette grande tentative par le plus douloureux, le plus pénible de tous les sacrifices. Il faut nous séparer, terrible amputation, de la majeure partie de nos vivres.

Nous entassons dans nos bateaux tout ce qu'ils peuvent porter. Puis nous rangeons de notre mieux le reste de notre fortune ; un peu plus tard, une fois installés dans notre hivernage, nous viendrons le reprendre.

Cette résolution, que je ne crains pas d'appeler héroïque (car ce mot sera compris par tous ceux qui ont senti la faim déchirer leur estomac, tordre leurs entrailles), nous donne l'ardeur du désespoir, la fièvre de la rage.

A force de travail nous parcourons la moitié de la distance qui nous sépare de terre.

Mais le vent souffle sur nous une pluie de petits glaçons aigus, froids, terribles.

Nous allons sombrer, chargés comme nous le sommes, encombrés de femmes et d'enfants. C'est renier Dieu que d'hésiter plus longtemps. Remontons encore une fois sur cette glace.

A peine avons-nous exécuté cette manœuvre désespérante que nous voyons reparaître le *Polaris*.

L'apparition du « Polaris ».

Le voilà encore qui se montre, ce navire fantôme. Faut-il le bénir ou le maudire ?

Hourra ! Nous sommes sauvés, le secours est proche. Le *Polaris* est un peu au nord, à une distance de sept à huit milles à peine.

Pourquoi le *Polaris* ne vient-il pas de notre côté? Est-ce qu'il ne peut plus gouverner? Est-ce que le capitaine Buddington nous abandonne?

Nous arborons le pavillon : on ne le voit pas. Nous l'élargissons avec une énorme pièce de caoutchouc. Je regarde avec ma jumelle, je n'aperçois personne sur le pont; on dirait qu'ils nous voient : ils sont à la voile et sous vapeur. Victoire!

Malédiction! Ils n'ont pas mis le cap de notre côté. Ils disparaissent derrière la terre.

Cependant notre signal était sombre, il devait faire tache même à grande distance sur un champ de neige!

Tout espoir est perdu, je songe à notre installation ; sur cette banquise, qu'un caprice du vent peut bouleverser, il faut encore, ironie du sort, établir des édifices durables. C'est pire, hélas! que bâtir sur le sable.

Nous ne pouvons nous dispenser de nous procurer quelques perches pour soutenir l'édifice de notre tente. J'envoie des hommes chercher les vergues qui traînent.

Au moment où je crois que le travail va commencer, les matelots accourent essoufflés.

Ils ont revu le *Polaris*.

Ils prétendent que le *Polaris* a mouillé dans une baie formée par la glace. Je prends ma jumelle et je me hissse sur un *hummock*[1].

______

1. Pointe de glace.

Ils ne se sont point trompés ; le *Polaris* a mouillé à quelques milles au nord.

Les voiles sont carguées, la cheminée ne fume plus. L'avant est tourné vers le pôle.

J'explique aux hommes mon plan de sauvetage.

Nous allons traverser toutes ces glaces flottantes, nous nous arrangerons de manière à atteindre la terre plus bas que le vaisseau en nous tenant du côté que regarde sa proue. En lui coupant ainsi la route, nous serons sûrs de ne point le manquer. J'ordonne de préparer les canots, en sacrifiant tout ce qui peut retarder notre marche.

Nous ne garderons que deux ou trois jours de vivres.

Pendant que l'on exécute mes ordres, je cours sur la glace pour bien m'assurer qu'il y a véritablement une chance d'exécuter la première partie de mon plan et de gagner le continent ; je ne veux pas exposer les hommes à retirer de la mer les bateaux encore une fois, après une tentative inutile.

Je suis excédé de fatigue ; je n'ai encore mangé qu'un peu de biscuit et quelques cuillerées de soupe au sang ; mais nous pouvons nous échapper, cette perspective décuple mes forces. Tout va bien, la clairière est encore ouverte. Malheureusement, dans ces mers polaires, les fragments de glaçons se ressoudent avec une facilité effrayante. Pendant que je réfléchis, la route se bouche peut-être pour ne plus s'ouvrir !

Je crie : « A l'eau les canots ! Il n'y a pas un instant à perdre, sans cela nous serons bloqués de nouveau ; si nous hésitons, nous périrons là en vue du rivage. »

Mais au lieu de m'obéir, les hommes murmurent. Aucun ne se rend compte de notre situation épouvantable. Ils pensent plus à sauver leur sac qu'à sauver leur vie.

Si nous ne parvenons à rejoindre le navire, nous sommes perdus. Cependant ces hommes sont sur le point de se mutiner parce que je leur ordonne de laisser en arrière les vivres qui encombrent nos canots, et qui nous empêcheront de naviguer au milieu de la débâcle.

Enfin voilà ces insensés qui se disposent à traîner le bateau jusqu'à la mer. Je vais leur montrer la route. Je marche le premier, et je dis aux Esquimaux de me suivre.

A peine ai-je fait deux cents pas qu'un coup de vent se déchaîne. Je me retourne ; malédiction ! je suis seul.

Je reviens en courant. Que font-ils, ces misérables traînards ? Ils murmurent d'avoir à s'entasser dans une embarcation qui va couler ; ils l'ont tellement chargée qu'ils ne pourront y trouver place. Je cherche les rames, je n'en vois plus que trois ; je m'aperçois que nous n'avons plus de gouvernail !

Si nous avions quitté la banquise pendant qu'on y voyait encore, nous aurions atteint sûrement le vaisseau, ou au moins la terre; mais la nuit est venue. Faut-il nous lancer dans les ténèbres, sans voile, sans gouvernail, avec trois rames?

Non.... Restons sur cette île maudite, qu'ils ne veulent point quitter.... Allons, hisse!... Ne laissons pas ce pauvre canot à la mer. Encore ce dernier effort.

Le bateau perdu.

Ce triste échec semblait avoir épuisé la mauvaise fortune.

Quel coup nouveau avons-nous à redouter? Quelle épreuve inattendue allons-nous subir?

Avant de décrire ce terrible épisode, je dois m'accuser. J'avouerai franchement, honnêtement, que j'ai manqué de prévoyance. Dans mon abattement, dans mon épuisement, j'ai laissé quelque chose au hasard.

Cette fois, me suis-je dit, les hommes sont véritablement épuisés, et je dois par conséquent les ménager.... ils n'ont pas la force de traîner plus loin l'embarcation qu'ils ont eu tant de peine à mettre à l'abri!

Je les ai autorisés à laisser sur le bord de l'eau le bateau qui porte les vêtements et les vivres. On l'avait chargé de tout ce que nous avons sauvé au prix de notre vie, mais je ne croyais pas que nous pussions avoir assez peu de chance pour ne pas le retrouver en place à la pointe du jour. Nous retournons au centre du glaçon. Nous dressons une petite tente de toile. Je mange un peu de viande gelée et de biscuit et je me glisse sous une peau de bœuf musqué, ce qui me fait éprouver un indicible sentiment de bien-être.

Depuis la nuit qui précéda la disparition du *Polaris* je n'ai pas fermé l'œil. J'ai travaillé toute la journée du 15. La nuit, je l'ai passée sur la glace, enfiévré par la perspective de la catastrophe qui est maintenant une certitude. Hier j'ai fait tant d'inutiles efforts pour lutter, que je ne me sens plus capable même d'un regret!... Je m'endors.

J'entends pousser des cris désespérés! Qu'est-ce? Bon Dieu! Quelle calamité! Quel effroyable malheur! la glace s'est brisée, le bateau a disparu avec tous nos trésors!

Je hèle les hommes. Il faut rattraper le bateau. Il n'est pas loin; il n'est pas séparé de nous par un bras de mer, mais par un petit détroit; on pourra rejoindre le glaçon qui le porte.... « Allons, les enfants, marchons sans perdre un instant! Hardi là.... En avant! »

Hélas! il a neigé toute la nuit, les fissures de la glace ne se voient plus : les hommes restent là inertes, cloués, stupides. Ils craignent à chaque pas en avant de tomber dans la mer. Rien à faire avec de pareilles brutes,... rien.

Ils laissent dériver le bateau comme ils ont laissé éloigner le *Polaris!*

Autre malheur ! Nous avions une tente sous laquelle nous avions placé six sacs de biscuit. Cette tente a disparu comme le bateau. Elle est restée sur le grand glaçon. Nous, nous sommes entassés sur un carré qui possède deux cents pas de côté ! Nous nous tenons serrés au centre, dans la partie la plus épaisse, blottis contre la seconde embarcation. Heureusement, celle-là nous reste encore ! Mais je n'ai pas de boussole, pas de chronomètre, pas même de montre.

Quelle mer ! Comme elle déferle ! Chaque lame nous enlève un morceau de glace.

Si l'on m'avait raconté à l'avance ce qui devait m'arriver, j'aurais été frappé de terreur, de stupeur.

Mais, contrairement à ce que j'aurais cru, cet excès de malheur me fait oublier notre misère.

Je ne pense qu'à une chose. Empêcher le désespoir de gagner notre monde, rassurer ceux qui tremblent.

Quand je vois qu'il n'y a pas moyen de courir après le bateau détruit, j'explique aux Esquimaux que tout espoir n'est pas perdu, que le *Polaris* pourra nous rattraper si le temps reste clair. J'ajoute que nous comptons sur eux pour vivre. Ils doivent se mettre en chasse pour nous et leur famille. Hans est un très-habile chasseur de phoques. Joe est plein de bonne volonté, il sera un inestimable auxiliaire.

Nous les aiderons de notre mieux et la Providence fera le reste.

Quand nous serons de retour en Amérique, on les récompensera magnifiquement. Un peuple entier acclamera nos sauveurs. La reconnaissance de la grande tribu des Américains leur est acquise.

Je leur parle avec conviction. Les mots anglais qu'ils ne comprennent pas complètent les mots esquimaux qu'ils saisissent. Mes gestes comblent toutes les lacunes.

Le bateau retrouvé.

Si nous parvenons à tuer assez de phoques, nous sommes presque assurés de revoir l'Amérique. Mais si nous n'en attrapons pas, nous ne pourrons même pas faire cuire nos maigres rations; nous serons privés de feu et de lumière; car nous n'avons d'autre combustible que l'huile de ces amphibies qui nagent encore dans l'Océan glacé!

Grande victoire! Hans et Joe ont pris trois phoques; ils en auraient pris davantage sans la stupidité de nos matelots, qui ont cherché à voir comment notre Esquimau chassait. Ils ont fait du bruit, le troupeau a plongé dans l'Océan!

Le temps s'est éclairci pendant quelques instants ; les nuages ont cessé de nous cacher ce qui nous reste de jour. A la faveur de cette lueur incertaine, je vois la terre. Est-ce un mirage?

Une nouvelle glace s'est formée entre nous et ce que je crois être un rivage ; malheureusement cette croûte encore jeune n'est pas assez forte pour nous porter.

Joe fait le guet. Il a un œil si perçant que rien ne lui échappe. Il voit là-bas, moins loin que la terre, la proue du bateau perdu ; il l'aperçoit porté encore par la glace qui l'a entraîné.

Nous n'avons pas encore déjeuné ; mais il n'y a pas une minute à perdre. Jamais nous ne trouverons une occasion pareille. Ce serait un crime que d'attendre ; nous nous glissons de glaçon en glaçon ; vingt fois mes cheveux se hérissent : il me semble que la glace va m'engloutir ; mais le bateau est là.... Je rampe.... Je m'approche.... Je bondis.... Joe se courbe et se redresse. Nous y sommes. Nous ne lâcherons plus ce trésor.

Heureusement six chiens m'ont suivi ; je les attelle au canot, ils tirent. Nous, nous sommes chargés de sacs de pain ; nous plions sous le faix, tant pis, ne laissons rien en arrière. Ne risquons pas de perdre le canot que la Providence nous permet de reconquérir. Quand les chiens sont trop fatigués, nous poussons avec rage.

Grâce à Dieu, nous franchissons tous les mauvais pas, et nous arrivons au campement sans que les naufragés se soient aperçus de notre départ!

Les hommes n'en peuvent croire leurs yeux. Les femmes et les enfants crient au sortilége. Nous sommes tous dans le délire de la joie. Nous avons ramené nos provisions et deux canots, sans compter le kyak de Joe et celui de Hans !

C'est le 21 octobre seulement que nous saisissons de nouveau notre bateau fugitif.

Pendant trois jours entiers nous en avons été séparés.

Nous pouvons dire que nous sommes restés pendant soixante-douze heures entre la vie et la mort, suspendus entre deux « peut-être ».

Nous abordons le glaçon du Polaris.

Pendant toute la durée de cette période cruelle, je n'ai pas une seule fois songé au steamer.

Aussi, profitant hardiment de la joie que les plus inertes ont éprouvée, je réunis autour de moi l'équipage, et je lui tiens à peu près ce discours :

« Nous avons interrogé vainement l'horizon. Le *Polaris* est perdu, bien perdu, perdu sans rémission. Nous n'avons plus qu'à attendre que la glace vieillisse, pour essayer de gagner le Groënland.

« Le malheur est que dans la situation où nous sommes il est impossible de songer à traîner les bateaux jusqu'à terre, en traversant cette glace rugueuse! Si nous avons le bonheur de ne pas périr en route, qu'aurons-nous gagné? Nous nous trouverons dans un lieu désert, avec des canots démolis, hors d'usage. Ils feront eau de toutes parts quand nous aurons à nous en servir.

« C'est cette glace elle-même qui nous doit servir de vaisseau pour regagner les champs de pêche où nous retrouverons des baleiniers ! Nous devons, comme des ours ou des phoques, vivre sur cette banquise. Il faut donc nous décider à une navigation sans exemple dans les fastes de la marine.

« Installons-nous confortablement au milieu de ces masses gigantesques. Au lieu de tourner nos regards vers le nord où le *Polaris* a disparu, d'avoir les yeux braqués vers l'ouest où la terre paraît trop éloignée, étudions les îles flottantes qui nous entourent, occupons-nous de nous y construire de solides et commodes demeures. Soyons maçons et architectes, et quand il le faudra, sachons devenir de nouveau navigateurs. »

Pour la première fois peut-être, tout le monde adopte mon plan sans hésiter; on s'efforce de montrer de l'empressement, de la docilité, parce que l'on commence à regretter de n'avoir pas eu plus de courage.

Mais il ne faut pas songer à exécuter nos beaux plans d'avenir sur un petit morceau qui a de la peine à nous porter. Puisqu'il faut rester sur un

glaçon, confions au moins notre fortune à un glaçon de haut bord!...

L'opération est aussi pénible et plus périlleuse
que si l'on s'était décidé en temps utile à courir
après le *Polaris*. Faire passer les traîneaux dans
ces fondrières est une tâche devant laquelle j'aurais reculé en toute autre circonstance. Mais la nécessité change des nains en hercules.

Je laisse les hommes pousser tout seuls le canot, je sais qu'ils ne le lâcheront pas. Mais je me
mets à l'arrière du traîneau et je dis à Hans de
conduire les chiens. Les pauvres bêtes sont hors
d'haleine, il faut sans cesse les relever!

Il y a encore sur la petite glace les deux kyaks.
Joe se fait fort de les ramener l'un et l'autre.

Mais bientôt il revient chercher du renfort.

Le cuisinier nègre et William Linderman s'of-
frent pour lui prêter main-forte.

La construction des igloss.

A peine avons-nous réuni notre pauvre matériel sur une île plus solide, que nous voyons notre
ancienne demeure s'ouvrir.

Si nous ne nous étions hâtés de l'abandonner,
elle nous désertait d'elle-même!

Cet immense danger me donne une lueur d'influence, dont je me hâte de faire usage pour le salut de tous.

Comme j'ai été bien inspiré en ne perdant pas un seul instant !

Que serions-nous devenus si nous étions restés sur cette glace?

Je ne veux pas prendre un moment de repos tant que nous ne serons pas installés dans l'intérieur de solides huttes de neige.

Joe et Hans ont une ardeur admirable ; ils se mettent à l'œuvre avec un entrain dont je n'osais pas les croire capables.

En quelques heures nous avons improvisé un village. Meyer et moi nous avons notre hutte de neige, notre *igloss*, comme disent les Esquimaux. Joe occupe le sien avec Hanna et la petite Puney. Les hommes ont un grand *igloss*, dans lequel ils couchent tous pêle-mêle. Il y a un *igloss* de dimensions moindres pour les provisions, un autre pour le cuisinier, et enfin un dernier, un peu séparé des autres, pour Hans et sa famille. Tous ces igloss sont réunis par une allée principale sur laquelle chacun débouche par son entrée particulière.

Joe est un grand architecte : il a improvisé toutes ces constructions dans le dernier style, avec tout le raffinement des villages esquimaux les plus célèbres.

Il commence par niveler sur la neige une surface carrée où il établira la maison, puis il choisit l'endroit où il placera la porte. C'est là qu'il construit la cuisine. Du côté opposé il dispose la pièce qui servira de salon et de chambre à coucher.

Les murs et le toit cintrés sont formés de blocs carrés façonnés avec de la neige très-dure. La fenêtre est un trou de cinquante centimètres de côté, fermé par une vitre que nous façonnons en tassant et comprimant fortement de petites étoiles blanchâtres, ramassées au moment où elles viennent de tomber du ciel. Cette masse de matière pulvérulente, grâce à la singulière propriété que possède l'eau solidifiée, de se souder, devient très-dure, fort homogène, et elle prend une demi-transparence. Aussitôt que nous avons eu le temps, nous avons remplacé ce glaçon factice par une membrane bien tendue qui est beaucoup plus diaphane. Par ce carreau singulier, nous pouvons voir la lumière de la lune et admirer le feu des aurores.

L'entrée de nos demeures est excessivement basse ; nous devons ramper pour rentrer chez nous et pour en sortir.

Notre salle principale n'est pas beaucoup plus haute que notre porte.

Nous avons de la peine à nous tenir debout dans nos *igloss*, même dans le nôtre qui est le plus vaste. Meyer et moi nous ne pouvons remuer. Quant aux hommes, ils sont entassés chez eux comme des sardines dans une boîte.

L'invention d'une lampe.

Les Esquimaux fabriquent, comme je l'ai dit, leur lampe avec une pierre tendre fort commune sur la côte. Ils parviennent à la creuser, de manière à y former un réservoir d'huile. Joe est très-habile dans ce travail, mais où trouver cette roche bienfaisante? Faute de lampe nous périrons d'ennui, de froid et de faim. Que devenir si nous n'avons pas de lumière pour nous distraire, pas de feu pour nous chauffer, pour cuire notre viande, pour infuser notre café et pour fondre notre glace d'eau douce?

Voilà les hommes qui commencent à démembrer un des canots afin d'avoir du combustible! Dois-je les en empêcher? Écouteront-ils mes sages avis? Auront-ils la raison de se condamner à supporter un froid trop palpable en prévision d'une délivrance incertaine, problématique?

Il me vient une inspiration.

Nous avons de vieilles boîtes de pemmican dans lesquelles on pourra mettre de l'huile. Un peu de toile à voile remplacera la mousse dont les Esquimaux se servent pour faire leurs mèches.

« Arrêtez, malheureux!... arrêtez, respectez le canot!... Joe vous a donné de l'huile; moi, je vais vous fabriquer des lampes! »

Cette invention me rend un peu du prestige dont l'indiscipline m'avait privé.... Les hommes sont si heureux de se chauffer à la lumière de la lampe, qu'ils commencent à plaisanter, ils appellent mon *igloss* le salon de la Maison-Blanche.

Je refais l'inventaire de nos vivres. Nous avons onze sacs et demi de pain, quatorze caisses de pemmican, pesant chacune vingt-quatre kilogrammes, six douzaines de caisses de viande et de bouillon, chacune de cinq cents grammes, quatre douzaines de boîtes d'un kilogramme, quatorze petits jambons, une caisse de dix kilos de pommes tapées et environ dix kilos de mélange de sucre et de chocolat.

Partageons tout cela entre dix-neuf parties prenantes, et supposons que nous n'ayons pas d'autres ressources, nous sommes condamnés à mourir de faim. Car nous sommes encore en octobre, et ce n'est qu'à la fin d'avril ou au commencement de mai que nous pouvons espérer que notre glaçon nous portera dans les régions où les baleiniers font leur chasse annuelle.

Mais grâce à Dieu, la poudre et les balles ne manquent pas, non plus que les carabines; mais le gibier viendra-t-il nous chercher? Aura-t-il la bonhomie de venir se mettre lui-même à portée ?

Pendant la nuit, j'ai une longue conférence avec M. Meyer, pour tâcher de déterminer la situation géographique du lieu maudit où nous nous sommes séparés du *Polaris*. Cette connaissance est de la plus haute importance pour nous. M. Meyer se prétend plus savant que moi, il s'échauffe. Il pense que nous étions près des îles Northumberland, moi je m'imagine que nous étions près de l'île Littleton. — Il dit « qu'il doit le savoir, car avant la séparation il prenait une observation par jour, et par conséquent il est sûr de ce qu'il dit. » Mais malgré toute sa science, je tiens pour l'île Littleton. La moindre carte ferait mieux mon affaire que ses discours.

On pèse la nourriture.

Le 24 octobre au matin il souffle un vent effroyable dans la direction du nord-est. La neige tombe avec une force terrible. Robert et Bill sortent pour ramasser quelques vergues et quelques voiles. Je leur ai donné l'ordre de faire un traîneau avec les bois, et de mettre les toiles par-dessus.

Quand ils reviennent, ils sont si exténués de fatigue, si affamés, que j'ai pitié d'eux. Je me crois obligé de leur donner double ration de soupe et triple de pemmican. Mais à partir de ce moment, pour ne pas faire de jaloux, je me décide à prendre des mesures pour que personne n'ait une part plus grosse que les autres. On cessera d'estimer

les morceaux à l'œil. Nous avons des balances ;
c'est **M. Meyer** qui pèsera avec du plomb.

Le brave météorologiste s'acquitte de sa mission
importante avec toute la régularité allemande. Mais
pendant que nous mesurons avec tant de soin un
gramme, d'autres sont moins délicats. Je viens de
faire une découverte terrible : on n'a fait que deux
distributions de chocolat et il n'y en a plus. Quelqu'un a mis la main sur la boîte. Comment faire ?
On ne peut placer de sentinelles par un froid pareil. Puis qui donc gardera ces gardes ?

Ce terrible vent ne veut pas quitter l'est-nord-
est. Nous avons ramassé la toile et tous les bois,
mais nous n'avons plus guère d'huile, et nous ne
voyons pas de phoques. Encore quelques jours, et
nous sommes dans les ténèbres. Il faudra nous
nourrir de viande gelée. Un instant nous crai-
gnons de manquer de glace d'eau douce pour la
boisson. Heureusement Joe nous apprend à en pui
ser dans les étangs où la pluie s'est accumulée,
sans se mélanger à l'eau de mer.

Nous pouvons dorénavant reconnaître la glace
d'eau douce, que nous pouvons chauffer sans
craindre de perdre notre charbon à liquéfier une
eau inbuvable et saumâtre ! La première fois
qu'une aussi affreuse mésaventure m'est arrivée
j'étais inconsolable. Depuis lors j'avais imaginé
de goûter la glace. Mais quelle souffrance que
de placer dans sa bouche un corps aussi froid,
et dont le contact allume une soif dévorante.

Tant que nous aurons du feu, nous sommes désormais sûrs de boire.

Le glaçon du Polaris.

Au bout de quelques jours, nous commençons à nous rassurer. Nous nous sommes faits à cette existence surprenante. Notre vie extraordinaire prend une sorte de routine.

Nous sommes devenus des Robinsons ambulants, dont l'île flottante peut à chaque instant se fondre, se disloquer, se réduire en atomes.

Il paraît à Quito que l'on danse sur un volcan. Pourquoi serions-nous moins gais sur l'abîme insondé dont un peu de glace nous sépare?

Ce banc énorme nous appartient, plus que nous ne lui appartenons. Pour marquer notre prise de possession d'une façon éclatante, appelons-le le *Glaçon du Polaris*.

L'équipage adopte ce nom! Mais ce n'est pas avec quelques mots spirituels qu'on pourra le réveiller. On ne dîne point avec une épithète.

Je suis obligé, dès le lendemain, de réduire à un poids total de douze onces la ration quotidienne de chaque adulte. Tout compris, même l'huile pour la lampe! On est scandalisé de ce que chaque enfant esquimau ait demi-part! On prétend que les parents peuvent faire ainsi des économies de vivres! On ne voudrait pas compter Charles Polaris, et exiger que sa mère le nourrisse par-dessus le marché!

Que puis-je faire? donner l'exemple et souffrir la faim comme le dernier de l'équipage!

Ce sont ceux qui mangent plus que les autres qui font entendre les plaintes les plus vives!

Hans vient de donner raison aux réclamants. J'apprends qu'il a tué deux chiens, et qu'il les a dévorés en cachette.

Je ne peux faire comprendre à ce malheureux indigène, qu'il est la principale cause, le plus em-barrassant prétexte de cette agitation. Les hommes auront ces deux chiens à la bouche tant que Hans n'aura point rapporté de phoques!

Ces deux chiens étiques coûteront cher au mal-heureux, car je suis obligé de donner raison aux hommes, et pour avoir la paix, je ne compte plus dans mes distributions Charles Polaris.

Non-seulement nous sommes d'une extrême faiblesse, mais notre esprit commence à être aussi malade que notre corps. Une inconcevable mélan-colie s'empare de nous. On dirait que nous avons perdu pour toujours le soleil, et que jamais il ne se montrera de nouveau à nos regards.

Maintenant il faut tout à fait renoncer à attein-dre la terre. Je dois chasser de mon esprit ce vain projet d'expédition que je nourrissais, sans en rien révéler à personne. Quoique la glace n'ait pas bougé depuis quatre jours, nous avons tant dérivé vers l'ouest la semaine dernière que nous sommes pour le moins à huit ou dix milles du rivage !

Je pense que notre latitude est de 77° 30'. Les îles Northumberland doivent être à l'est, à une distance de quarante ou cinquante milles.

Bonne nouvelle ! Le traîneau revient avec deux chiens égarés, « Ours » et « Pîque ». Chacun les reçoit comme des enfants de la maison.

Qui sait si bientôt nous ne serons pas obligés de les tuer et de les dévorer, comme a fait Hans des deux chiens d'avant-hier ?

Chassons ces tristes pensées, car un nuage extraordinaire nous ménage une surprise étonnante.

Un retour du soleil.

Voilà le soleil qui revient nous trouver dans notre solitude ! Si j'étais seul, je croirais que je suis le jouet d'une hallucination.

C'est aux astronomes de nous dire comment a pu se réaliser ce sublime effort de la clarté qui se met en insurrection contre le règne des ténèbres !

Des membres de l'Académie nationale de Washington nous parleront de réfractions extraordinaires, ils invoqueront la lumière courbée par la vapeur d'eau qui se trouve dans l'air. M. Meyer a des théories toutes prêtes, pour expliquer ce que Newton lui-même n'aurait pu prévoir.

Moi je ne raisonne pas, je jouis avidement de la clarté sublime qui vient faire tressaillir ma rétine, et qui pénètre jusque dans les plus intimes profondeurs de ma cervelle.

Ce rayon suprême, ce rayon d'adieu, quelle qu'en soit la cause, me laisse palpitant d'espérance.

Non, non, ce n'est pas une extrême-onction de la lumière. Oui, nous reverrons notre patrie. Oui, j'en jure par cette teinte si blanche et si pure. Elle ne peut être mensongère et trompeuse!

A minuit, une bise épouvantablement froide se met à souffler.

Les deux Esquimaux sont partis au lever de la lune pour glaner ce qui est tombé sur la glace.

Comme il ne reste qu'un ou deux sacs de charbon, Robert a voulu faire partie de l'expédition, dont le succès l'intéresse d'une façon toute particulière. Le maladroit ne sait pas encore faire sa cuisine avec de l'huile.

Je sors de mon *igloss* et j'aperçois à l'ouest la terre!

Non, je ne me trompe pas plus que je ne me trompais quand j'ai revu le soleil. Je peux compter sur ce rayon de la lune qui s'est reflété sur des rocs plus aigus que des pointes de neige.

C'est pire que le supplice de Tantale.

Je vais réveiller les gens, faire un nouvel effort?

Non, gardons-nous-en bien. Enfouissons ce secret : oublions-le.

Les insensés voudraient me forcer la main.

Si j'étais assez heureux pour résister, je ne le serais pas assez pour échapper à leurs rancunes.

Ils ne me pardonneraient jamais d'avoir été un obstacle à leur salut imaginaire.

Voilà nos trois hommes qui reviennent.

Pourvu qu'ils n'aient rien vu. Non, ils sont trop occupés ; ils traînent quelque chose.

Folle tentation et nouvelle tentative.

Le voyage a été heureux, on nous rapporte un peu de houille. Prenons patience.

Le lendemain, Joe et Hans sortent tous deux pour s'embusquer, mais ils reviennent transis.... ils n'ont pu attraper le plus petit phoque.

Les braves chasseurs ne se désespèrent pas. Ils ont suivi les traces des chiens, qui ont disparu et qui, probablement, sont sur la piste d'un ours.

Le 28 octobre, nous mangeons notre dernier morceau de viande salée. Nous n'avons eu à dîner que du pemmican. C'est avec désespoir que j'autorise à entamer la réserve des mauvais jours [1].

1. Le pemmican est un mets formé de viande sèche coupée en

Le 29 octobre se passe et nous n'avons pu mettre la main ni sur un phoque, ni sur un ours.

Nous avons encore un peu de graisse. O perspective délirante! faut-il la réserver pour la bouche ou pour la lampe? Être sans lumière ou ne rien manger? Comment choisir entre la faim et les ténèbres?

La lune elle-même baisse; pendant quinze jours nous n'aurons pas une lueur au ciel! Ne prenant plus de phoques, nous ne pouvons rien jeter aux chiens. Les pauvres bêtes n'ont que la peau et les os.

Je vais leur donner la liberté, présent ironique dans une situation aussi pleine d'épouvantes! Ils n'en veulent pas. Je les chasse, dans leur intérêt; qu'ils fuient, car quelqu'un céderait à la tentation de les tuer pour s'en repaître!

Le vent faiblit le 30 octobre, mais il ne change pas de direction; il vient du nord-est. Je suis obligé de diminuer la ration encore une fois. Nous sommes dix-huit et nous ne mangeons par jour que six livres de pain et six livres de pemmican; en tout douze livres!

petits morceaux et mélangée avec un poids égal de graisse. Quelques fabricants réduisent la viande en farine. C'est de beaucoup le meilleur système.

Cette préparation alimentaire est très-précieuse, car elle contient tous les éléments nécessaires à l'entretien du système musculaire et de la chaleur respiratoire.

Elle a été imitée des Indiens du Canada. Le nom est même emprunté à leur langue. (Voir le premier chapitre.)

Il faut jeûner par ce vent, froid, geleux, et qui souffle un appétit d'enfer !

Tout le temps, les Esquimaux rôdent. Ils ne peuvent pas prendre un seul instant de repos. Nous sommes dans une période maudite. Ils ne voient rien.... Ils ne rencontrent même aucune trace de gibier. Ni phoques, ni renards, ni ours. Autour de nous la mer est scellée, la terre est cachée, la nature entière est entrée en sommeil.

Les pauvres Esquimaux me font peine. Ils ont le remords de manger nos provisions. Si on les oubliait, ils périraient sans réclamer. Braves gens ! Cœurs honnêtes ! Il faut les appeler pour leur donner leur ration ! Ils ont honte de la recevoir !

Pendant trente-six heures, Joe reste en sentinelle au-dessus d'un trou de phoque, la main sur son hameçon, guettant, avec la fièvre que donne la faim, l'instant où l'amphibie s'approchera pour respirer.

Le phoque est venu, mais Joe l'a manqué. Il a lancé son harpon avec trop de rage !

Ces phoques sont si rusés qu'on dirait qu'ils se racontent les uns aux autres ce qui leur arrive.

Joe est obligé de chercher un autre trou ; il sera difficile d'en trouver, car ces orifices n'ont pas une surface grande deux ou trois fois comme la main, et il fait si noir !

Il faut qu'il découvre cette fissure au milieu de la nuit, avant que la lune revienne, car il serait trop tard pour se servir du trou, qui ne serait plus qu'une trouvaille inutile ; quand la lune brille les phoques y voient clair ; à travers la glace, ils aperçoivent le chasseur !

Cette terre qui est là, toujours là, me fait bouillir le sang dans les veines. Je deviens fou ! Ces roches me provoquent. Chargeant le canot des objets les plus essentiels, nous atteindrons quand même la rive. Abandonnons ce glaçon maudit. La mort ne tardera pas à nous atteindre au fond de nos tanières.

Je demande la permission de ne pas raconter tous les détails d'une expédition aussi folle, une tentation inspirée par mon mauvais génie !

Je fais atteler les chiens.

Chacun s'apprête et nous partons.

Est-ce que nous ne ferons pas les douze milles qui nous séparent de l'île Carey ?

Tout va bien, mes enfants, nous sommes sauvés !

Non, malédiction ! nous sommes perdus, la glace craque.

« Retenez ces chiens ! » Ils sont déjà dans l'eau. Tout va être englouti !

Des hommes ont déjà franchi le gouffre, ils pourraient gagner la terre. Peut-être ! Mais qu'y feraient-ils ? Rien et sans vivres ! Pourvu qu'ils puissent nous rejoindre.... Les voilà, Dieu merci !...

Avec si peu de lumière on ne pouvait voir cette maudite crevasse qui partage notre glaçon en deux îlots d'étendue presque équivalente.

Voici le ciel qui se couvre de vapeurs. Tout ce qui était à l'horizon disparaît. Quel épouvantable désordre! Heureusement l'accident qui a interrompu notre tentative désespérée nous arrête presque en vue de nos huttes de neige!

Jadis, j'avais des ambitions sublimes, je cherchais à rejoindre le *Polaris*. Aujourd'hui, je suis heureux de parvenir à regagner après mille épreuves, mille peines, le glaçon du Polaris!

Nous sommes sur ce glaçon maudit. Prenons-y racine. Attachons-nous à sa fortune.

Un premier triomphe.

Cette tentative folle, désespérée, avait épuisé nos forces. Ce n'est pas impunément qu'on entrevoit la perspective de la délivrance. La captivité paraît plus pesante, le froid plus pénétrant, la faim plus cuisante, la nuit plus noire, et la patrie plus distante.

Le 6 novembre est cependant un jour de joie, de bonheur, de triomphe!

Notre graisse était finie, mais Joe a harponné un phoque! Il était temps, car je suis rentré si épuisé que je n'avais plus la force de me lever. Il me fallait un verre de sang, oui! un verre de sang pour me remettre.

Quand nous sommes repus, Joe nous raconte ses prouesses; nous l'écoutons avec un intérêt fébrile.

L'animal était robuste, il se débattait. Un peu plus Joe était obligé de lâcher prise, mais il a tenu bon, le vaillant Esquimau. Comme le croc avait mordu dans le crâne de l'amphibie, par un coup d'adresse merveilleuse, Joe lui a labouré la cervelle. Le phoque n'a plus fait un mouvement pour se défendre. Mais il faut le retirer de dessous cette glace si épaisse. Était-ce la peine de le tuer pour laisser l'abîme engloutir sa carcasse?

Pour résoudre ce terrible problème, l'Esquimau a été d'une habileté inouïe.

Sans lâcher le croc qui était ancré dans le crâne, il a passé son autre bras dans le trou et il a atteint la gueule, qu'il a ouverte quoiqu'elle fût convulsivement fermée. Alors il a défoncé la mâchoire, afin de l'attacher solidement à une corde qu'il a prise entre les dents; puis travaillant de ses deux mains, il a élargi le trou par lequel sa victime venait respirer. Quand cet étrange soupirail a été assez large, il y a fait passer sa proie, et il l'a traînée sur la glace. Alors il a hurlé comme un possédé. Nous l'avons entendu, son cri de triomphe. Nous sommes accourus avec la rapidité furieuse que donne l'espoir de dévorer de la viande fraîche.

Est-ce un ours ?

C'est seulement le 10 novembre, trois jours plus tard, que Joe et Hans peuvent sortir pour tenter de nouveau la fortune. Le temps est si affreux jusqu'alors que, pour un phoque, ni l'un ni l'autre de nos deux intrépides chasseurs n'aurait mis un pied hors de notre tanière.

Joe ne tarde pas à rentrer les mains vides.

Il serait resté plus longtemps à chasser, mais ayant perdu son compagnon, une inquiétude mortelle l'a saisi. Il revient vers nous, espérant le trouver dans nos *igloss*.

Mais nous n'avons rien vu, rien entendu !

Quand Joe voit que nous ne savons rien, son désappointement est terrible !

Il reste encore une espérance. Peut-être Hans a-t-il suivi à la piste un phoque ou un ours, et a-t-il passé sur un autre glaçon. La banquise se fractionnant derrière lui l'empêche de retourner. Il est trop prudent et trop expérimenté pour s'être laissé tomber à la mer. Sous aucun prétexte, il y va de notre honneur, ne laissons notre brave égaré sans secours.

Robert se décide à accompagner Joe. Tous deux disparaissent.

Joe et Robert marchent côte à côte, leur œil inquiet cherche à sonder les ténèbres. Tout d'un coup ils voient venir un ours qui se dirige de leur côté. Ils chargent leurs pistolets, ils s'apprêtent à faire feu ensemble. Ils ont le doigt sur la détente. Voilà cet ours qui se dresse, il se met comme l'aurait fait un homme sur ses pattes de derrière.

Ce n'est pas un ours ; c'est le pauvre Hans, fatigué, épuisé, et qui, pour avancer sur cette glace raboteuse, était obligé de se traîner à quatre pattes. Comme il portait la fourrure d'un ours, et qu'il en avait pris l'allure, il est bien heureux que chacun de ses sauveurs n'ait pas commencé par lui loger une balle dans la tête. Nous avons évité un grand malheur ; mais s'il était arrivé, Hans eût été moins à plaindre que si on l'avait abandonné. Mieux eût valu le tuer ainsi par mégarde que de le laisser seul. Jamais il ne se serait traîné jusqu'à nous, car son épuisement l'obligeait à ramper comme la brute. Il serait mort lentement d'une agonie épouvantable.

Notre brave Hans eût éprouvé un supplice analogue à celui des mineurs affamés qui, comme il est récemment arrivé dans le pays de Galles, se trouvent séquestrés du monde entier pendant des semaines sans vivres, sans feu, et emprisonnés dans le fond d'une galerie ténébreuse !

Cet étrange et dramatique incident me fournit l'occasion de faire remarquer qu'au point de vue des mineurs, l'avenir du Groënland est en quel-

que sorte impossible à limiter. Non-seulement
on y a trouvé de riches mines de charbon que l'on
exploitera un jour ou l'autre, mais on y a découvert des minerais exceptionnels inconnus dans les
autres contrées. Nous citerons des mines de kryo-
lite, pierre prodigieuse, de laquelle on a trouvé à
extraire l'aluminium, des gisements de graphite,
matière inestimable qui servira prochainement à
conduire l'électricité, et qui, dans les mains des
grands artistes, permet de rivaliser avec les Ra-
phaël. Enfin, sur la côte du Labrador, on connaît
d'admirables gisements de mica[1].

1. Les gisements de mica dont parle Tyson ont été exploités.
Depuis son retour en Amérique, Baddington a fait une expédition
sur les côtes du Labrador pour rapporter du mica. L'expédition a
produit d'excellents résultats financiers. Les feuilles, beaucoup
plus grandes et beaucoup plus solides que celles des autres contrées, se sont vendues beaucoup plus cher.

CHAPITRE IX

Nous fusillons nos chiens.

Le 15 novembre, nous subissons un changement de temps accompagné de phénomènes météorologiques étranges. La marée, presque toujours faible dans les mers polaires, est montée à une hauteur extraordinaire. L'eau s'élève partout autour de notre glaçon; elle est d'une pureté et d'une limpidité admirables. La lune est pleine. L'astre brille d'un éclat splendide. Que le ciel est beau! Que la glace est lugubre!

Nos chiens sont malades de faim. Hier on n'a

rien pu leur donner. Aujourd'hui nous sommes encore plus pauvres qu'hier. Il faut prendre un parti ! Est-ce leur rendre service que de les laisser crever dans de pareilles tortures ? Leurs gémissements lugubres me décident à les sacrifier ! — Nous en fusillons cinq ! nous n'en gardons plus que quatre....

Dieu m'est témoin qu'il le fallait ! Je n'ai pas pris ce parti parce que leur pauvre chair me faisait envie.

C'est avec consternation que je prends ma part d'un repas qui me paraît presque un acte de cannibalisme !

Je peux à peine tenir le crayon avec lequel je trace mes notes.

Les Esquimaux cherchent à me remettre en me racontant des merveilles !

Ils ont suivi deux pistes d'ours !

Ils ont trouvé cinq trous de phoques ; mais, hélas ! ils reviennent sans rien apporter.

Le lendemain, il n'en est plus de même ! Ils nous ramènent deux phoques.

Détails de ménage.

La perspective de ne pas mourir tout de suite de faim me rend une sorte de tranquillité d'esprit ;

j'en profite pour arranger nos affaires inté-
rieures.

Depuis quelque temps déjà les hommes ont
pris le parti de construire une grande cabane de
neige qu'ils ont tapissée avec une toile à voile. Les
sybarites! Meyer était un des plus à plaindre. Il
souffrait énormément de l'abstinence forcée à
laquelle nous étions tous condamnés.

Je l'ai engagé à aller dans la hutte où se sont
établis ses compatriotes.

Je reste donc seul avec Joe, Hannah et Puney.
Pauvre petite Puney, comme elle est affamée!...
Par le fait, tous les enfants crient souvent la faim.
Nous leur donnons tout ce que nous pouvons
prélever sur notre propre nourriture. Mais quelque
chagrin que j'en aie, je parviens rarement à les
faire taire.

Les hommes viennent de finir leur installation
dans la grande hutte ; ils y seront plus à l'aise. La
vieille qu'ils occupaient sera réservée aux provisions. Le pain a diminué très-rapidement ces derniers jours. Nous n'avons plus que huit sacs. Désormais on cessera d'en donner une ration tous les
jours. Je préfère de temps en temps autoriser une
distribution sérieuse.

Lorsque le ciel est pur, nous avons trois heures
de crépuscule pareil à celui qu'on observe à Washington quand le soleil s'est couché par un temps
couvert. Autrement, nous ne pouvons distinguer
le jour de la nuit. Grâce à la Providence, nous som-

mes tous en bonne santé. Mais le revers de la médaille, c'est que notre appétit augmente à mesure que diminuent nos moyens d'y satisfaire.

Ces deux phoques sont arrivés comme la manne dans le désert.

Pour la première fois depuis que nous avons quitté le navire, je mange à ma faim. Je me régale avec de la viande de phoque crue, parce que je ne me suis pas donné le temps de la faire cuire. J'avale tout, peau et poils. Pendant les derniers jours j'ai été si malade que j'ai dû me mettre à la diète, et les huit jours précédents, je n'avais presque rien pris parce qu'il n'y avait rien à prendre. Cet excès de *table* m'était nécessaire. Il me fallait une compensation à mes jours de jeûne.

Après ce repas exceptionnel, je me promettais de me contenter de ma ration ordinaire. Mais l'appétit, un appétit d'enfer, m'est venu en mangeant.

Le soir même, j'ai dévoré un morceau de foie dont Joe m'a fait cadeau, et j'ai dégusté du sang qu'on avait fait chauffer sur la lampe.

Espérons que ce festin me donnera des forces dont j'ai bien besoin, hélas! pour faire respecter mon autorité, car je suis le seul à ne pas avoir d'armes. Je ne peux tirer une balle sans que Hans ou Joe me prêtent leur carabine.

Les hommes, au contraire, sont tous armés jusqu'aux dents.

Du temps du capitaine Hall, on avait respecté le règlement : tous les fusils étaient rangés dans un râtelier, les pistolets et les sabres appartenaient à tous et non à chacun.

Voulant sans doute se rendre populaire, ou pour un dessein qui m'échappe, on a fait une distribution générale de tout ce qui se trouvait dans l'arsenal.

Dans le sauve-qui-peut, chacun a commencé par jeter ses armes sur la glace. Moi qui n'avais songé qu'au salut de tous, je n'ai pas pris mes précautions. Voilà pourquoi je suis le seul qui n'ait pas un fusil dans les mains. Les hommes le savent et me font sentir durement combien j'ai eu tort de ne penser qu'aux autres et de m'oublier dans la bagarre.

La finesse d'un renard.

Le 22 novembre, nous entendons un troupeau de phoques qui viennent tourbillonner autour de nous ; mais il fait si noir qu'il est impossible de chasser. A quoi servirait de gaspiller ainsi notre poudre? Nous effrayerions notre *gibier* qui est très-fin, très-intelligent, très-timide. Il ne viendrait plus respirer dans les trous du voisinage. Les embuscades de nos Esquimaux seraient inutiles.

J'ai beaucoup de peine à faire comprendre aux matelots la nécessité d'attendre que la chasse leur offre quelque chance et de ne pas user leur poudre à ne faire qu'un peu de bruit.

Le 22 novembre, un renard, pareil à celui dont nous croyons tenir la piste, s'est approché de notre village. Il venait attiré par l'odeur d'un peu de viande putréfiée. Une minute encore, nous allions nous en rendre maîtres. Deux de ces grossiers personnages se mettent à se quereller dans la Réserve, sur la manière dont on distribuera la viande de ce rusé compère. Voilà maître renard qui détale.... et qui nous laisse, nous qui le guettions la bouche béante. Quel sujet pour un Ésope !

Heureusement, j'ai su maîtriser ma colère. Je me suis borné à leur dire en riant « que le renard, craignant de les voir se quereller trop fort, avait pris le meilleur moyen pour les mettre d'accord. »

Je riais, mais je n'avais le rire que sur le bout des lèvres ; des pleurs inondaient mon âme.

N'avoir aucun moyen de faire respecter une autorité si nécessaire au salut de tous ; ne pouvoir rétablir assez de discipline pour ne pas mourir tous misérablement de faim et de froid !

Ce ne sont pas les éléments, mais les hommes qui me font peur maintenant.

Que n'ai-je mon équipage de l'*Éva*, je serais sûr de revoir notre chère Amérique ! Quiconque désobéit, quiconque n'est point dévoué, devient un complice du froid, un suppôt de la tempête. Celui qui mange plus qu'il n'a droit ouvre la porte à la famine, qui dans quelques jours lui déchirera les entrailles.

Ma situation est véritablement déplorable. Je ne

puis que donner des conseils ; il m'est impossible de faire respecter mon autorité. Et ce n'est pas tout à fait la faute de mes hommes, qui n'étaient pas aussi mauvais en quittant l'Amérique. Depuis près d'un an, ils ont parlé et agi à leur guise. Avec la moindre discipline, nous aurions déjà regagné notre navire ; nous ne l'aurions peut-être jamais perdu. Nous nous serions illustrés dans la conquête du pôle nord !

Et puis, ils semblent sous l'empire d'une certaine influence secrète. Sans doute ils auraient confiance dans un compatriote et voudraient me déposséder du commandement en sa faveur ; mais, peut-être, avant que nous soyons sortis de cette impasse, s'apercevront-ils que « tout ce qui brille n'est pas or. »

Une fête patriotique.

Les Esquimaux eux-mêmes n'osent sortir, car le froid est trop rigoureux.

Mais Joe a bien employé ses loisirs forcés. Il s'est reposé en agrandissant notre hutte.

Je préfère vivre avec cet excellent homme, sa femme et sa fille, parce que tous trois parlent anglais. Dans la hutte de l'équipage on n'entend que l'allemand. C'est une langue voisine de la nôtre,

mais que je ne peux m'habituer à entendre pré-
férer à celle des Francklin et des Hall !

Quand on est mal nourri, les frimas entrent par
tous les pores jusqu'à la moelle des os.

Quel serait l'homme assez maître de sa raison
pour réfléchir sainement quand l'estomac bondit et
se contracte, quand ses parois se collent l'une
contre l'autre? Il me semble que le froid gèle la
pensée jusque dans la cervelle.

Le 28 novembre est le jour où tous les citoyens
des États-Unis remercient l'Éternel de les avoir
délivrés du plus grand de tous les maux, du fléau
de la guerre civile. Surtout à cause de notre misérable situation, je tiens à m'associer d'une façon éclatante à cette manifestation nationale.

Une prière patriotique dite avec ferveur dans
cette hutte touchera particulièrement notre Père
céleste. Au milieu de tous nos maux, de toutes
nos craintes, je veux qu'il sorte de nos *igloss* un
hymne de reconnaissance !

Ce jour de fête commence par une succession
de ténèbres. Peu m'importe ! il y aura un plus
merveilleux contraste pour Celui qui lisant dans
mon cœur américain y verra briller la lueur
d'une ferveur véritablement républicaine !

Comment préparer le repas de dix-huit personnes sans autres casseroles que des boîtes à
sardine, sans autre foyer qu'un poêle fait avec un
vieux réflecteur ?

Ordinairement nous nous contentons d'employer

notre feu à dégeler la triste nourriture que nous allons introduire dans notre pauvre estomac.

Nous bornons notre ambition à ne point avaler des glaçons ; mais je veux faire les choses grandement en l'honneur du 28 novembre. Tous les morceaux de bois que nous avons gardés en réserve pendant si longtemps disparaîtront, mais le cuisinier apprêtera nos plats d'apparat sur du vrai feu. Je lui donnerai tout ce qui nous reste de vrai bœuf.

Nous avions un reliquat de pommes tapées. Cette friandise y passera entièrement.

Voici quelle a été ma carte personnelle : une petite boîte à viande pleine de chocolat à l'eau, deux biscuits de dix à la livre et quelques pommes tapées. Puis pour mon dessert, de la peau de phoque rissolée, des tripes gelées, et, pour couronner le repas, du foie que j'avais laissé exposé au givre depuis trois grands jours.

Je suis reconnaissant à la Providence de ce qu'elle me permet d'avoir. Je lui rends grâce de ce que je ne suis pas obligé de me contenter d'une nourriture pire.

Toute la journée, j'ai pensé à ma famille et à ma patrie. Il est bien rare que j'aie passé la fête du 28 novembre à terre et chez moi, à cette époque j'avais toujours une quille sous les pieds ; mais j'avais pour me couvrir des vêtements propres et secs, et je n'étais point obligé de m'occuper de ce que j'aurais à manger demain, car il y avait toujours à bord des vivres de bonne qualité et en

abondance. Qui m'eût dit que je célébrerais jamais
le 28 novembre en mer sans qu'il se trouvât une
planche au-dessous de moi, et que fuyant mes compagnons d'infortune je me réfugierais dans une
cabane d'Esquimaux pour trouver la seule société
qui pût me convenir?

Mais une pensée me console : tous ceux que j'aime
sont en sûreté, ils vivent dans l'abondance, si Dieu,
comme je l'espère, les a conservés. Comme ils ne
peuvent se faire une idée des périls que je cours,
ils goûteront en paix les douceurs de la journée
d'actions de grâces. Il n'est pas difficile de deviner ce qu'ils ont eu à dîner aujourd'hui. Une dinde
de quinze ou seize livres, du jambon bouilli, un
pâté de poulet avec toute espèce de légumes frais,
du céleri avec un beau morceau de pain blanc, du
thé, du café, du chocolat. Ils auront aussi un plum-
pudding, avec deux ou trois espèces de gâteaux et
du fromage ; peut-être quelque bon cidre doux.
Peut-être quelque confiture ou quelque vin de
groseille, des oranges, des noix, du raisin.

Si le matin les enfants ont été à l'école du dimanche, ils ont rapporté leurs petits trésors qu'ils
étalent avec les présents reçus à la maison. Ah !
si je pouvais les voir ! Mais je donnerais tout pour
empêcher qu'ils ne se doutent de ce qui m'arrive.
Combien cela troublerait leur joie !

Comme j'ai écrit la carte de mon déjeuner, je
dois terminer ma journée en donnant celle du dîner. Pour nous quatre, les Esquimaux et moi, nous

avons eu six biscuits pareils à ceux du matin, une livre de viande de boîte, une boîte d'une livre de blé et une boîte d'une livre de *mock turtle* (imitation de soupe à la tortue) ; c'est un *extra* de trois livres et demie sans compter le pain, pour quatre personnes. Nous avons mélangé tout cela dans notre casserole, nous l'avons fait chauffer au-dessus de la lampe et l'on a avalé sans laisser le temps de refroidir.

Les hommes de l'équipage ont reçu la même ration que nous, car il n'y a pas de différence entre les officiers et les matelots sur le glaçon du *Polaris*. J'aurais bien désiré organiser un service religieux quelconque pour célébrer convenablement notre grande fête nationale ; mais je me suis aperçu que cela n'aurait pas plu à tout le monde. Les Allemands fêtent bien la Noël ; mais ils ne comprennent pas l'enthousiasme patriotique avec lequel je célèbre notre « jour d'actions de grâces. »

Famine et craintes.

A distance je vois la terre à travers des ténèbres auxquelles ma prunelle, veuve du soleil, finit par s'habituer. Je n'ai pas renoncé à atteindre le Groënland, mais j'envisage les chances avec un sang-froid dont autrefois j'eusse été profondément incapable. Je commence à me faire à cette situation étrange de capitaine de glaçon !

Je demande des hommes de bonne volonté pour retourner à notre premier campement, car nous y avons laissé un morceau de toile à voile dont la conquête nous serait précieuse.

Je destine cette toile à tapisser la cabane de Hans. Il s'est exposé à mille périls pour sauver l'équipage, et sa femme n'a cessé de travailler à raccommoder et à confectionner des vêtements.

Quatre hommes : le steward, le cuisinier, Pierre et Auguste, répondent à mon appel.

Je me garde bien de leur dire ce que je veux faire de ce butin, car ils ne consentiraient jamais à se donner du mal pour un homme sans lequel nous serions tous morts de faim. Je me réserve de leur faire cette révélation quand nous aurons rapporté cette précieuse épave.

Une fois la toile reconquise, j'essaye, moi naïf, les attendrir en les faisant assister à la joie de cette pauvre famille ! Mais je vois bien à leurs grognements sourds qu'ils ne se sentent aucune vocation pour le métier de bienfaiteurs. La joie d'autrui leur paraît une ironie qui ne fait qu'exalter leur égoïsme et nourrir leur fureur.

J'ai apporté d'Amérique un almanach qui fait commencer l'hiver au 21 décembre. Le nôtre a été inauguré dès le 11 septembre.

Aujourd'hui Hans, le pauvre garçon, est malade, ne peut sortir en chasse. Le brave Joe est parti malgré l'épaisseur que les ténèbres ont prise, il veut tenter fortune, malheureusement il revient navré. Il n'a pu trouver de trace de phoque ; pas même un prétexte pour se mettre en embuscade.

Le petit jour a commencé à onze heures du matin, et il a fini à une heure de l'après-midi. Nous en avons profité pour faire une promenade.

Je voudrais avoir la satisfaction d'inspecter notre *navire*. Mais notre *pont* est couvert d'un nombre si prodigieux de petits monticules enchevêtrés, que je ne peux arriver à le parcourir dans toute son étendue.

Si le *Polaris* existe encore, il doit faire à bord plus nuit qu'ici, car nous sommes bien plus au sud. Nous avons dérivé vers le sud-sud-ouest, et chaque mille dont nous nous écartons du pôle augmente la durée de notre crépuscule de près d'une minute.

Je n'écris plus tous les jours, cela me prendrait trop de papier. J'avais quelques agendas dans un des sacs. En les cherchant, il y a quelques jours, je me suis aperçu qu'on me les avait enlevés. Il y a dans l'équipage des hommes qui s'emparent de tout ce qu'ils trouvent. Ils se croient le droit de faire des réquisitions comme en pays conquis.

Je suis un étrange commandant : si je veux que l'on me désobéisse, je n'ai qu'à donner un ordre. Quelquefois j'obtiens en demandant juste le contraire de ce que je veux ; mais généralement lorsque j'ai besoin de quelque chose, je tâche de le faire moi-même, si le travail n'est point au-dessus des forces d'un homme. Dans certains cas graves, je fais de la diplomatie, j'agis par voie de suggestion de conseil.

Le 6 décembre, une magnifique aurore boréale illumine presque la moitié du ciel. En regardant à quelques degrés au-dessus de l'horizon du côté du nord, on voit briller des traits de lumière qui remontent dans la direction du zénith dont ils s'approchent merveilleusement, car ils n'ont pas moins de trente degrés de longueur.

Le lendemain, le temps étant clair, M. Meyer a pu faire une observation, car lui il a un sextant et une carte céleste, mais il n'a pas d'éphéméride nautique. Il prétend que notre latitude est de 74° 4'. Je crois malheureusement qu'il se trompe. Nous ne pouvons pas être aussi avancés. Il est difficile que le courant nous ait déjà fait gagner près de cent lieues dans la direction du Labrador.

Nous passons tout notre temps enfouis dans nos trous de neige, d'abord parce qu'il n'y a rien à faire au milieu de ténèbres si épaisses, et ensuite parce que nous avons moins faim quand nous ne nous donnons pas l'exercice. Plus nous restons tranquilles, plus nous élevons la température de notre hutte, moins nous avons besoin de nourriture. Personnellement je suis le plus maltraité, mon vêtement n'est pas très-chaud. Quand nous avons perdu le *Polaris*, je n'avais pas sur moi mes habits d’hivernage, et je n’ai pas pensé à jeter mes bagages sur la glace.

Avant-hier, un des hommes, je crois que c’est Bill, a tué un renard. C’était une pauvre créature amaigrie, qui n’avait pas une livre de viande sur les os. Comme le disait un des hommes, « il était tout queue et tout poil. » Cependant ils en ont mangé jusqu’au dernier morceau. Quand on a tué ce gibier, j’ai eu une fausse joie, car des renards suivent souvent la piste des ours; mais aucun ours n’a paru.

Maintenant notre ration est divisée en onces. Par jour, nous avons six onces de pain, huit onces de viande, deux onces de jambon. Tout cela est mélangé avec un peu d’eau douce et chauffé sur la lampe.

Sûrement nous allons à l’ouest, quoique M. Meyer prétende que nous dérivons vers l’est. Il s’attache à cette opinion parce qu’il voit que les vents viennent presque toujours du nord-ouest. Il aurait raison si nous étions sur un de ces glaçons légers qui flottent au gré des vents à la surface de la mer. Mais notre banquise a une racine profonde, la majeure partie est sous-marine. C’est donc le courant, et le courant seul qui décide de notre sort. Or ce courant marche vers le sud-sud-ouest, la chose est sûre.

Si tout le monde était raisonnable, peu nous importerait d’aller à l’est ou à l’ouest, puisque nous n’avons qu’à attendre. Mais les hommes, qui ont confiance dans le contraire de ce que je leur dis, croient que, marchant vers l'est, nous nous approchons de la baie de Disco, où l'on a établi un magasin comme je l'ai raconté. Je crains qu'ils ne partent malgré moi pour atteindre à tout prix la terre d'un côté où il est impossible de la trouver. S'ils font cette folie, c'est la mort pour la plupart, sinon pour tous. Aucun de ces malheureux, après avoir vécu pendant deux mois avec des rations pareilles aux nôtres, n'aurait la force de marcher longtemps sur une glace couverte de pics et de crevasses. Que serait-ce s'il fallait traîner un bateau chargé d'effets et de vivres ?

Je me suis déjà demandé s'ils ne prendront pas le canot un jour ou l'autre, ne le chargeront pas malgré nous avec ce qui nous reste de provisions, et ne nous abandonneront pas avec la famille de Joe et la famille de Hans. Mais je ne veux pas sans preuves, sans nécessité, m'arrêter à des pensées pareilles.

Un incident curieux m'a mis malgré moi ces idées en tête.... Joe, qui gardait toujours ses armes sur lui, est venu m'offrir son pistolet de lui-même. Il dit qu'il n'aime pas la « façon dont les hommes affamés le regardent. » Je comprends qu'il redoute qu'on ne tue, pour les manger, d'abord Hans et sa famille, puis lui-même, Hannah et Puney.

Que Dieu, dans sa colère, ne permette pas qu'un de nous se rende jamais coupable d'un crime aussi épouvantable ! Si le Tout-Puissant a décidé que nous devons mourir de faim, sachons supporter nos souffrances comme des hommes qui se prêtent un mutuel appui, dans un commun malheur, et non périr comme des brutes qui se déchirent !

Malheur au misérable qui essayerait de toucher au plus petit enfant sur ce radeau flottant que Dieu a construit pour nous tous ! Nulle dent carnassière, moi vivant, ne violera la chair des êtres dont je suis le défenseur !

Mettons de côté le crime de cannibalisme : ces pauvres Esquimaux sont notre providence. Il n'y a pas un seul blanc qui soit encore parvenu à attraper un phoque. Ce serait plus absurde que de tuer la poule aux œufs d'or.

Le 12 décembre, la gelée devient si intense, que toutes les fissures par où les phoques pourraient sortir sur la glace sont soudées par le froid. Du reste, il fait tellement noir qu'on ne pourrait chasser.

Hans est rétabli. Il a disposé sur la glace un piége admirablement imaginé.

Hier il a pris un petit renard blanc qui, quoique bien maigre, nous a été fort utile. Il vient de faire un trou à la glace et d'y placer un filet à phoque. Comme il ne nous reste plus qu'un morceau du bateau, nous nous trouverons sans lumière et sans feu si un phoque ne se prend à ce piége.

Je m'explique maintenant ce que je ne faisais que de soupçonner ! On m'a fait des demi-confidences ! Jamais les hommes n'ont voulu sérieusement rattraper le *Polaris*.

Avant de quitter New-York, ils avaient entendu parler du voyage de la *Hansa*, steamer allemand entraîné par les glaces avec son équipage, et de la prime de mille thalers donnée par le gouvernement prussien à chaque homme resté à bord pour le dédommager des souffrances éprouvées pendant la dérive.

En se voyant sur une glace, éloignés du navire, ils se sont dit que la générosité du Congrès des États-Unis ne connaîtrait pas de bornes s'ils regagnaient l'Amérique sans autre bâtiment que la glace elle-même.

Si l'espérance de gagner cette prime chimérique leur a fait perdre nos dernières chances de salut, que de fois ils ont dû maudire leur imprudence depuis qu'ils sont à bord du glaçon du *Polaris!*

Mais taisons-nous; pas de réflexions. Toute querelle à main armée serait notre perte à tous!

Notre ration diminue et notre faim augmente. Six onces de pain et cinq onces de viande, voilà notre repas pour le jour le plus court de l'année!

Il nous faut encore trois semaines pour voir, non le soleil lui-même, mais les premières lueurs qui annoncent sa prochaine arrivée. Au milieu de notre nuit noire, nous sommes éclairés par une pensée: le soleil approche!

La veille et l'avant-veille de la Noël, les 23 et 24 décembre, nous admirons deux splendides aurores. La lune, qui est à son dernier quartier depuis deux jours, ne nous donne plus qu'une lueur insignifiante; à peine si elle se montre à l'horizon.

Ces clartés célestes viennent à point nommé pour illuminer nos fêtes. Elles sont traversées par des étoiles. On dit que les vœux qu'on forme quand elles passent sont toujours exaucés. J'ai demandé cette fois qu'un phoque se trouve à portée de la carabine de Joe.

La Noël.

Nous n'avons plus qu'un jambon, un seul, nous le sacrifions pour la fête. Chacun n'aura qu'un bien petit morceau, mais ce sera un souvenir.

Noël, Noël! le temps se radoucit; il ne fait pas très-froid. Le thermomètre s'approche de zéro. C'était l'arrivée de ce vent du sud-ouest que nous annonçaient les clartés célestes. Quoiqu'il ralentisse un peu notre dérive, je bénis cette relâche dans la température. Tout le monde civilisé célèbre la naissance du Sauveur. Nous ferons comme les autres. Un peu de joie pénétrera encore une fois dans notre monde de glace, de froid, d'orages, de faim, de ténèbres. Nous sentons bien que Dieu ne nous a point abandonnés. Nous sommes encore ses enfants. Il veille sur nous aussi bien que sur les bourgeois qui habitent les villes et les plus riches maisons de campagne.

Il est midi et le ciel me paraît moins noir

que d'habitude. Sont-ce mes yeux qui s'accoutument aux ténèbres? Nous venons de finir notre déjeuner. Comme nous ne mangeons que deux fois par jour, nous avons pris la résolution de déjeuner tard, afin que le temps soit divisé d'une façon plus commode pour notre estomac. Mon premier repas de la Noël se compose de quatre onces de pain et de deux onces et demie de pemmican chauffées sur la lampe. Il y en a parmi nous qui appellent ce ragoût le *thé*, d'autres le nomment la *soupe*. Nous avons eu chacun un *extra* d'une once de biscuit. Ce petit supplément de pain me fait l'effet d'une véritable communion !

Quant à notre dîner de la Noël, c'est un véritable festin de Balthazar. Chacun de nous a un petit morceau de jambon gelé, deux biscuits, quelques bouchées de pommes tapées que j'ai économisées lors de notre grand repas d'actions de grâces et quelques gorgées de sang de phoque. Mais cette petite fête a épuisé nos modestes provisions. Notre cambuse est à sec.

Plus de jambon, plus de pommes tapées, plus de sang de phoque; voilà comment finit notre Noël.

Notre plus grande calamité est notre excessive faiblesse. Toutes les fois que nous essayons de nous livrer à un travail soutenu, nous sommes épouvantés de notre épuisement.

Mais je ne sais si en réalité je dois me plaindre de cette circonstance. Il me semble que le manque de forces est le véritable secret de la tranquillité des hommes. S'ils pouvaient réaliser les projets qui germent dans leur tête, il y aurait une révolution sur nos glaces.

Mais lorsqu'ils mettent le nez dehors, ils sentent le froid qui pique. Leur impuissance se révèle d'une façon si cuisante qu'ils sont heureux de rentrer dans leur *igloss*, ils s'empressent d'enfouir tous leurs grands complots dans leur petit trou de neige.

Je mange mes culottes.

Nous avions mis en réserve quelques morceaux de peau de phoque, après les avoir fait sécher pour réparer nos vêtements, non par coquetterie, mais par nécessité hygiénique, car les trous sont des espèces de fenêtres par lesquelles pénètre l'air du dehors. Mais ventre affamé ne s'aperçoit pas qu'il porte des guenilles. Hannah a repris ces lambeaux et les a fait cuire. Les Esquimaux ont de si bonnes dents, qu'ils en sont venus à bout; malheureusement, j'ai été obligé de renoncer à ma tentative de dîner. J'en suis pour mes pièces perdues. Je reste avec des fenêtres au coude, des trous quelque part, et l'estomac vide.

Hier Hans a harponné un phoque, mais il l'a laissé partir. Le monstre était si vaillant que si on ne l'avait lâché il entraînait son capteur dans les abîmes.

Si la chose n'était trop triste et trop sérieuse, je rappellerais cette caricature fameuse dans les deux hémisphères : « Mon capitaine, j'ai fait un prisonnier. — Amenez-le. — Mais c'est lui qui m'entraîne, mon capitaine ! »

Joe lui-même ne serait point venu à bout du phoque de ce matin, si les hommes n'étaient arrivés apportant son *kyak*.

Il fut assez heureux pour ramener son gibier, qui nous fournit à tous à dîner, et qui me fait oublier à moi mes pauvres culottes perdues.

La nouvelle année.

Nous devons être hideux pour un spectateur ayant dîné, quand nous dépeçons un phoque. Des lions ou des tigres s'unissant, afin de dévorer un homme, ont certainement meilleure mine.

Nous enlevons d'abord le *blanquet*, c'est-à-dire la peau y compris le lard, sans chercher à séparer deux choses que la nature a si intimement jointes. Ensuite nous ouvrons l'animal soigneusement, en ayant soin d'empêcher que le sang ne se perde. Nous faisons en sorte que tout le liquide coule dans une cavité ; nous le retirons avec une tasse sans en perdre une goutte. Quelquefois nous le gardons pour nous régaler plus tard à notre aise. D'autres fois, nous n'attendons pas et nous buvons à la ronde tous dans le même verre. Le foie et le cœur sont nos morceaux favoris; nous les divisons aussi également que possible, afin que chacun en ait sa part; nous agissons de même avec la cervelle, quand nous ne la conservons pas. J'ai obtenu que les yeux seraient donnés aux deux petits enfants. Ils sucent ce hochet comme les babys de New-York le font d'un sucre d'orge. Nous pesons les morceaux avec la balance de M. Meyer pour nous rendre compte de notre gain en viande. Cette fois j'ai fait une folie afin de me rendre populaire; les morceaux étaient dépecés au hasard, et je les ai fait tirer au sort.

Le phoque que Joe a attrapé était de la petite espèce, celui que les savants nomment, je crois, *vitulina*. Il pesait bien une quarantaine de livres; cependant nous l'avons gaillardement enterré en un seul dîner. Son sang nous avait tenu lieu d'absinthe. Nous avons économisé un jour de vivres réglementaires; nous avons de plus les entrailles que j'ai sauvées et qui, gelées, feront un repas dans quelques jours, puis nous avons de l'huile pour notre lampe: voilà la grande joie.... l'incommensurable bonheur! Pendant trois semaines, car ce petit phoque était grassouillet, nous y verrons clair.

Le jour de l'an de grâce 1873, comme personne

ne vient dans notre hutte, je suis obligé de me souhaiter à moi-même la bonne année. Hélas! le froid ne nous la promet pas heureuse. M. Meyer prétend qu'il fait 29° au-dessous de zéro. Dieu, que cela pique! Heureusement je peux m'administrer pour me réchauffer une aune d'entrailles gelées ayant appartenu au petit phoque d'avant-hier, un peu de lard et du thé de pemmican. Avec cela on peut boulotter.

A partir du 7 janvier, nous avons six heures de crépuscule par jour ; nous gagnons du côté de la lumière, mais nous n'avons plus que huit caisses de pemmican et cinq sacs de biscuit.

La terre se voit toujours à l'ouest. La distance est au moins de vingt milles. Nous sommes évidemment dans la partie la plus large de la baie de Baffin. Nous gagnons du terrain, mais nous perdons de la chaleur.

Les vivres s'épuisent avec une rapidité désespérante! Je récapitule le compte des rations sans pouvoir comprendre comment nous sommes si pauvres. J'ai des doutes, mais comment les éclaircir?

Les hommes se considèrent comme détachés de toute discipline. Sourds au plus simple bon sens, ils parlent de gagner la terre et de se rendre à Disco où « l'abondance » les attend. Comment le feraient-ils? Ils ont brûlé un bateau ; mais ils n'hésiteraient pas à s'approprier l'autre.

Comment les empêcher? Je suis seul et ne puis

compter sur personne pour me venir en aide. Tous
sont Allemands, sauf deux, Herron, un Anglais, et
le cuisinier, un homme de couleur !

Malédiction ! le froid redouble. Voilà la petite
Puney qui crie, Hannah pleure. Le thermomètre
se tient entre 35° et 37° au-dessous de zéro.

J'ai laissé dans un coin un petit sac de vêtements
que je gardais pour m'en servir dans les cas extrêmes. J'ai beau chercher, on m'a tout volé.

Le 15 janvier, M. Meyer annonce 40 degrés de
froid.

Miséricorde ! l'ouragan nous secoue, on dirait
que la banquise va s'ouvrir.

Alerte.

Le vent se calme un peu, on n'entend plus le
cri de la glace qui en frottant la glace semble dire
à chacun de nous : « Ici, tu vas mourir. »

O terrible position que je redoute d'analyser moi-
même !

Faut-il nous réjouir que notre captivité s'abrége
et que le glaçon du *Polaris* soit anéanti à tout jamais ? Devons-nous au contraire redouter son naufrage inévitable ?

Où nous mènerait une mise en liberté trop
brusque ? Une révolution trop soudaine en parais-

sant nous affranchir ne ferait que nous livrer aux vagues.

Entendez-vous l'océan, qui est là sous nos pieds, et qui attend sournoisement le moment de nous engloutir ?

Un son glorieux fait trêve à ces tristes réfléxions ! Une exclamation vibrante me rend la vie.

De toutes leurs forces, les Esquimaux crient un kyack.... Un kyack, ce qui signifie qu'ils ont trouvé de l'eau, et l'eau veut dire des phoques.

Cette fois nous n'arrivons point trop tard. Je dis de dépecer notre prise dans la cabane de Joe; c'est justice puisque Joe a lancé l'hameçon.

Cependant un des hommes n'a pas craint de me désobéir et de porter la proie commune dans le quartier allemand. Ils se partagent la bête comme ils l'entendent, nous, nous n'avons rien à dire !

Il est véritablement bien dur de voir ces braves indigènes passant de longues heures, au froid, à la tempête, pour le bénéfice de ces fainéants.

Leur récompense est de se laisser enlever les bons morceaux par ces gloutons éternellement couchés sur leur dos dans leur Réserve ; ces paresseux n'ont d'autre souci que de jouer aux cartes et fumer pendant tout le jour ; les Esquimaux sont créés et mis au monde pour leur trouver leur pitance.

Je ne peux comprendre comment il se fait que l'on s'habitue si facilement à vivre dans une saleté incroyable.

Quoique j'aie un morceau de miroir quelque part, je n'ose y regarder de peur de me faire peur à moi-même.

Mais pourvu que j'aie un morceau de phoque cru à me mettre sous la dent, je ne fais plus attention à la crasse qui me couvre.

La vie de l'indigène est émaillée de privations horribles. Un bon Groënlandais court, régulièrement deux ou trois fois par hiver, risque de mourir de faim. Cependant jamais aucun d'eux n'a éprouvé de pareilles tortures.

Hans et Joe prétendent que de mémoire de leur vie sauvage ils n'ont jamais passé par une série de souffrances aussi prolongées, aussi dures!

Ce qui m'intrigue au milieu de tant de tribulations, c'est de savoir comment nos deux chiens parviennent à subsister, car il y a bien longtemps qu'on ne leur donne plus à manger de restes par la plus mauvaise de toutes les raisons, nous sommes nos propres chiens. Ce que notre dent n'a pas entamé, un vrai chien le trouverait certainement trop dur.

Qui sait s'ils ne parviennent point à attraper du gibier qu'ils dévorent? Je suis sûr qu'ils font leurs petits paquets. Il y a quelque temps, Joe a découvert l'endroit où un de ces deux animaux avait été chasser pour son propre compte. L'autre jour, il avait positivement tenu un ours en arrêt; s'il s'était trouvé là quelqu'un pour l'aider, nous pouvions nous régaler d'une viande qui me fait rêver depuis que nous avons quitté le *Polaris*. Le pauvre Pique est revenu tout en sang, son héroïsme lui a coûté bien cher, et si cette attaque intempestive a fait fuir le plantigrade, elle nous a coûté plus cher encore.

Le 19 janvier, Joe a essayé de tirer un phoque au milieu d'un troupeau, mais son doigt était tellement engourdi qu'il n'a pu mettre en mouvement la détente, et l'animal a échappé.

Une victime du soleil.

Depuis que j'ai écrit ces lignes, un grand événement vient de s'accomplir. Il a reparu, le soleil, il s'est montré pour de bon après une absence de quatre-vingt-trois jours; nous l'avons enfin revu lui-même en personne. Ses rayons dorés ont de nouveau ébloui ma rétine.

Il a brillé plus tôt que je ne croyais. Mon imagination ne pouvait plus rêver de pareilles splendeurs. La nuit prolongée m'avait fait oublier jusqu'au jour.

Autre surprise non moins agréable, le soleil est resté au-dessus de l'horizon pendant près de deux heures sans que M. Meyer, qui se prétend astronome, puisse expliquer ce phénomène. Peu m'importe, nous avons une orgie de clartés éblouissantes. Baignez-vous mes yeux, mes pauvres yeux, plongez-vous dans cette splendeur !

Joe qui était parti sans s'attendre à cette merveilleuse apparition a failli en être victime.

Il était en effet à cinq milles de nos huttes quand un rayon imprévu vint fasciner sa prunelle façonnée aux ténèbres !

Malgré de vives souffrances, tout marcha bien tant que dura le jour. Mais dès que le soleil fut descendu au-dessous de l'horizon, le vaillant chasseur se trouva aussi embarrassé que s'il avait été soudainement paralysé. Encore inondés des clartés auxquelles ils avaient eu tant de peine à s'habituer, ses yeux ne pouvaient lui servir à retrouver la route.

Hans nous ayant prévenus que notre chasseur ébloui serait frappé de cécité et perdu sans rémission, nous nous sommes décidés à faire des folies, pour retrouver Joe quand même. J'ai été d'une prodigalité insensée. J'ai fait brûler du lard qui aurait figuré bien glorieusement dans notre marmite.

Le délire de la lumière.

Ce feu digne d'un Gargantua brillait comme un phare dans la nuit sombre.

Une bonne action, même sous la calotte polaire,

reçoit toujours sa récompense. Joe revint harassé, transi, mais il traînait derrière lui un phoque. Il en avait tué deux, mais l'autre est mort sur un radeau de jeune glace qui l'a emporté au large. Du moins, avec celui que nous tenons, nous allons célébrer le retour de la lumière. — Vite, qu'on le dépèce ; que chacun en mange à discrétion ! Faites bien attention, les enfants, de recueillir tout le sang ; que l'on me donne la grande tasse ! aujourd'hui nous n'en garderons pas une goutte. Il faut que chacun ait son verre plein, buvons une rasade du rouge liquide de vie à la santé du soleil.

Dire que dorénavant je suis certain de voir le soleil tous les jours ! Je ne peux m'habituer à cette idée délirante !

Les constellations polaires ont un éclat dont on ne se doute point en Amérique. Quelle nuit pour étudier les deux Ourses et la constellation du Dragon, et surtout Mars et Vénus que le soleil inonde en ce moment de ses plus chauds rayons. Mais le froid est si fort que je renonce à admirer les terres lointaines du ciel, et que je rentre bien vite dans ma neige.

Les provisions sont volées. Les pillards n'ont point de répit.... Il faudrait verser du sang pour arrêter les coupables. Nous ne pouvons livrer bataille au milieu de cette désolation. Courage et patience !

Le 23 janvier au soir, Joe revient avec un petit

phoque qui a eu la mauvaise chance de laisser passer son museau par une soufflure de la glace. Il est bien vite dépecé et partagé entre tous séance tenante.

Robert entre insolemment dans ma hutte. Le misérable m'insulte. Il me menace de violences personnelles! La colère me monte au visage. Je lui réponds avec un calme qui le démonte. Il pâlit et s'esquive. Les camarades étaient là qui écoutaient; si les Esquimaux n'étaient arrivés à l'improviste, les drôles envahissaient sans doute ma cabine!

Jamais présence de nos deux braves camarades n'a été si véritablement opportune. Cette fois, ils ne m'apportent pas seulement le repos, mais encore un phoque de la grande espèce.

C'est un animal extraordinaire, une sorte d'acrobate des glaces polaires.

Quand il cherche à se sauver, il saute, il fait un tour sur lui-même, il plonge la tête la première tout comme une baleine.

Je crois qu'on le prendrait moins facilement, s'il ne se donnait pas autant de peine pour s'esquiver.

Le jour naissant qui me réjouit augmente mes inquiétudes, car l'esprit illuminé par des clartés soudaines conçoit des rêves curieux et des ambitions inouïes. Si Robert s'est insurgé, je dois l'expliquer par le délire de la lumière.

La splendeur d'une aurore.

Aujourd'hui, je n'ai presque plus de papier. — Je suis obligé d'écrire mes notes avec un méchant bout de crayon tout usé.

Combien je désirerais qu'il me fût possible d'accompagner les Esquimaux. Mais j'ai si froid sous mes guenilles. En outre, je ne peux changer de vêtements, car je ne possède que ce que j'ai sur le corps. Hans et Joe ne pourraient tenir au métier qu'ils font s'ils n'étaient assurés de trouver d'autres habits, s'ils ne pouvaient se dépouiller de ces peaux humides, et s'ils devaient les laisser sécher sur leur corps au lieu de les placer sur la lampe!

Le 25 janvier est le cent troisième jour de notre séjour sur la glace. Il y en a plus de soixante que nous naviguons à bord du glaçon du *Polaris*.

M. Meyer vient me réveiller pour me montrer que le mercure est gelé, dans le thermomètre qu'il a attaché en dehors, et pour m'apprendre qu'il se produit autour de nous une splendide aurore.

Jamais la voûte céleste n'avait été illuminée d'une façon si brillante. Des torrents de flammes insurgées contre la pesanteur s'élançaient vers le ciel. Elles jaillissaient avec une incroyable vio-

lence des crêtes de ces montagnes glacées. Un vent
mystérieux agitait avec fureur leurs pointes den-
telées ; un ouragan incompréhensible régnait-il
dans ces régions inconnues où les aéronautes
n'ont pas pénétré ? Car elles sont encore plus
froides que le pôle nord, et l'air vivifiant, qui ici
nous donne encore la vie, fuit loin des lèvres ! D'où
vient que ce feu s'agite ? Est-il repoussé par une
force incroyable qui siége au-dessus de nos têtes ?

Ce grand bouquet de flammes a servi à Joe. Il
a pu harponner un nouveau phoque de taille très-
décente, qui, ébloui sans doute par tant de clarté,
s'était égaré loin de son trou.

Ma dernière pipe.

J'ai été d'une sévérité, d'une avarice extraordinaire pour économiser mon tabac ! A peine si de
loin en loin j'ai consommé quelques pincées.
Malgré tout ma provision s'épuise. Je vais me
trouver sans ressources !

En avant ma dernière pipe ! Il faut bien célébrer
cette fête de la nature et ce triomphe de Joe, dont
je voudrais partager la gloire, non par jalousie,
mais dans l'intérêt de mon autorité morale.

Notre dernier chien se met sur le flanc en reve-
nant de la chasse ; on ne peut le redresser. Quel-

ques instants après, son œil devient fixe, il râle, il expire !

Cette perte me trouble autant que la mort d'un ami fidèle. Sera-ce le commencement d'autres catastrophes?

On me dit que Toby, le fils de Hans, souffre beaucoup de l'estomac. Hier il n'a pas pu manger de pemmican, cette nourriture des dames esquimaudes était trop lourde pour lui. Il n'y a que les biscuits qu'il puisse supporter, mais nous n'en avons presque plus.

Je commence à avoir faim de livres; maintenant que je ne fume plus, cette privation est intolérable. Aujourd'hui je donnerais une aune d'entrailles gelées à celui qui me trouverait quelques pages imprimées : un vieux bouquin quelconque, quelques débris de vieux journaux mettraient un terme à ma fringale.

Depuis que je navigue sur la glace, je n'ai point eu une seule occasion de voir des lettres moulées. Si j'avais une Bible, je l'apprendrais par cœur; ces nuits interminables me paraîtraient moins longues !

Je commence à douter de moi ; il me semble que mon dernier jour s'approche. Je fais confidence à Joe et à Hannah de mes craintes. Ils cherchent à me rassurer. Je ne demande qu'une chose, c'est que mon journal ne soit pas anéanti, comme moi, en cas de mort, en cas d'assassinat. Je leur fais promettre de cacher mon manuscrit sur leur poitrine,

d'aller à New-York et de le remettre à mes parents
qui le porteront soit à *Harper's brothers*, soit au
Herald; mais il faut que je tâche d'écrire autrement
qu'avec des abréviations et des signes hiérogly-
phiques à mon usage. Sans cela je ne trouverais
pas de Champollion pour me lire.

Les brouillards.

Nous sommes enveloppés dans un brouillard si
épais que le jour ne paraît pour ainsi dire pas. Il
n'est plus question du soleil. Un baleinier qui pas-
serait à cent encâblures de nous ne pourrait nous
voir. Il se briserait sur notre bloc de glace sans se
douter qu'il est habité par des êtres humains. Qui
sait si, sans deviner notre présence, il ne pourrait
point écraser nos pauvres cabanes?

Ce brouillard, c'est l'air chaud du sud qui le
produit en caressant notre banquise. Ces rocs de
glace qui paraissaient éternels ne vont pas tarder
à ressentir les effets de ces vents qui nous viennent de la patrie. L'air d'Amérique va dissoudre
ces blocs inouïs qui nous barrent notre chemin.

Les Allemands le comprennent; ils ont l'oreille
basse; ils sont calmes, recueillis, paisibles. Ils
pensent que leur « terre promise » est perdue pour
toujours; ils commencent à considérer comme suf-

fisante toute glace qui leur fournira quelque chose à manger. Peut-être reviendront-ils à de meilleurs sentiments avant que nous soyons dégagés.

Cette fois, les fissures ne sont point limitées à la croûte qui s'est formée cet hiver; on peut les suivre dans les parties les plus épaisses du radeau.

Voilà d'énormes blocs qui se détachent de la banquise; d'étonnantes montagnes soudées à notre île s'en séparent. Elles flottent de conserve avec nous, comme si elles nous quittaient à regret. Merci mille fois de cette sympathie! Si un coup de vent les poussait de notre côté, nous serions écrasés.

Hannah et Joe sont tranquillement assis à la lueur de la lampe; ils jouent aux dames. J'ai tracé leur damier avec mon crayon sur un morceau de toile à voile, et leurs pions sont de vieux boutons de culotte! Ils jouent, peut-être est-ce la dernière fois. Laissons-les s'amuser tranquillement, ne troublons pas cette joie *in extremis*, quasi funéraire.

La partie est finie. Joe embrasse sa femme et la petite Puney. Il sort avec une tranquillité épique. Qui sait s'il nous reviendra? Être dehors au milieu d'une pareille tempête! Mais il faut bien chercher des phoques! Puney avait faim tout à l'heure; je l'ai vue qui cherchait à cacher ses larmes. Elle s'est détournée de mon côté pour que Joe ne la vît pas sangloter de douleur. Mais Joe a senti ces pleurs; c'est pour cela qu'il s'est décidé, le brave père; c'est pour cela qu'il va affronter la mort.

Il faut préparer le bateau pour que l'on puisse le mettre à l'eau en un clin d'œil ; au moindre cri, nous sommes là !

De l'embarcation que nous avons perdue, j'ai sauvé la quille. Cette pièce de bois pourrait être utilisée à donner plus de stabilité au canot qui nous reste.... Mais est-il possible de travailler avec un froid pareil et les outils misérables que nous avons pu conserver ?

Misères et splendeurs.

L'autre jour, je suis entré dans la hutte de Hans, et la vue de la misère des enfants m'a presque fait évanouir ! Augustina n'a que douze ans, mais elle sera bientôt aussi grande que sa mère. C'est une belle fille dans toute sa force de croissance, qui est pâle, affaiblie ; on la dirait devenue poitrinaire. Elle grignotait d'un air désespéré quelques débris dont on avait tiré l'huile pour la lampe. Tobie avait la tête sur la poitrine de sa sœur ; enveloppé dans une peau, il ne faisait aucun mouvement. La petite Julie criait de faim. Quant à Bébé, il était enveloppé dans le capuchon de sa mère, comme un jeune kangourou dans la poche que la nature a disposée pour lui servir d'asile.

La tempête continue à briser la glace. Le vent

la coupe mieux qu'on ne ferait avec un couteau, mais le froid est tel qu'aussitôt que deux glaçons se rencontrent, ils se rivent l'un à l'autre. Il suffit de l'eau dont la vague les a couverts pour faire la soudure. Si l'Océan n'avait ainsi guéri les blessures qu'il a faites à notre île, il y a longtemps qu'elle aurait disparu ! La géographie du glaçon du Polaris change chaque jour ! Que dis-je? d'heure en heure !

Le thermomètre de M. Mayer ne marque plus que 15 degrés au-dessous de zéro, le 3 février; mais ce radoucissement de la température a failli nous coûter cher. Il est tombé tant de neige que nous avons failli être étouffés. Il a fallu travailler pendant des heures pour dégager la route que doit suivre notre haleine !

Le ciel se mariant avec la glace, voilà ce qu'est notre horizon. C'est un spectacle effrayant, terrifiant, ahurissant, mais je ne peux m'empêcher de l'admirer ! Que diraient-ils s'ils étaient transportés sur notre étrange vaisseau, ceux qui se sont écriés au pied du Vésuve : *Voir Naples et puis mourir!*

Quand le soleil éclaire nos montagnes de glace, elles décomposent et distillent sa lumière; elles ne reçoivent que des rayons et elles nous rendent l'arc-en-ciel; elles ne sont frappées que par une lumière uniforme et elles renvoient dans tous les sens les plus riches couleurs de l'iris. Il n'y a pas de teinte éthérée qui ne scintille à nos regards ! Ces rubis gigantesques, ces immenses colonnes de saphir, ces crêtes interminables d'émeraude nous enthousiasment, nous ravissent, nous pauvres morts de faim ; ils ressuscitent nos squelettes ambulants. Ces merveilles de clarté féerique nous font oublier les lames qui rongent notre glaçon, l'Océan qui guette sa proie comme Joe et Hans attendent les phoques un harpon à la main ! Nous serons livrés, anéantis, détruits, au moment où nous atteindrons les régions du salut. La mort embusquée au dernier défilé va nous saisir ! Ce tableau splendide serait la préface de notre dernier jour, que mon dernier cri serait un élan d'enthousiasme !

Quelle variété infinie dans l'histoire des glaces flottantes que j'embrasse d'un seul coup d'œil ! J'ai sous les yeux des représentants de tous les glaciers du Groënland ! Quelques-uns de ces monstres sont restés échoués sur le rivage pendant des milliers d'années, près de la falaise où ils sont nés, attendant qu'une haute marée extraordinaire les soulève et les lance au large ! Que de fois ils ont échoué de nouveau ? Que de couches de glace océanique surmontent le noyau primitif d'eau douce ! Ces blocs dont la suspension est un mystère, et qui se tiennent au sommet d'une obélisque comme un jongleur au haut de son échelle, ont flotté jadis sur l'Océan. C'est la banquise, qui, en se soulevant brusquement, les a saisis et perchés à cette étonnante hauteur.

Ces autres fragments qui roulent pêle-mêle sont produits par l'éboulement d'un pic détruit en moins de temps qu'il n'en faut pour le voir s'ébouler. Notre regard épouvanté erre sur les débris d'un abordage qui nous eût pulvérisés, nous et nos cabanes!

On dirait que la main d'un architecte intelligent a voulu imiter les Montagnes Rocheuses! Voilà une cathédrale gothique qui ressemble à la vieille église de Boston! N'est-ce pas là-bas une portion du portique du Capitole? On dirait à côté une fraction de la Maison-Blanche.

Les nuages ont des formes moins arrêtées et surtout moins anguleuses, mais leur aspect n'est pas plus riche en changements à vue. Nous flottons au milieu des plus splendides paysages du monde, du véritable kaléidoscope de la nature. Mais nous sommes à la veille d'expirer de misère. Joe et Hans ont vu des fissures, mais nulle part de phoque! Pas le moindre verre de sang à boire!

Le glaçon du Polaris se ramollit.

Le 5 février Joe a touché trois phoques, il n'en a apporté qu'un. Je me décide à le suivre. — Si cela continue, je deviendrai chasseur émérite. J'ai aidé à porter le kyak de Hans et je n'ai point perdu un mouvement de la scène à laquelle j'ai assisté pendant qu'il faisait jour.

Le phoque, un jeune adolescent, avait commencé par mettre le nez à son trou, j'allais dire à sa fenêtre. Puis ébloui sans doute par le jour, il a allongé la tête. Comme nous nous sommes bien gardés de souffler, aucun bruit alarmant ne l'a tiré de son extase. Il est sorti de l'eau très-lentement, et en vrai sybarite il s'est étalé sur la neige pour jouir du soleil.

Joe n'a pas craint de troubler cette volupté en lui envoyant une balle dans la tête. Comme le pauvre animal ne bougeait plus, il a confié à Hans le soin de ramasser le cadavre. Hans s'en est acquitté avec adresse, et non sans quelque danger, il faut le dire à sa louange, car la glace était si mince qu'elle n'aurait pu porter le poids d'un homme. Le kyak, reposant sur une plus grande surface que des pieds humains, n'entra pas une seule fois dans l'eau. Hans, se balançant de tout son corps, prenait son point d'appui sur sa rame qu'il appuyait avec force sur la banquise. A chaque coup le sol craquait, mais à chaque coup Hans avançait d'une demi-encâblure. Il lui a fallu plus de cinq minutes de travail pour faire un chemin de soixante à soixante-dix mètres.

J'avais toujours peur que le phoque ne fût qu'engourdi, qu'il ne disparût au moment où Hans allait mettre la main dessus. Mais Joe me rassurait en disant qu'il est sûr de ses coups et qu'il n'a pas pu le manquer. « Du reste, ajoutait-il dans son mauvais anglais si expressif, cela porte

malheur de tirer sur un phoque déjà mort. » Voilà
une superstition qui convient à de bons chasseurs
pour lesquels la poudre est rare. Il est vrai que,
pendant les longues nuits de l'hiver, ce préjugé a
bien pu nous coûter quelques phoques qu'on aurait eu très-probablement beaucoup d'avantage à
tuer *une seconde fois*.

En rentrant, je m'aperçois que la petite Puney
ne crie plus ; elle s'amuse avec un couteau à percer un trou dans la neige qui nous abrite. C'est la
première fois que je vois l'enfant se livrer à ce
passe-temps ! Évidemment la pauvrette s'est aperçue que notre glace commence à se fondre, et elle
en profite pour se distraire.

La glace se ramollit, elle va donc se fondre ?

Cette idée me fait dresser les cheveux sur la tête ;
cependant il faut m'y habituer, c'est ainsi que fi-
nira notre croisière. Un orage venant du Sud mettra brusquement en lambeaux notre banquise ! Les
blocs qui aujourd'hui nous abritent contre la brise
viendront bientôt faire chavirer notre barque ;
mais s'ils nous épargnent, faudra-t-il nous en fé-
liciter ? Si nous échappons à ce cataclysme qui chaque jour s'approche, où irons-nous ? Que deviendrons-nous sans boussole, sans autre guide que
ma faible expérience ?

Nous tuons les premiers narvals.

Le 9 février, je déjeune avec un merveilleux morceau de peau de phoque. — Je ne dédaigne plus, comme je le faisais si longtemps, de boire le bouillon, qui ressemble à de la délicieuse eau de vaisselle.

Ce qui double mon appétit, c'est de voir que le vent, quoiqu'il vienne du sud, ne nous fait cependant pas retourner vers le nord.

L'ouragan se modère dans la seconde partie de la journée. En attendant que nos craintes se réalisent, Joe a découvert dans le voisinage de notre habitation de l'eau libre. Elle était pleine de narvals. Chacun de nos deux chassseurs dit en avoir touché un; mais ces narvals ont fait le plongeon comme les autres, et bonsoir!

Je suis occupé à faire ma toilette du matin, je m'arrange les cheveux avec le méchant peigne d'Hannah.

Je dois noter que le 7 février nous avons découvert une manière assez ingénieuse de conserver notre sang de phoque : c'est de le faire geler en l'exposant à l'air.

Le jour commence à huit heures; il dure jusqu'à quatre.

Voici un nouveau gibier qui se montre, le narval. Ce grand et beau poisson nage toujours en troupe : aussi faut-il espérer que nous pourrons prochainement le faire figurer dans notre ordinaire.

Hans et Joe en ont touché chacun un. Mais les deux victimes semblent s'être donné le mot pour couler bas l'une et l'autre avant qu'on ait pu les joindre.

Ces animaux prennent un malin plaisir à nous *voler* leur dépouille. On ne voit plus de phoques; faut-il croire que les narvals les épouvantent?

Je ne suis pas tout à fait opposé à cet avis, car si j'étais phoque, il me semble que je n'aimerais pas à me trouver à la portée de cette longue épée d'ivoire. Sans avoir eu besoin de leçons d'histoire naturelle, j'aurais peur d'être empalé par le porteur d'un nez pareil.

Depuis que le soleil est revenu, j'ai établi par semaine un jour de nettoyage. Toute l'eau vaporisée par notre cuisine ou produite par nos poumons va se condenser sur la tapisserie de notre hutte. Il se forme au plafond comme des stalactites qui quelquefois se détachent, tombent sur nos figures, et nous réveillent de la façon la plus désagréable. Nous grattons toute la surface de nos toiles, et ces glaçons incommodes se précipitent sur le tapis, qui n'est autre qu'un vieux morceau de toile à voile recouvrant notre plancher de glace. Quant à ce tapis, je le fais secouer maintenant tous les jours. Il est constellé de taches de graisse, de sang, de débris de toute nature. — Je me demande comment nous pouvons faire pour vivre dans un milieu pareil.

Tout d'un coup j'entends crier : « Mon kyak ! mon kyak ! » C'est la voix de Joe ; nous courons, pensant qu'il avait enfin accroché un narval.

Pas du tout ; il a tué deux phoques d'un seul coup ; il nous en apporte un attaché à l'arrière de son kyak ; il a traîné l'autre sur la glace où nous l'allons prendre sans difficulté.

Il était temps d'avoir ce renfort de vivres, car la température était si basse que tous les hommes ont eu le bout du nez gelé ; cela ne m'étonne pas, parce que Hans, qui doit être un dur à cuire, a perdu toute la peau de son visage.

Jamais nous n'avons été aussi tristes. Nous ne sommes plus à moitié engourdis, comme lorsque nous vivions dans les ténèbres.

La lumière du soleil n'a pas frappé simplement notre prunelle ; elle a pénétré dans toutes les profondeurs de notre être.

Nous sentons des appétits nouveaux d'air, de clarté, d'espace !

Tout nous paraît hideux dans le taudis où nous sommes restés entassés pendant un si long laps de temps. Un impérieux besoin de locomotion agite nos membres !

Si jamais homme a éprouvé sur la terre les tourments de ce que Milton appelle si poétiquement et avec tant de vérité *l'enfer de glaces*, je crois que c'est moi ; je n'ai pas sur la banquise un seul compatriote, tous mes compagnons sont étrangers. Personne ne peut me donner un conseil. Quelle lourde responsabilité que de commander une bande d'hommes indisciplinés ! Je ne peux les faire obéir que quand cela leur plaît, ni les obliger à ne pas détruire tout ce qu'il leur est possible d'atteindre.

Je répare de mon mieux mes vêtements usés, car je veux aller à mon tour à la chasse, mais il me faut une carabine. Je finis par m'apercevoir qu'un de mes hommes a pris l'arme du capitaine Hall. Il est si maladroit qu'il l'a brisée, sans avoir jamais cherché à en faire usage. Je trouverais cependant moyen de l'utiliser ; je l'arrangerais, — mais il refuse de me la donner et les autres le soutiennent.

Le 13 février, je rentrais de faire ma provision de glace d'eau douce pour la boisson ; je revenais avec de beaux morceaux, bien transparents, bien limpides, quand le vent se déchaîna avec une fureur inouïe. — Une minute plus tard, entourés d'eau gelée, nous mourions de soif, car j'étais obligé de jeter mon fardeau pour ne pas être enlevé. La glace ordinaire est saumâtre, je ne m'en sers que pour la soupe.

Le lendemain, un rayon de soleil passe à travers notre petit carreau de peau. C'est la première fois que cela arrive. Il y a quatre mois que nous sommes sur le *glaçon du Polaris*.

Il est midi. Ce messager de lumière me fait un plaisir inouï. Mais en même temps il me montre à nu notre misérable, notre déplorable position ! Tout est si laid, si sale dans notre tanière !

La fièvre du printemps saisit les Allemands eux-mêmes. Leur égoïsme fond sous leur épaisse écorce. Ils se décident à faire un nettoyage général. Je me demande comment ils ont pu s'y prendre pour tirer de leur tanière un si étonnant tas d'ordure. Je vois sur la neige, après cette opération repoussante, une charretée de débris infâmes !

Je brûle mes premières cartouches.

La petite Puney est transformée par ce grand jour ! Elle devient véritablement charmante, cette fleur de glaciers sauvages.

Elle me regarde avec une attention curieuse qui m'embarrasse, puis elle s'écrie : « Mais on ne voit que vos os ! »

Le 14 février, au soir, il tombe de la neige avec une force incroyable. Les Esquimaux, qui connaissent les habitudes des amphibies, se précipitent dehors. Ils ne tardent point à revenir avec un phoque !

Neige et vent, vent et neige, voilà notre ordre du jour ! Cependant je me suis juré à moi-même que je sortirai avec les Esquimaux vers le milieu de février ; je ne veux pas me donner un démenti et me délier de ma promesse.

Je me lance, non sans sentir mon cœur de marin battre plus vite qu'à l'ordinaire, dans cet incroyable chaos.

Mes deux braves compagnons me soutiennent quand je vais tomber. Ils m'arrêtent là où commence le précipice. Ils flairent la crevasse qui, si je fais un pas de plus, va m'engloutir. Ils me tirent du sillon de neige où je suis sur le point de disparaître.

Un chasseur comme moi, protége les phoques qu'il empêche de poursuivre.

Je rentre gelé jusqu'à la moelle des os, en admettant cependant que dans mes os il y a encore de la moelle.

Je me promets de ne plus sortir, mais j'ai goûté le grand air. Je ne peux plus rester captif. Je finis mon ouvrage domestique, mon nettoyage quotidien, de grand matin. A deux heures, je suis prêt, avec la carabine que l'on m'a prêtée.

Avant de partir, je ne puis résister au plaisir de donner à la petite Puney une portion de mes économies de vivres, car lorsqu'il y a du phoque, je ne touche ni au biscuit, ni au pain, ni à rien ; c'est pour moi une affaire de principes !

La joie de l'enfant me fait plus de plaisir que si j'avais dévoré les friandises dont elle fait ses délices !

Je me porte mieux que la veille. Désormais je suis en état de marcher seul.

Au nord-ouest, à environ deux milles de distance, je vois de l'eau. Je me dirige de ce côté. C'est une bien bonne place pour chasser. Il n'y manque que du gibier. J'y fais une pause de deux heures sans trop souffrir de la température; cette bonne Hannah m'avait aidé à boucher tant bien que mal les trous de mon pourpoint; mais quand le vent se lève, j'ai si froid que je déserte. J'ai eu le plaisir de voir à distance deux narvals prenant leurs ébats. Je n'aurais pu les tirer sans trop grand danger de perdre une charge de poudre.

Joe a tué un dovekie, et un des hommes en a tué deux; ces petits oiseaux aux pieds palmés pèsent quatre onces. Ils poussent un cri plaintif, quand ils piétinent dans l'eau provenant de la fonte des neiges. Ils ont l'air si malheureux, quand on les compare à la mouette et à l'albatros, que l'on serait tenté de les épargner si on pouvait avoir pitié dans la position où nous nous trouvons.

J'inscris dans mon carnet une note caractéristique : « 18 *février*. — Je viens de me servir mon plat de pemmican. En l'avalant, mes lèvres touchent quelque matière étrangère : c'est un morceau de tripes. »

Cette pauvre Hannah avait fait cuire des tripes pour déjeuner, et elle a négligé de nettoyer la casserole. Je dois lui savoir gré de cette omission, car ne vous imaginez pas qu'on la passe à l'eau, notre vaisselle ; nous n'avons pas sur toute la banquise une seule lavette. C'est avec nos doigts que nous récurons nos ustensiles. Les vrais Esquimaux s'y prennent plus adroitement que nous pour entretenir leur batterie de cuisine ; ils les nettoient avec la langue.

De temps en temps la côte se montre du côté de l'ouest.

Il n'y a pas à douter, nous la voyons à une distance qui ne dépasse pas trente-huit ou quarante milles. J'ai assez couru ces mers pendant douze ans ; je ne me trompe point, nous avons sous les yeux le cap Seward. Quel malheur que la glace ne soit pas plus solide !

Le soleil, que je me réjouissais d'apercevoir, est notre ennemi à cette heure. Son action est impuissante pour nous délivrer, mais suffisante pour nous empêcher de fuir.

Les Allemands sont moins engourdis, mais leur réveil se manifeste par des excès sur lesquels je ne peux fermer les yeux. Joe revient avec un phoque de petite taille. Les Allemands s'en emparent et le coupent en huit parts.

Faut-il lever l'étendard de l'insurrection de l'autorité légitime contre la révolte qui règne en souveraine à bord du *glaçon du Polaris ?*

Le phoque est dévoré, que gagnerais-je.

Prenons bien nos mesures pour qu'on ne nous vole pas notre prochaine pitance ! La leçon que nous venons de recevoir vaut bien un morceau de lard.

Plus de gibier.

Je ne dis rien et j'engage Joe à la patience. Le moment critique s'approche. La glace qui nous porte va disparaître d'un jour à l'autre.

Le grand intérêt de tous c'est de travailler à la réparation du bateau.

Souffrons tout plutôt que de troubler une œuvre réelle, indispensable, par des réclamations aussi inconsidérées en fait qu'elles peuvent être fondées en droit; faisons de l'opportunisme véritable.

Sachons attendre. Hans a tué douze dovekies; en les grignotant, qu'est-ce qui n'oublierait pas le phoque d'hier, et ne prendrait point patience?

C'est le 21 février seulement que le thermomètre dépasse pour la première fois le point de fusion de la glace.

Le soir la chaleur s'accentue, et nous montons à *trois degrés* du bon côté, celui de la chaleur.

Mais notre provision de vivres est loin de suivre le même mouvement ascendant.

Nous n'avons plus que deux sacs de biscuit et trois caisses de pemmican.

Le gibier paraît dérouté par ce changement de température. Il se cache de nouveau.

Faudrait-il n'avoir fait tant de chemin que pour mourir de faim ? Dieu ne complétera-t-il pas son miracle, après s'être tant avancé ?

Je ne dois pas me faire d'illusions ; en réalité, notre situation est désespérée. La glace est dans un état affreux ; je ne peux faire passer dans l'esprit des hommes une confiance que je n'ai point.

Ils sentent que la mort est proche ; aucun n'ose la regarder en face.

Leur faiblesse corporelle n'est pas moindre que leur infirmité intellectuelle, en voici la preuve : aujourd'hui j'ai tué un phoque, à environ un quart de mille de nos huttes ; mais il était dans l'eau, hors de ma portée ; je montai sur une éminence et je criai de toutes mes forces : « Le kyak ! le kyak ! » Comme ma voix est encore forte, les hommes m'entendirent et ils s'empressèrent de m'obéir. Mais un kyak, qui est si léger, était trop lourd pour un d'eux ; ils se mirent à trois pour me l'apporter, et quand ils arrivèrent, ils étaient harassés de fatigue. Un peu auparavant, je les ai aperçus qui essayaient de remuer la chaloupe, peut-être pour se rendre compte de ce qu'ils pouvaient tenter. Ils étaient trois ou quatre ; à peine s'ils purent la faire bouger, et cependant elle était vide.

Aujourd'hui, 22 février, dans tous les États-Unis, il y a des revues, des bals, des banquets, des feux d'artifice pour célébrer le jour de la naissance de Washington. Nous devrions au moins hisser le pavillon pour nous joindre de notre mieux à la cérémonie, car, maintenant, il n'y pas de banquet à faire. Mais pourquoi hisser un pavillon qui n'a aucune valeur pour les étrangers qui sont avec moi? Est-ce qu'ils savent ce qu'est Washington? Qu'est-ce que la naissance de Washington peut leur faire?

Le 27 février, il fait un vent terrible qui menace de nous enlever; cependant je sors avec les indigènes. Je brave cet épouvantable ouragan par devoir. Il faut que les hommes prennent confiance, et c'est moi qui suis chargé de leur inspirer ce sentiment sauveur: *commandement oblige*. Je dois leur montrer que je ne crains pas de m'exposer à la mort, afin de diminuer leurs souffrances.

Les petits oiseaux nous sauvent.

Nous avons couru toute la journée sans rencontrer ni phoque, ni narvals, ni *dovekies;* c'est une malédiction.

Mais le lendemain une surprise nous attend. Un ours a passé près de notre cabane.

Jamais visite d'un ami ne m'a fait plus de plaisir.

Ah! le cher ours, s'il pouvait reparaître, comme je le recevrais avec une balle dans l'œil!

Je suis sûr de mon coup....

Mais nous avons beau regarder dans la direction des traces. Il est parti. L'ours a fait le plongeon.

Où est celui qui parlerait de l'attendre?

Nous serions navrés, si pour nous consoler nous n'avions ramassé trois douzaines de dovekies. Nous en donnons une à chaque enfant; les autres en ont deux par tête.

Je veux remonter le moral de mon monde.

C'est un repas d'extra. Il y aura une distribution de vivres comme à l'ordinaire.

Je ne fais pas donner de pain dont nous nous passerons magnifiquement, nous mangerons en sauvage.

Je ne suis pas bien sûr que nous ayons laissé toutes les plumes.

Le mois de mars commence comme un mois d'hiver, par un coup de vent du nord et par un remords.

Si nous n'avions pas été trop gloutons, nous aurions encore quelques oiseaux à nous mettre sous la dent.

Mais hélas! notre seule ressource est de boire ce matin l'eau qui a servi à cuire notre chasse d'hier; un peu plus, nous jetions, dans un moment d'enthousiame, ce bouillon qui, quoique bien maigre, vaut mieux que de l'eau pure.

Joe, Hans, moi et deux des hommes nous partons en chasse; nous avons encore une chance meilleure qu'hier. Nous tuons en tout soixante-dix dovekies. Nous allons nous refaire. Mais la chair de ces oiseaux n'a pas la même qualité que celle du phoque. Nous persistons à ne pas faire d'économies autres que celle de la ration supprimée.

Nous prenons un phoque barbu.

Le 2 mars est un jour de grande victoire.

Joe fait le meilleur coup de la campagne. Il tue un monstrueux oûgiouk, un phoque barbu de la plus grande espèce. Tout le monde doit s'y mettre pour que l'on arrive à le traîner jusqu'aux huttes. Je ne chercherai pas à décrire le sentiment qui nous anime quand ce transport est fini. Il faut avoir été sur le point de mourir de faim pour comprendre notre enthousiasme.

Hannah n'avait plus que deux morceaux de lard, à peine assez pour entretenir la lampe pendant deux jours. Hans n'en avait plus que pour un jour. Les hommes avaient usé toute leur part.

Ce gigantesque oûgiouk, tué si bien à propos, est le seul que nous ayons vu. Peut-être est-ce le premier qui soit sorti des abîmes océaniques, pour répondre à l'attraction que le soleil exerce sur tous les habitants du ténébreux empire de Neptune! Je crois qu'il doit peser six à sept cents livres. Nous en tirerons de cent vingt à cent cinquante litres d'huile.

On a bien tué quelques dovekies, mais on les

regarde à peine. Un seul oûgiouk pèse à lui tout seul plus que trois ou quatre mille de ces misérables oiseaux.

A partir de cet heureux jour, nous ne mangeons plus de pain ni de pemmican ; la chair d'oûgiouk est notre seule nourriture.

Nous réservons la « nourriture civilisée », comme nous commençons à l'appeler, pour les jours où il pleuvra et où nous aurons besoin de nous distraire en faisant bombance.

Les hommes, après un si long carême, ne peuvent modérer leur appétit. Je me garde bien de les mettre à la ration. Je suis heureux de voir qu'ils reprennent des forces, car nous allons avoir besoin d'énergie. La période de la résignation, de la passivité, approche de son terme.

On peut dire que l'on mange et que l'on fait la cuisine nuit et jour. Nous avons imaginé de faire des cervelas d'oûgiouk ; nous employons la peau des intestins d'oûgiouk comme enveloppe et nous bourrons cette peau avec de la graisse et de la viande bouillie. Nous servons ces cervelas à déjeuner ; il nous manque, il est vrai, de l'ail.

Notre oûgiouk était une femelle, et nous avons mangé avec beaucoup d'appétit ses mamelles. Elles étaient délicieuses, quoiqu'elles ne fussent point encore distendues et gonflées comme lorsque les mères commencent à allaiter leurs petits.

J'ai oublié de dire que l'animal mesurait sept pieds neuf pouces de la tête à la queue. En ajoutant la nageoire de derrière, qui n'est pas elle-même à dédaigner, et que les gourmets d'Amérique apprécieraient s'ils pouvaient l'avoir fraîche, on arrive à la longueur totale de neuf pieds.

Nos huttes ressemblent maintenant à un abattoir ; on ne voit partout que de la viande, du sang, des entrailles. Nos mains et nos figures sont toutes rouges ; quelqu'un qui nous rencontrerait nous prendrait pour une tribu d'animaux carnassiers occupés à dévorer notre proie. Il ne se tromperait guère[1].

1. Les différences que l'on constate dans l'appétit des différents peuples du monde, est une affaire de climat. Les Anglais qui vivent dans l'Inde en font involontairement la triste épreuve. Ils sont obligés d'avoir recours à du piment et à des condiments terribles pour pouvoir digérer les grasses viandes dont ils font leurs régals en Angleterre.

L'homme sage fera en cuisine ce que Descartes engageait à faire dans la conduite politique. Il se conformera aux mœurs et aux habitudes des Indigènes, tout en les perfectionnant à l'aide de son expérience personnelle.

Aussi les personnes qui feront partie de la colonie américaine du pôle nord, doivent-elles s'attendre à vivre à la groënlandaise. Il faut que ce soient de robustes mangeurs, d'excellentes fourchettes, dont l'estomac puisse digérer une masse considérable de substances alimentaires très riches en azote et surtout en carbone. Nous avons essayé de faire comprendre cette nécessité dans notre *Conquête du pôle nord*. C'est avec la plus vive satisfaction que nous voyons ces idées adoptées par le capitaine Howgate, qui envoie la *Florence* recruter une douzaine de familles esquimotes pour servir de domestiques, et de professeurs de cuisine sur les bords de la baie de Lady Franklin.

Il faut que les hommes intrépides qui s'apprêtent à braver tant de dangers soient avant tout des élèves distingués de Brillat-Savarin ou du baron Brisse.

CHAPITRE X

On me fait l'aumône d'une pipe de tabac. — Une tempête sur le
glaçon du *Polaris*. — Les hommes sont empoisonnés. — Prisonniers sur un fragment de glaçon. — La mort d'un mélo-
mane. — Nous saluons la première baleine.

On me fait l'aumône d'une pipe de tabac.

Je connais beaucoup de personnes qui croient
se rendre agréables au ciel en criant contre l'u-
sage du tabac. Dieu veuille que jamais elles ne
soient obligées de vivre comme nous ! Hélas! elles
se rendraient trop bien compte du plaisir que procure une malheureuse pipe. Il y a longtemps que
j'ai épuisé ce qui se trouvait dans ma blague lorsque nous avons quitté *le Polaris*. Mais les hommes
ont été mieux avisés. Ils ont ramassé tous les paquets qu'on avait lancés sur la glace, et accaparé
des provisions qui sont encore abondantes.

Leurs grandes pipes de porcelaine allemande n'ont pas chômé un seul jour. Hier ils ont fumé du matin jusqu'au soir.

Aucun d'eux n'a eu l'humanité de m'offrir l'aumône de quelques feuilles, ni même d'une pauvre chique.

Joe, qui n'a que de pauvres provisions, est meilleur camarade. Il a si peu de tabac que je n'ose lui en demander; il vient de lui-même, en l'honneur de feu l'oûgiouk, de me régaler en m'offrant de quoi bourrer deux fois.

Cette fumée m'a excité. J'ai eu des pensées que m'aurait enviées un fumeur d'opium.

Mais le soir je retombe dans mes réflexions misanthropiques.

Je ne peux résister à la lassitude intellectuelle; le dégoût s'empare de moi, au moment peut-être où va venir la délivrance. La vie est-elle réellement digne des combats que nous allons livrer contre les éléments afin de prolonger notre existence? Le vent, le froid, la neige, tout est contre nous.

Pourquoi lutter avec tant d'ardeur? Ne vaudrait-il pas mieux, par un coup hardi, finir tant de misères?

Mais Dieu n'a-t-il pas condamné le suicide comme un crime?

Et la patrie! et ceux qui nous attendent au foyer domestique! Allons, courage! désespérer c'est être lâche! S'il faut succomber, nous saurons au moins mourir bravement. Nous périrons en vrais fils de Washington.

Une tempête sur le glaçon du Polaris.

Il était temps de prendre une résolution héroïque, car je suis réveillé par une tempête d'une violence inouïe. Le bruit des vagues est aussi fort que celui des roues d'un bateau à vapeur. Cet ouragan est accompagné de tourbillons de neige. Il faut encore une fois sortir de notre retraite pour arriver à ne pas perdre la vue du soleil. Si nous avions dormi trop longtemps, nous ne nous serions réveillés que dans l'autre monde ! Nos cadavres auraient continué notre sommeil dans les profondeurs de l'Océan.

Pendant toute cette bourrasque, la glace craquait et se disloquait. On entendait des bruits semblables à un lointain tonnerre. Ces sons terribles sont le présage du prochain démembrement de la banquise. La nuit dernière, j'ai même reçu plusieurs chocs. Je crois qu'ils proviennent de ce que nous avons submergé des morceaux de glaces flottantes, elles glissent en grinçant jusqu'à ce qu'elles arrivent à un trou par lequel elles s'élancent alors, elles se redressent et frappent brusquement notre sous-sol avec une violence proportionnelle à leur masse. Un morceau de glace submergé se relève avec une force égale à la dixième partie de son poids, or quelques-uns de ces débris errants, libérables par un mouvement imprévu, pèsent des millions de tonnes.

Les fractures le plus à craindre sont celles que produit la collision de deux banquises se rencontrant avec des vitesses et des masses suffisantes pour broyer un navire. Comme il gèle toujours, ces blessures se cicatrisent le plus souvent ; mais il peut arriver que le centre de gravité d'un glaçon se déplace par suite de l'amputation qui résulte d'un si effrayant abordage ; tel monticule qui était à grande distance de la mer se trouve en un instant submergé. Telle éminence ensevelie sous l'eau se redresse plus vite que si un feu caché la lançait dans les airs. Si une pareille catastrophe nous arrivait, nous serions noyés dans nos trous. Notre vie serait éteinte en même temps que nos lampes ! Cette pensée me fait dresser les cheveux.

Ces bruits terribles qui se produisent dans l'abîme m'ont tiré plus d'une fois de mon sommeil. Plusieurs fois j'ai cru que la catastrophe était arrivée, que notre glaçon du *Polaris* se brisait en fragments, en atomes !

Non, je ne peux essayer de décrire le cri de la glace qui se déchire. Jamais deux mugissements qui se ressemblent ! Jamais deux explosions pareilles ! Tantôt on croirait entendre les beugle-

ments d'un taureau gigantesque, les hennisse-
ments d'un éléphant en colère; tantôt une voix
argentine frappe l'oreille. On dirait un chant humain, un hymne sorti du gosier des anges !

Joe et Hans ont pu sortir pour trouver de l'eau,
mais tout ce qu'ils ont pu faire a été de tuer deux
dovekies !

Les hommes sont empoisonnés.

Quand nous avons pris l'oûgiouk, je me suis
rappelé que son foie comme celui de l'ours blanc
est un poison véritable, surtout chez l'animal
adulte. Ainsi j'ai prévenu les hommes de n'y pas
toucher. Mais nos matelots, qui savent combien
le foie du phoque commun est un manger délicat, ont cru que j'avais envie de confisquer celui de
l'oûgiouk pour mon usage personnel.

Ils se sont donc emparés de ce précieux morceau. Enchantés du tour qu'ils me jouaient en me
privant d'un mets aussi rare, ils s'en sont régalés
pendant les dernières tempêtes.

J'étais dans la hutte hier, lorsque je vois entrer
l'un de ces voleurs, il avait une mine affreuse. Il
faut que l'on soit bien malade pour qu'il y paraisse
sous la crasse accumulée pendant cinq mois, car
personne n'a eu l'idée de se laver une seule fois

depuis que nous naviguons avec le glaçon du *Polaris.*

En y regardant d'un peu plus près, je vois que le malheureux a la figure toute criblée de taches blanches.

« Que voulez-vous? me dit-il, c'est le foie de l'oûgiouk qui fait le diable dans mon corps! »

Je m'aperçois alors du larcin. Au lieu de faire de la bonne huile on avait empoisonné l'équipage.

Tous les hommes qui ont mangé de ce maudit morceau ont été malades d'une façon plus ou moins grave. Ils ont perdu la peau de leur figure, de leurs mains et de leur poitrine. S'ils recommençaient, ils feraient peau neuve, ce qui n'est point agréable par un froid pareil.

Prisonniers sur un fragment de glaçon.

C'est le 11 mars, après une nuit d'anxiétés, que la glace s'est rompue. Nos craintes se sont réalisées. Nous sommes encore en vie, mais le glaçon du *Polaris* n'est plus qu'un souvenir! Heureusement la fissure s'est arrêtée à vingt mètres de nos huttes. Notre maison de neige est maintenant à quelques pas de l'abîme. La dislocation de ce reste de banquise peut nous en chasser d'un instant à l'autre. Pendant que les autres essayent de dormir au son de cette musique horrible, de ces raclements furieux, nous nous plaçons, Joe et moi, en vedette, veillant à la sûreté de tous.

Nous restons ainsi sur pied pendant vingt-quatre mortelles heures.

Notre reste de glaçon se rétrécit d'instant en instant. Je viens de le mesurer; il n'a pas plus de cent vingt pas dans sa plus grande longueur, et cent pas dans sa moindre largeur!

Nous ne montons plus un bâtiment dont le tonnage effaçait celui du grand *Voltigeur Hollandais*.

Nous sommes réfugiés sur un glaçon chaloupe!

Les montagnes se précipitent sur nous avec une furie inconcevable.

Nous autres aussi nous sommes lancés avec une violence prodigieuse. C'est la glace qui écrase et brise la glace, et par ces chocs effrayants accélère le moment de la débâcle. Les banquises seraient trop longues à fondre si le glaçon n'était l'ennemi du glaçon, le pire après le soleil.

Malgré le spectacle terrifiant auquel nous assistons, il faut songer à vivre. Nous qui pouvons périr engloutis d'un instant à l'autre, nous fusillons sans miséricorde tout être vivant que nous rencontrons.

Dans des conditions si épouvantables, la journée est bonne: Joe a tué deux phoques, Hans et moi chacun un, en tout quatre phoques.

Ce vent terrible vient du nord-est. Si toutes ces glaces ne rayonnaient un froid furieux, nous aurions positivement chaud, car le soleil se montre, et nous ne pourrions supporter nos hideuses fourrures. Certainement l'hiver est fini ; c'est avec sa mauvaise queue que nous avons actuellement à nous débattre.

Hier M. Mayer a pris une observation. Il a trouvé comme latitude 64° 32'. Cette fois je pense qu'il n'a pas tort. Ce calcul nous placerait à l'est du détroit de Cumberland.

Circonstance bizarre : notre glace est réduite à de bien faibles proportions, mais elle dérive tranquillement; aussi nous inspire-t-elle une sécurité relative.

Ne sommes-nous pas entourés de vieilles connaissances? Des glaces avec lesquelles nous avons voyagé tout l'hiver paraissent avoir maintenant conçu pour nous une affection singulière.

Après s'être dessoudées, elles nous font cortége.

La nuit dernière le vent s'est mis à souffler du nord. Je m'attendais à ce que les débris allaient de nouveau se rejoindre. Mais cette saute de vent n'a point été de longue durée. Le vent a tourné au sud, et nos glaçons ont continué à fondre plus rapidement que s'ils étaient en sucre.

Notre île diminue à chaque instant. Heureusement, par je ne sais quel miracle, notre bateau a échappé, il est sain et sauf.

La mort d'un mélomane.

Désormais nous ne pourrions faire vingt pas hors de notre domaine sans tomber à la mer ; mais il y a une compensation : nous pourrions tuer les phoques sans d'autre peine que de nous mettre à la fenêtre.... si dans nos igloss il y avait des fenêtres.

Un peu après le lever du soleil, je surprends un oûgiouk. Mais Joe n'était pas là ; je suis juste assez bon chasseur pour ne pas avoir confiance en moi dans un cas difficile. Au lieu de hasarder un coup douteux avec ma mauvaise carabine, je crie à Joe de venir avec son springfield. Pendant que l'Esquimau arrive à pas de loup, il faut occuper le tapis et empêcher mon oûgiouk de disparaître dans les profondeurs de son humide patrie.

Je me mets à siffler, et, quoique beaucoup d'é- crivains soutiennent le contraire, je garantis que l'animal, charmé de ce son, garda une attitude rêveuse comme un vrai dilettante. Il attendit pai- siblement que Joe lui fît passer son ravissement d'une manière un peu brusque, en lui logeant une balle dans l'oreille.

J'affirme que les phoques raffolent de la musi- que. Ils restent volontiers sans bouger pour entendre une voix qui leur plaît ou un son qui a le privilége de chatouiller leur ouïe. Plus d'une fois les chasseurs esquimaux leur font payer un peu cher cet amour... pour la musique de chambre. Je ne connais pas d'animaux si doux, doués d'une si grande intelligence; je suis sûr qu'on arriverait à les dresser d'une façon très-curieuse, s'ils n'habitaient un élément où il est bien difficile au professeur le plus dévoué de suivre ses élèves.

Joe a encore tué deux petits phoques de l'espèce ordinaire; en réalité, il en a tué trois, mais je ne compte pas le troisième qui sombra et sur lequel il nous fut impossible de remettre la main.

Aujourd'hui, j'ai à peine besoin de dire que le thermomètre est monté au-dessus de zéro. Nous ne sommes plus qu'à dix-neuf minutes au-dessus du soixante-quatrième parallèle; nous avons donc dérivé de treize milles en quarante-huit heures.

Le 16 mars, j'ai vu plusieurs narvals. Mais cette vue m'a coûté trois bonnes balles, que je suis sûr d'avoir logées dans le corps de l'un de ces gaillards; le drôle a filé me volant mes trois charges.

Je ne veux plus qu'on essaie de prendre ces poissons diaboliques autrement qu'avec un harpon.

Je n'ai pas la tentation d'essayer de les charmer avec mon sifflet. Ils ne se laisseraient point apprivoiser par ma musique.

Nous saluons la première baleine.

Le lendemain, de nouvelles traces d'ours reparaissent. Nous avons même vu un ours, un véritable ours. Il était bien loin, trop loin pour qu'on pût l'atteindre.

Joe et Hans n'ont pu y tenir. Ils ont salué son départ par un double coup de feu. Le pendard n'a pas eu l'air de s'en apercevoir. Il était du reste hors de portée sérieuse.

Ce matin nous constatons que plusieurs membres de la confrérie ursuline ont rôdé pendant la nuit autour de nos cabanes.

Le soleil réveille ces animaux, ils sont affamés en sortant de leur engourdissement. Dans cette longue oisiveté, ils ont usé toute leur graisse, et leur odorat vierge de senteurs pendant plusieurs mois leur révèle à grande distance l'existence de viande fraîche.

Nous-mêmes nous servons d'amorce ! C'est économique, car nous préférons garder pour notre consommation personnelle la viande, même pourrie.

Notre mouvement vers le sud s'accélère ; malgré le vent du sud, qui nous pousse vers le nord, le courant nous a fait gagner quarante-cinq kilomètres en trois jours.

Mais la tempête recommence avec une fureur dont je ne croyais pas l'ouragan susceptible.

Les montagnes se brisent contre les montagnes. Du haut de la glace frappant contre la glace je vois jaillir un éclair.

Les glaçons qui forment ce que les baleiniers nomment le *paquet*, cherchent à grimper sur le dos les uns des autres.

On dirait que chacune de ces masses (c'est bien le cas de dire : « Où l'amour-propre va-t-il se nicher? ») veut arriver la première.

Malgré l'almanach, les vents de mars ne sont pas plus chauds que ceux de février. Il suffit d'un coup de vent du nord-ouest pour que la glace se referme aussi promptement qu'elle s'est ouverte.

En peu de temps la mer elle-même se couvre d'une couche assez forte pour soutenir un homme. Mais un paquet de lames un peu fort démolirait nos *igloss*. Aussi les plus indolents sont-ils sur le qui-vive.

Sancho Pança a dit que tous les maux sont bons avec du pain. Je ne peux en juger, car nous n'avons plus une miette ; mais en revanche, la viande est abondante.

Si je ne craignais de faire un jeu de mots, je dirais que nous sommes arrivés, non au printemps astronomique, mais au printemps gastronomique.

En effet, nous célébrons le passage du soleil à l'équinoxe de printemps d'une façon somptueuse dont Nemrod aurait été jaloux; nous tuons sept phoques!

Nous nageons dans l'abondance; mais la terre, la terre, je ne vois pas la terre!

Le lendemain nous tuons neuf phoques.

Cinq ont coulé bas, mais un peu par notre faute, nous n'avons pas de temps à perdre. Nous ne faisons l'honneur de les ramasser qu'à ceux qui veulent bien crever dans notre voisinage!

C'est le 26 mars que nous apercevons notre première baleine.

L'arrivée du cétacé a été saluée par des hourras enthousiastes.

Jamais je n'avais vu un tel entrain depuis l'arrivée du soleil.

Ce n'est pas que nous songions à capturer le roi des mers polaires, notre ambition ne va point jusque-là. Mais la présence du cétacé géant est pour nous le plus heureux, le plus précieux de tous les présages.

La baleine traîne sur ses talons les baleiniers.

Nous approchons donc des parages que fréquentent les navires.

L'idée de voir apparaître un steamer est délirante. J'oublie dans mon enthousiasme que nous n'avons plus pour nous faire flotter à la surface de l'océan qu'une épave du glaçon du *Polaris!* C'est sur cet étroit radeau que nous sommes réfugiés, pauvres Robinsons de neiges!

Les courants qui poussent notre île sont d'une

violence très-grande. Nous sommes dans la partie étroite de la baie d'Hudson. Les marées prennent une énergie prodigieuse; nous en profitons, en attendant qu'elles nous engloutissent! Mais la terre, la terre! Nous sommes donc maudits, je ne vois pas la terre!

Le mois de mars finit comme il a commencé, par une tempête. Les vagues sont si furieuses que je crois à chaque instant qu'elles vont nous engloutir, nous, notre île et nos igloss.

Jamais je n'ai ressenti un choc aussi rude que celui de la nuit dernière. On eût dit qu'avec le gros marteau-pilon de l'arsenal de Washington on avait frappé la glace à toute vapeur. Notre radeau avait choqué contre une énorme banquise. Peu s'en est fallu qu'il ne fût éparpillé, égrené, dissous comme une poignée de poussière.

Heureusement il s'est écarté de la monstrueuse montagne. Jusqu'à nouvel ordre, nous n'avons plus à craindre un autre abordage.

Ces Allemands ont des idées baroques! Frédéric s'imagine de transformer en pique pour combattre l'ours blanc un hameçon destiné à attraper le narval. Ni pique, ni hameçon ne vaudra jamais rien dans la main du pauvre garçon. Il est si gauche, si maladroit, qu'il se fait une entaille dans la cuisse. C'est bien choisir son temps pour se mettre hors d'état de lutter pour la vie à la veille de la débâcle. La plaie est profonde, mais je ne la crois point dangereuse, car nous l'avons bien bandée.

Si nous pouvions faire le point, notre navigation étrange prendrait un intérêt puissant durable.

Car la dérive des glaces polaires exerce incontestablement une influence puissante sur la météorologie de l'Europe et de l'Amérique.

Ce n'est point impunément que ces montagnes flottantes viennent traverser l'Océan où elles portent une cause de perturbations incessantes pendant une période considérable de l'année.

Que de changements brusques inexpliqués n'ont pas leur cause dans l'approche de banquises qui viennent dérouter tous les calculs des physiciens!

Mais le seul fait de notre arrivée à bon port, après une navigation aussi prodigieuse, aurait un prix véritable.

Quoique notre témoignage soit certainement insuffisant, il possède cependant une incontestable valeur.

Par la force des choses, nous sommes les champions de la science universelle. Quelle raison pour défendre notre vie aux acharnement et intelligence.

Si on arrive à nous recueillir, il est certain que l'on comprendra le danger immense que courent nos camarades du *Polaris*.

Même quand ils nous auraient abandonnés dans un moment d'égarement, ne sont-ils pas dignes d'intérêt? Ne doit-on pas les rechercher avec le même zèle?

Suis-je sûr, après tout, que mes soupçons sont

fondés? que dans une situation aussi atroce je ne calomnie pas des innocents? Qui sait si de leur côté ils ne m'accusent pas d'avoir déserté, pour m'assurer le stérile honneur d'être le capitaine du glaçon du *Polaris?*

Faisons donc le branle-bas de combat, car nous allons avoir à lutter contre le vent et la glace, contre l'eau et le froid, contre la vague et la tempête.

CHAPITRE XI

Un duel avec un ours. — De glaçon en glaçon. — Nos cabanes
de neige s'écroulent.

Un duel avec un ours.

Enfin nous avons un ours, un vrai ours, je viens
d'en goûter. Voici comment l'aventure s'est passée.

Un peu après le coucher du soleil, j'entends remuer en dehors de la hutte.

J'avais retiré mes souliers, ce qui est ma seule
manière de me déshabiller.

Joe, lui, avait changé de peau. Il se préparait à
dormir. Plus leste que moi, il s'élance.

Il disparaît, puis revient prompt comme l'éclair.

« Un ours! un ours! Il est près de mon
kyak. »

Nous sommes désarmés. Mon fusil est près du
kyak, celui de Joe est dans l'embarcation.

Faut-il que je sois fou : laisser les armes dehors !

Il est trop tard pour se lamenter.

Joe et moi nous avons chacun un pistolet. Je mets mes souliers et nous nous glissons discrètement vers le nouveau venu. Nous voyons sa seigneurie arctique en prendre tout à son aise. Elle est occupée à manger royalement des peaux mises à sécher pour en faire des vêtements.

L'ours va dévorer nos futures culottes ! Voilà un crime qui crie vengeance !

Il y a, éparpillés sur la glace, beaucoup de morceaux de lard, dont le glouton a fait bombance ! Joe va donner l'alarme aux hommes; moi, sans attendre qu'il revienne, je me risque. L'ours est à ma droite, j'oblique doucement à gauche du côté de la carabine. Au moment où je mets la main sur mon arme, je touche maladroitement quelque chose. L'ours entend du bruit, il grogne. Il tourne la tête et s'approche.

Je lâche la détente; malheureusement le coup manque ! Je recommence une seconde, une troisième fois, rien ne part. Je bats en retraite du côté de la hutte en reculant de face. L'ours me suit. Sa griffe va m'atteindre, je disparais dans le passage; j'ai juste le temps de remettre une autre cartouche; je ressors pour m'embusquer et j'ajuste bien à mon aise.... L'ours ne s'est point écarté, il a marché sur mes talons. Je me trouve nez à nez avec mon adversaire. Je suis perdu si je man-

que encore. Cette fois ma balle va juste au cœur.
En même temps Joe lâche un coup de fusil et un
coup de pistolet. L'animal fait à peine un pas
avant de tomber raide.

Le matin, en l'écorchant, nous constatons que
le projectile est entré par l'épaule gauche, qu'il a
traversé le ventricule gauche et qu'il est sorti du
côté droit. Voilà qui n'est pas mal travaillé pour
un homme qui tire sans y voir! Mais il n'y a rien
de tel que le danger pour donner une seconde
vue qui permet d'ajuster dans des ténèbres où les
yeux du corps ne pourraient servir.

Cette capture inespérée apporte l'abondance dans
notre cambuse. L'animal est énorme, la chair délicate ressemble à celle du meilleur porc. Nous sommes charmés de pouvoir varier notre ordinaire.
Nous serions maintenant fort heureux du côté alimentaire si nous avions quelque chose à manger
avec notre viande ; mais le pain est si rare que
c'est seulement les jours de fête que nous nous en
servons pour *assaisonner* notre fricot.

Ce matin nous avons surpris deux phoques barbus qui folâtraient sur la glace avec un charmant
baby encore à la mamelle. Le mâle, plus alerte, a
disparu en temps utile. Mais la femelle a été prise.
Nous allons la dépecer.

Le petit, ce qui arrive souvent, n'a pas voulu
quitter sa maman. Il s'est laissé prendre en vie.

Hans n'en a pas pitié. Au lieu de l'égorger, il
monte dessus et il l'étouffe.

Il me condamne à assister à l'agonie de cette
pauvre créature.

Cette coutume barbare a pour raison d'être un
raffinement digne des cuisiniers français de Broad-
way. En étouffant ainsi le phoque, on peut recueillir le lait qui remplit son estomac.

Dois-je ajouter que malgré mes remords je
trouvai ce lait très-bon? J'avouerai qu'il donne
un goût excellent à la soupe au sang qu'il accom-
pagne à merveille.

Cette mauvaise action ne devait pas tarder à recevoir son châtiment. Le malheureux phoque de
lait si traîtreusement assassiné faillit être vengé
sur nous tous.

De glaçon en glaçon.

La mer est très-dure et nous sommes séparés
du principal amas de glaces. Nous avons perdu de
vue ce que les Anglais appellent le *paquet*. Il n'y
a plus autour de nous que des vagues. Nous habi-
tons un îlot flottant isolé en plein Océan.

Il ne serait pas prudent de nous laisser dériver
ainsi sur une banquise expirante. Il faut déloger et
monter dans la chaloupe, mais nous ne pouvons
pas emporter notre provision de viande. C'est à
peine si notre bateau peut nous porter tous!

Quel sacrifice! laisser sur ce vieux glaçon ruiné plus d'un mois de vivres!

Mais cette perte augmente à peine ma tristesse tant j'étais accablé. En disant adieu à ce tronçon de glace qui nous a abrité si longtemps, il me sem‑ ble que j'abandonne encore une fois le *Polaris*.

Ce n'est pas impunément que j'avais donné à cette banquise le nom de notre cher navire!

Je me cramponnais à ce dernier reste d'une ma‑ jesté polaire. Évanouie!

La chaloupe n'a été construite que pour six ou huit personnes et elle soutient douze hommes, plus deux femmes et cinq enfants. Nous avons dû prendre notre tente, des peaux, notre kyak, le restant de notre pemmican et notre biscuit. Pour faire un peu de place les hommes voulaient je‑ ter à la mer le pupitre du capitaine Hall. Je m'y suis opposé de la façon la plus formelle. Nous n'avons gardé de notre ancien commandant que cette relique. Elle doit être rapportée avec respect à Washington. Je ne pouvais deviner quel trésor ce meuble que je n'avais jamais osé ouvrir ren‑ fermait! Jamais piété n'a été plus magnifiquement récompensée.

Je ne peux tirer les cordes du gouvernail sans faire crier un enfant. Pendant toute la route c'est un concert de plaintes! Heureusement le bateau est bien réparé, il ne fait pas d'eau et la mer n'est pas trop grosse. Nous sommes perdus si les lames embarquent, notre chaloupe enfonce horriblement.

Le moindre paquet de lames nous coule bas.

Mais nous ne pouvons avoir la prétention de naviguer longtemps dans des conditions si déplorables. Nous ne ferions pas vingt nœuds en vingt-quatre heures, et cependant les rameurs n'en peuvent plus. Déjà ils s'étendent mollement sur leur aviron! On sent qu'ils sont à bout de force!

C'était le bon temps quand nous n'avions qu'à nous laisser porter par le glaçon du *Polaris*.

Par bonheur nous rencontrons une petite glace à peu près pareille à celle que nous avons abandonnée.

Pendant la nuit nous pourrons donc dormir!

Nous débarquons sans trop de difficultés. Nous étendons sur le sol le petit nombre de peaux que nous avons pu sauver. Nous dressons notre tente et nous mangeons tristement notre maigre ration de biscuit et de pemmican. On laisse dans la chaloupe Hans et sa famille.

Mais dès qu'il fait jour, nous nous hâtons de reprendre la mer; un asile aussi précaire n'a rien qui nous puisse tenter. Nous ne nous endormirons certes pas dans les délices de cette Capoue flottante.

Nous sommes comme les phoques et les ours blancs, errant de glaçon en glaçon, ne sachant sur quelle banquise nous planterons notre tente. Nous avons la chance de trouver vers le coucher du soleil une seconde île qui vaut à peu près celle de la veille. Malheureusement, en faisant notre manœuvre pour l'abordage, nous ne pouvons éviter de faire quelques petites avaries. C'est un jeu dangereux que tous ces déménagements précipités.

Mais cette banquette est beaucoup trop petite, beaucoup trop isolée du paquet pour que l'on puisse un seul instant songer à s'y établir.

C'est grand dommage, car nous flotterions ici dans l'abondance. On ne voit partout que des phoques. Cette situation me fait hésiter ; pendant quelques instants je me demande s'il n'y a pas folie à courir tant de dangers dans le seul but de naviguer sur une glaciaire plus vaste.

A peine si nous avons embarqué que nous regrettons de ne point nous être contentés de l'abri que la Providence nous offrait. La mer est grosse et les lames embarquent à chaque instant ; nous sommes toute la journée couverts d'embrun, les pieds dans l'eau.

Nous sentons plus les effets dissolvants de la mer que si elle nous baignait complétement. En accélérant l'évaporation, l'air achève le travail destructeur de la lame.

Enfin, Dieu ne nous abandonne pas ; nous attrapons une glace solide. C'est une banquise immense. Elle ressemble à une île volcanique que les feux souterrains ont ravagée dans tous les sens ! Nous voilà à l'abri de tout danger immédiat. Sans perte de temps nous hissons notre tente.

Mais en matière de banquise nous sommes devenus étonnamment difficiles. Que cet abri est loin de valoir nos belles huttes du glaçon du *Polaris!* Qui nous rendra nos IGLOSS sous lesquelles nous avons passé tant de lugubres heures dont le souvenir excite en ce moment un sentiment de regret incroyable !

En une heure Joe nous improviserait une cabane qui vaudrait mieux que cette toile ironique. Qu'il trouve seulement quelques blocs qui s'y prêtent, et nous sommes à l'abri.

Le voilà qui s'est mis en campagne. Mais je m'oppose à ce que le brave garçon continue.

Qu'il reprenne des forces. Qu'il dorme, car tous demain nous aurons besoin de sa vaillance.

Je ne veux plus m'attacher dorénavant à aucun glaçon. Nous sommes condamnés à ne loger à l'avenir qu'à la nuit. Il nous est défendu de faire un nouveau bail, avec n'importe quelle banquise.

Mais la fortune semble me forcer les mains, et m'obliger à élire un nouveau domicile.

Le lendemain la mer est trop horrible pour que nous puissions recommencer nos pérégrinations. Après avoir calfaté la barque avec quelques débris de chemise, nous explorons notre nouveau domaine.

La Providence semble ne m'avoir jeté sur cette barque maudite que pour me faire plus amèrement regretter notre magnifique glaçon qui a fondu pièce à pièce.

Jamais je n'ai eu tant de peine à me traîner sur

l'eau changée en pierre; à chaque pas nous trébuchons. Si nous n'étions habitués aux périls de ces promenades extraordinaires, nous serions tous engloutis dans des fondrières.

Jamais glaces n'ont paru plus semblables à du granit que certains mamelons, mais jamais non plus je n'en ai vu de plus friable que les pics d'à côté. Ici elle semble défier le soleil, là elle paraît en train de fondre.

Cependant, comme notre séjour menace de se prolonger, je me décide à laisser Joe nous construire une hutte.

Mes pressentiments ne me trompaient pas. Nous avons mis le pied sur une île semée de piéges, ou jamais navigateur prudent n'aurait dû ériger le plus humble réduit de neige.

Au moment où le silence et le calme de la nuit nous fait venir le sommeil sur les paupières, un bloc se détache. Il roule le long d'un pic auprès duquel Joe s'était abrité avec plus d'habileté que de prudence. Un quart d'heure plus tard, nous étions tous écrasés dans notre sommeil.

Nous restons éveillés, car le plus hardi n'ose fermer l'œil.

Quand le jour est venu nous faisons nos préparatifs pour un repas que je veux fortifiant, solide. Je donne double ration et je choisis les bons morceaux. La perspective de manger à sa faim rend chacun joyeux, allègre. Le feu va bien.... Nous nous asseyons.... Horreur ! voici la glace qui se brise avec une rapidité inouïe. Une fissure court dans notre direction. Elle passe au beau milieu des dîneurs ! Jamka glisse dans l'abîme, je le retiens ! Des boîtes pleines de soupe chaude sont précipitées ! Il faut en toute hâte rapprocher la tente du centre de l'île, afin qu'elle ne soit emportée comme notre soupe et notre viande.

On n'ose plus se séparer de la chaloupe, car personne n'ose deviner comment la première séparation va s'opérer.

La prochaine fente va peut-être nous passer entre les jambes.

Joe ne veut pas cependant rester inactif. Il se met à construire une seconde cabane. Je n'ose l'en empêcher. Tant de courage et d'activité me touchent et m'enchantent.

Contre toute espérance il me semble qu'un insuccès constant ne couronnera pas d'aussi vaillants efforts ! Un craquement horrible se fait entendre. La glace s'ouvre lentement cette fois. Elle bâille d'une façon horrible. Deux morceaux d'égale grandeur apparaissent. L'écartement se produit avec la lenteur et la régularité d'une catastrophe irrémédiable de ces grands coups trop certains que l'on voit venir. Nous n'avons pas de peine à passer tous sur le même fragment. L'autre morceau n'emporte que les essais informes de Joe.

Cette terrible leçon achève de nous plonger dans la terreur. Il faut désormais être prêt à tout événement.

Les femmes et les enfants dorment dans la barque, où l'on place d'avance tous nos tristes bagages. Nous nous tenons contre le bordage, à portée de sauter sur notre banc, si quelque accident se produit. Deux hommes restent en vigie tour à tour, et je les surveille, de peur qu'ils ne s'assoupissent.

Le 7 avril, la mer est plus furieuse que jamais. Nous dressons notre tente à regret. Nous préparons notre déjeuner; triste déjeuner, sans doute le dernier. Asseyons-nous! Non, nous nous levons! Il nous semble que la glace va s'ouvrir.

On a peur que la nourriture que l'on va saisir ne tombe comme hier à la mer!

Le déjeuner, si fréquemment interrompu, si fébrile et excessivement maigre.

Pendant ces orages et ces violentes perturbations nous n'avons pu tuer un seul phoque. Faute de temps pour chasser le gibier qui abonde autour de nous, nous sommes réduits à mourir de faim.

Les choses vont de mal en pis. La nuit dernière à minuit la glace s'est brisée entre la tente et la chaloupe. La distance était cependant si petite qu'un homme ne pouvait passer entre les deux· On n'avait qu'à tendre la main pour saisir la chaloupe. Voilà la glace qui emporte avec la chaloupe le kyak.

Un de nous est enlevé. Ce malheureux est incapable de se sauver lui-même, c'est M. Meyer!

Combien je regrette, en le voyant ainsi égaré, nos dissentiments, nos querelles !

Qu'il revienne, que nous l'arrachions à la mort terrible qui le menace, il me semble que je l'aimerai comme un frère !

Pourquoi le malheur n'est-il pas un ciment solide inébranlable qui rattache indissolublement les hommes les uns aux autres ?

Ah ! bien des fois, si les naufragés avaient appris à se chérir, ils eussent échappé aux plus épouvantables catastrophes !

CHAPITRE XII

Sans barques. — Secoués par la lame. — Gelée à vue.
La couronne du soleil.

Sans barques.

M. Meyer ne sait manœuvrer ni la chaloupe ni le kyak. Entre ses mains, c'est comme si la chaloupe et le kyak étaient abandonnés à la furie des éléments. Nous nous regardons tous avec un muet désespoir. Notre consternation dura pendant plusieurs heures.

Si M. Meyer avait eu la funeste idée de se servir du kyak, il aurait immédiatement chaviré; il a l'heureuse inspiration de le jeter à la dérive: il a plus de confiance dans le hasard que dans son talent de navigateur, alors il nous reste des chances. Malheureusement, au lieu de dériver vers les Esquimaux, le kyak fuit sous le vent; mais Joe et Hans prennent leurs rames et leurs gaffes. Ils sautent de glaçon en glaçon avec l'agilité que donne un suprême désespoir.

Vont-ils saisir le kyak? Qui sait si nous les reverrons? S'ils ne reviennent, nous serons bientôt perdus! Notre vie est suspendue à leurs jarrets; c'est la sûreté de leur coup d'œil qui, après la providence de Dieu, décidera de notre sort! Le jour baisse et nous ne pouvons les suivre! Nous ne savons ce qu'ils vont devenir. Quand ils ont disparu, ils étaient à un mille de distance de nous.

Il fait nuit close, nous ne pouvons deviner les péripéties de cette lutte où notre sort se joue. Nous essayons de nous endormir, le froid qui règne autour de nous est moins terrible que celui qui envahit mon cœur.

Le jour paraît. Est-ce qu'il va nous convaincre que notre ruine est définitive? J'ose à peine regarder du côté où les Esquimaux doivent se trouver.

Les voilà. Ils sont parvenus à s'emparer de la chaloupe, mais ils ne peuvent la manœuvrer. Le kyak dérive dans une direction opposée à la leur. Ce n'est qu'un accessoire, occupons-nous de notre principale embarcation.

Il faut aller au secours de nos sauveurs; mieux vaut périr écrasé entre deux glaçons que de rester sur une banquise sans chaloupe. Je prends un bâton dans ma main pour me servir de balancier, m'appuyer sur la glace et m'aider à sauter. Kruger me suit.

Quelle route étrange, quels mouvements saccadés, à peine de temps en temps quelques pas à faire de niveau? Un morceau de glace qui enfonce sous mon poids me permet de prendre une sorte d'élan. Je passe comme une flèche!

Enfin nous atteignons la chaloupe. Nos forces réunies (je parle de Kruger, des deux Esquimaux et de moi; je ne compte pas M. Meyer) ne sont point suffisantes pour ramener le canot. Nous allons être aplatis au milieu de tous ces débris de banquise triturés par la tempête.

J'appelle les hommes : deux suivent notre route. Nous sommes six à tirer et cependant la chaloupe n'avance pas encore. J'en appelle deux autres, qui paraissent hésiter beaucoup avant de m'obéir.

Une fois qu'ils sont là, nous tirons, nous poussons, nous sautons, nous faisons un métier d'enfer. Je les remue, je les excite, je les secoue, tous finissent par travailler avec ardeur.

Enfin, à force de lutter, nous revenons à notre campement et ce n'est pas sans nouvelles aventures que nous ramenons M. Meyer.

Secoués par la lame.

Il a voulu alléger le canot et faire à pied une partie de la route. Il n'a réussi qu'à tomber à l'eau ainsi que le matelot Jamka qu'il a entraîné avec lui. On les a repêchés. Heureusement leurs compatriotes avaient des vêtements secs et ils ont pu changer. Nous avons tiré encore une fois notre tente de la chaloupe et nous l'avons de nouveau plantée sur la glace. Il est impossible de l'approcher davantage de notre campement nocturne. Notre déjeuner se compose de quelques bouchées de biscuit et d'un peu de pemmican. Combien nous avons à nous applaudir d'avoir été si économes de nos vivres *civilisés!* Nous sentons autour de nous un vent ouest-nord-ouest, mais il n'y a point un souffle d'air au large ; ce vent est produit par l'air que condense la banquise.

Le 9 avril, la mer se gonfle entre les glaçons. Jamais je ne l'ai encore vue si moutonneuse. Cette fureur tient sans doute à ce qu'au sud elle commence à être à peu près nettoyée. La glace qui reste, loin de paralyser le ressac ne sert qu'à le rendre plus terrible. Peut-être est-ce aujourd'hui une forte marée de pleine lune, et l'ouragan poussant le flot, nous sommes livrés à la merci des coups de mer.

La vague est comme une bête fauve qui s'approche de sa proie pas à pas. Une catastrophe est imminente. Dieu seul sait comment nous finirons la nuit!

Le ressac nous chasse de notre tente. Les Esquimaux sont obligés de quitter leur hutte. Nous avons tout replacé dans le bateau. Les femmes et les enfants s'y sont installés. Nous nous serrons autour de notre dernier abri. C'est une lutte désespérée. Nous nous cramponnons au bordage, nous essayons de diminuer la force des coups de lame, nous faisons un rempart à l'embarcation, nous en sommes devenus les gardes du corps!

Il n'y a pas sur la glace un endroit qui ne soit inondé d'écume. Les forts coups font trembler la banquise. L'eau lancée en fusée retombe sur nos têtes.

Les enfants sont pâles de terreur! Hannah est sur le point de s'évanouir. La femme de Hans a plus de fermeté. Elle tient dans son capuchon son petit Baby. Charles Polaris essaye de sourire! Ce rayon d'innocence est un rayon de lumière céleste.

L'eau salée nous donne une soif de damnés.... Notre gorge brûle comme un charbon.... Rien, rien pour calmer cette fièvre!

Dans les temps calmes, nous trouvons un peu d'eau douce au fond de quelques trous que le soleil remplit par la fonte des glaces voisines. Cette fois la vague a lancé partout des sels. Elle a tout empoisonné.

Gelée à vue.

Le 10 avril, le froid devient horrible, nous allons avoir un rempart contre l'Océan, évidemment cette glace ne va point rester disjointe. La poussière d'eau que jette la houle, les atomes que le vent enlève à la lame, l'embrun qui jaillit, tout cela opère mille soudures.

L'air est pur, et le vent tombe. Nous pouvons nous risquer à planter notre tente. Sur cette banquise inhospitalière nous aurons un abri.

Au lever du soleil, j'aperçois un incroyable spectacle. J'ai beau monter sur une éminence, je ne vois partout que de la glace! de la glace!

L'Océan a disparu! Nous nous trouvons emprisonnés à une distance immense incommensurable. Les vagues qui hier se brisaient avec fureur contre notre canot et nous couvraient de leur bave se sont figées sur place.

Si nous étions restés en plein air, nous périssions. Malgré la toile qui nous recouvre, ce pauvre Meyer a les orteils gelés, et son pouls est d'une fréquence effrayante!

Il est impossible de faire le point puisque notre astronome a la fièvre. Mais nous ne saurions être éloignés du Labrador; je viens de voir passer un renard, animal trop fin pour se laisser comme nous entraîner au large. Quelques corbeaux et quelques oiseaux de terre dont le nom m'échappe viennent de voltiger au-dessus de ma tête.

Il faut bien que quelques signes favorables nous rendent un peu de courage.

Jamais la banquise n'a couvert une étendue aussi formidable. Jamais les pics ne se sont multipliés, entassés, accumulés comme pendant cette nuit surprenante.

Nous nous sommes couchés sur une grève, nous nous réveillons dans une gorge profonde.

Notre campement se trouve ce matin dans une vallée formée par deux immenses montagnes qui ont poussé pendant la nuit.

Je ne veux pas rester au-dessous de ces blocs gigantesques, qui pèsent des milliers de tonnes, et qui sont plus mal accrochés que l'épée de Damoclès.

Un rayon de soleil atteindra la masse inférieure, alors tout s'éboulera avec un fracas formidable. Gare dessous!...

La peur me prend. Je donne l'ordre de reculer la tente. Les hommes croient que la glace va encore s'ouvrir. Ils tombent tous les uns sur les autres comme des capucins de carte. Ils ne se seraient pas plus pressés s'il s'était agi d'échapper à l'abîme.

C'est aujourd'hui que la Pâque tombe. Notre carême, à nous, a duré plus de quarante jours, et il dure encore !

Malgré notre désir de célébrer dignement cette grande fête, il ne nous reste rien à nous mettre sous la dent.

Ah ! si nous avions le demi-quart de cette belle viande que nous avons été obligés d'abandonner !

Puissions-nous ne pas attendre notre premier festin jusqu'à la Pentecôte.

La couronne du soleil.

De faim et de froid je m'endors. Je me tire avec peine de ma torpeur. Une fois revenu à moi, je saute hors de la tente.

Nouveau changement à vue ! Cette glace qui semblait si solide, s'est ouverte pendant la nuit, et le matin elle est déjà refermée. Sans d'énormes cicatrices que ces étonnantes révolutions ont laissées nous n'aurions pas même eu conscience du danger auquel nous avons échappé par miracle ! Nous n'aurions même pas su combien nous devions remercier la Providence !

Je suis revenu depuis quelques jours au projet de gagner la côte, mais notre situation est d'une complication désespérante, les malheurs et les difficultés se combinent d'une façon prodigieuse.

D'un côté, la glace n'a pas repris assez de consistance pour que nous puissions marcher à sa surface; de l'autre, elle n'est point assez friable pour que nous puissions gagner l'Océan et nous fier aux caprices des vagues! Nous ne pouvons ni naviguer, ni marcher, ni quitter ce lieu maudit, ni demeurer en place! Tout projet est fou. Toute action est insensée, mais l'attente est mortelle.

Il y a des moments où je me dis que jamais nous ne reverrons l'Amérique! A quoi bon lutter encore puisque notre sort n'est plus entre nos mains? Je suis anéanti, mon être n'est qu'une masse confuse.

Je lève les yeux! A peine ai-je regardé machinalement vers le nord, qu'une merveilleuse couronne enveloppe le soleil dans tous les sens.

Un pareil phénomène qui se voit quelquefois dans la Nouvelle-Angleterre, où il est connu sous le nom d'halos, est bien plus commun dans les mers polaires, et surtout beaucoup plus brillant.

Cependant je n'avais pas encore vu le cercle aussi complet, aussi magnifiquement développé.

A peine la première couronne s'est-elle montrée que l'on en voit apparaître une autre également vive, mais d'un diamètre à peu près double.

Ces deux courbes magiques sont reliées par des colonnes verticales et horizontales.

Les points d'intersection ont un éclat étourdissant.

Ces nuages du soleil par un effet bizarre, inattendu, stupéfiant, me paraissaient plus brillants que le soleil lui-même !

Je regarde le développement de ces merveilles avec un ébahissement que partagent tous les Européens. Quant aux Esquimaux qui les redoutent, ne les comprenant point, ils affectent de ne les pas voir.

Je ne peux comparer mon sentiment qu'à celui de Noé, quand il contempla le premier arc-en-ciel après le Déluge.

Un sens indéfinissable de soulagement et d'allégresse s'éveille dans mon cœur, cette clarté est une promesse ! Le salut vient d'en haut avec cette couronne de flammes.

Ces rayons si brillants ne peuvent pas inutilement se heurter sur nos glaces !

Dieu qui a créé la flamme, nous montre qu'il ne cesse point de s'intéresser à ce qui se passe ici-bas.

Il n'a point renoncé à manifester son action bienfaisante dans tous les lieux que son aurore éclaire.

Je ne suis pas superstitieux, mais il me paraît que l'Éternel mentirait, si c'était sans dessein qu'il envoie ses lumières à des affamés ; ce n'est point pour nous narguer qu'il fait étinceler ses splendeurs, au moment même où la solennité pascale se célèbre dans toutes les églises du monde.

CHAPITRE XIII

Famine et scorbut. — Lapidés par l'Océan.

Famine et scorbut.

Il faut que ma confiance soit bien solidement enracinée pour ne pas être détruite, en voyant comme le paquet est serré !

Les phoques eux-mêmes semblent fuir notre glaçon maudit. Aussi chaque jour nos provisions baissent.

La neige s'en mêle. Elle couvre nos toiles.

Faut-il en former une muraille ? Est-ce la peine de s'épuiser en vains efforts ? Qu'elle vienne donc, la mort !

Le soleil brille à travers les interstices des nuages. Quelquefois la neige n'arrive pas intacte, elle est fondue en l'air.

Ce signe seul suffirait pour nous indiquer les progrès que nous faisons du côté de la lumière. Quant à la chaleur théoriquement, elle grandit; mais le froid physiologique augmente malheureusement de jour en jour!

Même dans nos climats tempérés, chacun sait que l'hiver est une saison agréable comparée à celle des verglas! Nous avons pu être assez heureux pour peindre ce qu'ont été nos froids, mais nous ne pouvons espérer d'écrire notre dégel autrement qu'en faisant appel aux engelures de nos lecteurs!

Faut-il s'étonner que les mauvaises pensées reparaissent?

Je surprends, chez quelques-uns des hommes, des regards suspects. Quelque chose se trame, quelque crime se prépare.

Après les tribulations que nous avons supportées, j'ose espérer que nos compagnons ne se rendront coupables d'aucun acte digne de l'échafaud. Non, la situation ne saurait les pousser à déshonorer l'humanité par des faits de cannibalisme.

C'est la faim qui leur troublait la raison. Ils couvaient une maladie terrible. Leur figure est tout enflée.

Les malheureux ont le scorbut! Jusqu'à ce jour cette douleur nous avait été épargnée. Cette idée me fait frémir. Le scorbut n'est pas seulement un mal, il est une contagion. Il dérobe les forces!

Il arrête les aliments dans la bouche, il ralentit le sang dans les veines !

C'est la mort hideuse, lente, impitoyable !

On pourrit sur pied !

Non, maintenant j'en suis sûr, ce n'est pas le scorbut ! Ils ont une faim dévorante, car ils volent les vivres !

Quelqu'un a fouillé les provisions.

J'ai vu les traces. Les voleurs qui ont pillé le *pemmican* sont au nombre de trois !

Il y en a un que j'ai reconnu. Il mériterait que je lui brûle la cervelle, car c'est nous assassiner que de nous prendre ce qui nous reste !

Je suis obligé d'annoncer que la ration subit une nouvelle diminution. Nous n'avons plus de quoi tenir l'âme et le corps ensemble.

Faut-il dénoncer le coupable et l'exécuter séance tenante ?

Lapidés par l'Océan.

Qu'est donc ce bruit ? Un coup de feu !

Allons voir ce que cela veut dire.

Au retour, il sera temps de prévenir que nous allons retrancher une partie du nécessaire, parce que trois scélérats ont violé notre cambuse !

Oh bonheur inattendu, inespéré !

Depuis le matin, Joe épiait une trace de phoque.

Il a touché ; il court vers nous en criant un *kyak*, un *kyak !*

Il est si adroit, si leste, il a le tir si juste ! Il s'approche si admirablement d'un troupeau sans défiance ! Les plus fins amphibies vieux routiers de ces banquises le prendraient pour un des leurs !

Il était temps d'arriver, sans cela ce magnifique coup de fusil eût été inutile.

Le phoque allait en dérive. Une seconde de plus, il coulait sous un glaçon. Notre proie disparaissait.

Il faut une grande heure d'anxiété horrible pour traîner cet admirable butin.

Le temps est si menaçant que je ne crois pas nécessaire de faire des rations, mes enfants : mangeons à notre faim. Ne cherchons pas à faire des économies. Une fois que nous tiendrons un bon morceau dans notre estomac le diable ne nous l'arrachera pas. Vite, qu'on nous dépèce ce poisson. — Qui veut du sang ? Buvons à la ronde dans cette grande boîte !

Pendant que nous dévorons à la hâte notre phoque palpitant, véritable repas de fauves, le ciel se couvre de gros nuages.

A peine avons-nous fini qu'un grand coup de vent traverse le glaçon de part en part ! Tout ce qu'il rencontre est balayé, y compris les débris de notre phoque, qui nous sont arrachés. Notre déjeuner de demain est lancé à la mer !

Nous n'avons plus ni grappin ni ancre; mais il nous reste un grelin et une forte lanière que nous avons fabriquée avec de la peau d'*ougiouk*.

Nous attachons de notre mieux nos cordages à une pointe de glace transparente qui doit s'être gelée au pôle même, tant elle paraît solide.

Tous serrés autour de la chaloupe nous nous y accrochons; nous remplaçons les paquets de cordes qui servent à atténuer les abordages.

Nous pouvons être roulés sur la glace, mais nous ne lâcherons pas, nous tiendrons quand même.

Jusqu'à présent la mer ne faisait que de nous noyer; maintenant elle nous lapide.

Les débris de glaçons plus aigus que des galets qui, au moins, ont été roulés et arrondis par la lame, nous entrent dans les chairs.

C'est une torture horrible, une souffrance indescriptible.

Il fait sombre. On n'entend que des cris, des hurlements.

Ce n'était qu'un avant-goût de ce qui allait suivre. Nous embarquons lame sur lame. Ces vagues furieuses se succèdent par intervalles réguliers de cinq en cinq minutes, jusqu'à ce qu'arrive un coup plus terrible que les autres. Nous voilà sans ressources! Tout est parti, nous ne sauvons que ce que nous avons pu mettre dans la chaloupe. Nos peaux, nos lits, notre tente, sont balayés en un instant. Dès le commencement de l'alarme, j'ai fait hisser les femmes et les enfants. Si nous avions perdu une minute, ces pauvres êtres avaient le même sort que tous nos trésors. La chaloupe elle-même va être emportée avec ceux qui s'y accrochent de tout leur poids, de toute leur force, de toute leur âme.

Si l'Océan doit engloutir notre chaloupe, que nous soyons entraînés avec elle dans l'abîme, et que notre catastrophe soit saluée par un gigantesque rugissement de la tempête !

Au milieu des cris des enfants et des gémissements des femmes, mes commandements retentissent pendant douze heures : *Tenez bien, laissez porter, appuyez de tout votre poids!* On m'obéit avec une ponctualité qui me paraît étrange; mais chacun sait que sa vie tient à ses poignets.

Lui-même, ce pauvre M. Meyer, lui qui n'a plus que le souffle, n'est point tenté de lâcher prise.

Nous étions perdus, anéantis, si notre dîner gargantuesque ne nous avait donné un peu de force.

Je le préfère aux « quatre ancres » dont parle saint Paul dans le récit de son naufrage.

Enfin le jour vient.

J'aperçois un glaçon qui me paraît plus commode que le nôtre.

CHAPITRE XIV

Nous nous réfugions sur la mer houleuse.

Comme nous avons tout perdu, nous pouvons
sans rien compromettre changer de domicile.

La mer est si terrible que les marins hésitent.
Ils craignent que la chaloupe ne puisse supporter
le choc de montagnes d'eau si prodigieuses.

Mais, au moins, nous reste-t-il une chance pour
nous en quittant ce maudit débris. La répétition
des scènes de la nuit dernière serait notre arrêt
de mort.

« Allons, les amis, du courage ! que les femmes
et les enfants embarquent les premiers, qu'ils se
couchent au fond sur le ventre de manière à pou-

voir relever la tête si l'eau monte trop haut, mais qu'ils ne bougent pas avant que la barque ne soit à l'eau ; que les hommes y sautent. Chacun pour lui et Dieu pour tous ! »

Jamais la chaloupe n'a été si bien lancée. Excepté le cuisinier qui boit un coup, chacun réussit à embarquer. Ce malheureux a le bon esprit de ne pas lâcher. Il se laisse traîner avec autant de docilité qu'une bouée. Une fois sûr de ne point être rejeté et coulé par le ressac, je lui donne la main, et je le hisse. En un tour de bras il est à bord.

Mais ce n'est pas tout que d'être en plein Océan : nous n'avons rien gagné que le droit de lutter contre un péril plus grand encore.

Les hommes tiennent l'aviron, sur lequel ils pèsent avec une vigueur et une dextérité dont je ne les croyais plus capables.

Je ne sais comment je m'y prends pour éviter tous ces blocs furieux et désordonnés. Une sorte de sens incompréhensible m'aide à deviner leurs moindres caprices. Un seul abordage et nous sommes aplatis, laminés, réduits en bouillie sanglante ; et cependant aucun de ces rocs ne nous touche.

Le glaçon du désespoir.

La nuit vient, il faut à tout prix coucher sur la glace.

Je dois au *jugé* décider lequel de ces blocs nous servira.... sera-ce d'hôtellerie ou de tombe? c'est mon coup de barre qui en va décider!

Je profite d'un commencement de lame : «Allongez-vous, morbleu! un grand coup, les enfants! ce sera le dernier; retirez les avirons! »

L'eau qui nous a lancés a disparu. Tout le monde est sur la glace. Chacun tient la main sur le bordage.

Le tour est joué.

Nous sommes sauvés, cette nuit ne sera pas notre dernière.

Une fois à l'abri, nous formons le cercle. Nous ruisselons, nous sommes bleus des coups que nous avons reçus ; quelques-uns sont encore verts de peur. Quant à moi, je suis livide.

Avant de faire l'inventaire de nos cicatrices, nous dévorons nos provisions ; puis nous essayons de dormir, sans autre abri que le ciel.

Le jour arrive enfin. Mais nous ne partirons au plus tôt que le lendemain (22 avril).

Nous allons essayer de nous sécher un peu,

quand ce ne serait qu'en tordant nos vêtements pour en faire sortir le gros; la chaleur du corps fera le reste.

S'il y avait un peu de soleil, en enlevant nos peaux pièce à pièce, nous réussirions à peu près à nous débarrasser de cette humidité énervante. Mais de gros nuages bas couvrent le ciel. Ils galopent avec une rapidité d'un bien mauvais augure.

Je partage les hommes en deux bordées : l'une reste sur la glace; l'autre se place dans le canot. Ceux de l'embarcation ont le droit de dormir, et les autres le devoir de veiller.

Jamais je n'ai vu la banquise si pâteuse. On enfonce jusqu'à mi-jambe dans le bousin, comme si l'on marchait sur de la vase.

La nuit a été moins mauvaise que je ne le pensais. Il a plu, à notre grande satisfaction, car nous avions une soif d'enfer. Nous cherchions à happer les premières gouttes au passage dans l'air, tant nous étions altérés.

Mais une fois repus d'eau, nous trouvons la pluie bien terrible. Hier, nous avons épuisé notre dernier morceau de pemmican. Qu'allons-nous devenir?

Les phoques ne se montreront point par un temps pareil. J'en ai la triste expérience.

Meyer est en train de mourir de faim. Voilà son agonie qui commence.

C'est ainsi que nous finirons tous, l'un après

l'autre. Dans quelques jours, dans quelques heures, nous râlerons à notre tour !

Une embuscade.

Joe vient de s'aventurer pour la quatrième fois sur cette glace si difficile. Il est monté sur une bosse. Le voilà qui revient. Il agite les bras comme s'il voulait dire quelque chose. C'est un ours qui vient vers nous ; Joe accourt pour nous prévenir de ne faire aucun bruit, de crainte que l'animal ne prenne une autre route.

Couchons-nous. Ventre à terre. Tachons de ressembler à un troupeau de phoques, c'est la seule chose spirituelle que nous ayons encore à faire ; nos peaux aidant, l'ours qui n'y voit peut-être pas très-clair, et qui ne s'est sans doute jamais trouvé en face d'êtres accoutrés comme nous, s'y trompera.

Joe et Hans se cachent dans un pli de neige.

Quelle anxiété, que d'envie de tourner la tête, quelle tentation de risquer un coup d'œil pour voir si l'ours approche ! Malédiction ! il s'est aperçu de la ruse. Enfer ! il a compris que nous ne sommes que des phoques de rencontre, d'occasion, de commande !...

Deux coups de feu partent en même temps, avec

tant de précision ; l'on croirait qu'on n'en a tiré qu'un seul ; nous nous dressons. — Hourra ! l'ours est étendu roide.

Vite, à la curée !

Nous commençons par boire le sang de notre victime. Il n'est pas étonnant que cet ours nous ait pris pour des phoques, il mourait de faim. La faim trouble la vue des hommes et des bêtes ; nous en faisons en ce moment la triste expérience. Non-seulement cet ours est très-maigre, mais son estomac est vide. Si nous ne nous étions rencontrés, il allait crever d'inanition sur quelque banquise. Il n'a donc rien perdu pour ainsi dire à nous avoir trouvés sur sa route.

Sa chair était beaucoup plus délicate que s'il avait été tué en pleine prospérité, car alors elle eût été mélangée d'une graisse qui en rend la digestion difficile. Tel qu'il nous a été servi, c'est un morceau parfait.

Vent est-nord-est, puis vent nord-nord-est. J'espère qu'il ne changera plus. Le temps est encore désagréable : pluie, rafales de neige et nuages.

M. Meyer est tout à fait sur pied. Cette viande d'ours a véritablement fait merveille.

Les canards et la neige.

Nous avons aperçu une grande troupe de canards ce matin : le soir, nous en voyons une autre. Ces oiseaux ne nous sont pas directement utiles puisqu'ils se tiennent toujours hors de portée, mais ils rallument notre courage. Ils nous indiquent par leur présence que nous ne pouvons être bien loin de terre. De temps en temps nous croyons l'apercevoir. Chaque fois que le vent pousse vers l'ouest, on voit quelque chose qui a l'air de se détacher à l'horizon. La nuit dernière, il y avait une bien belle route d'eau. En voilà une nouvelle, mais elle est trop éloignée de nous. C'est un follet, un sylphe, un démon tentateur qui me montre ce dangereux labyrinthe.

Le vent a commencé à fraîchir le 24 avril, dès le coucher du soleil. Il a fini par se changer en vraie tempête qui nous aurait glacés, si nous n'avions dîné, soupé, déjeuné avec de l'ours. La viande de phoque est plus délicate, mais je la crois moins nutritive. La viande d'ours n'a point sa pareille pour entretenir une chaleur sensible longtemps après le repas.

Je crois que c'est le mets préparé par la nature pour les futurs conquérants du pôle.

Malgré les conseils de la Providence, je ne vais pas hésiter plus longtemps. Il faut à tout prix atteindre la terre.

Notre pauvre embarcation a été trop rudement traitée pour qu'il soit raisonnable de s'y fier. On n'a pas le droit d'espérer raisonnablement qu'on continuera à naviguer dans un panier percé.

En mer, notre barque est dangereuse; à terre, elle est un embarras. Sur la glace, elle nous gêne. Sur l'Océan, elle nous menace.

N'est-ce pas le moment d'avoir de la hardiesse? Que mettons-nous au jeu? Quoi que nous fassions, nous sommes perdus sans un miracle.

Nous nous lançons donc avec notre bateau surchargé, quoique le vent souffle en tempête et que la mer soit épouvantable.

Pour comble de malheur, l'eau est toute pleine d'une infinité de petits glaçons qui sont lancés sur nous. Allons-nous être bombardés comme la nuit dernière?

Nous ne voulions plus affronter un nouvel abordage. Nous avions formé le projet insensé de naviguer pendant la nuit, grâce aux rayons de la lune.

Je vois que les hommes sont épuisés, après huit heures de nage désespérée. Un glaçon me paraît avoir bonne mine. Je me risque à tenter d'y descendre. Nous y tirons le canot. L'opération réussit avec une précision merveilleuse.

Pendant toute la nuit, il tombe de la neige à gros flocons.

La banquise est petite; toutes les lames un peu fortes la lavent.

Ici, nous ne nous partageons plus en bordées. Tous nous dormons debout, une main sur le bordage et prêts à sauter à bord au premier commandement.

Le soleil du 25 avril se montre, mais il ne fait que de nous montrer combien notre situation est terrible.

A peine a-t-il paru que la neige se met à tomber de nouveau.

Elle est l'annonce d'un mélange de vent du nord et de vent du midi. C'est le signe infaillible que la fureur de la mer va croître encore.

Le vent qui vient encore du nord ne va point tarder à faire place à un ouragan soufflant du sud-ouest.

Les vagues qui ont déjà disloqué notre malheureuse embarcation ne sont rien auprès de celles qui vont la secouer dès que nous aurons quitté le glaçon du désespoir.

Bataille de glaçons.

Mais il ne faut pas songer un seul instant à nous attarder sur cet îlot qui ne peut conserver sa neutralité au milieu du conflit formidable de glaces géantes.

Ce n'est, en réalité, qu'un radeau de neiges mal consolidées, et que le soleil qui attire l'ouragan peut encore faire fondre.

Nous lançons intrépidement la chaloupe ; je suis certainement persuadé que c'est la dernière fois que nous bravons ainsi l'Océan ; mais j'aime mieux être englouti que broyé, passé au laminoir.

Nous ramons comme des désesperes pour fuir le théâtre de la lutte entre ces majestés glacées.

Hélas ! après une heure de vaillants coups d'aviron, il devient évident que nous ne pouvons nous écarter du paquet.

Le vent et le flot nous ramènent.

Il faut bien nous résigner. Force est revenir à notre horrible île flottante.

Nous sommes remontés depuis deux heures à peine sur ce maudit glaçon : nous regardons d'un air effaré ce qui se passe autour de nous, nous ne bougeons plus, nous ne disons rien, nous ne pensons même plus, notre épuisement corporel se traduit par un épouvantable affaissement intellectuel.

Nous restons anéantis jusqu'à trois heures du soir.

D'effrayantes montagnes de glace vont nous écraser. Ces masses terribles se battent entre elles. Que deviendrons-nous, pauvres atomes, si nous nous trouvons pris entre deux de ces effrayantes puissances belligérantes ? Notre gouvernail ne nous empêchera pas d'être aplatis comme une feuille de papier, nous et notre canot.

Quel spectacle! quel bruit! quel fracas! Joe a osé chasser au milieu de ce chaos. Il a tué trois jeunes phoques barbus. Embarquons-les et lançons encore une fois la barque à la mer. Périr pour périr, il ne faut pas succomber d'une façon aussi bête en attendant stupidement la mort.

Bien m'en a pris; à peine avons-nous quitté notre glaçon-traquenard, vrai piége à hommes, qu'il vole en éclats. Cinq minutes de plus, nous étions laminés, volatilisés, réduits en atomes!

Les blocs jaillissent autour de nous; un volcan sous-marin éclatant sous nos pieds, une torpille prenant feu, ne nous mettrait point en si épouvantable péril.

Je ne sais comment aucun débris n'atteint notre canot. C'est peut-être parce qu'il occupe trop peu de place sur l'Océan.

Mais la glace-bombe siffle à nos oreilles.

Les bouillons qu'elle fait en touchant l'eau embarquent! Nous sommes couverts de jets qui augmentent dans une proportion notable, dangereuse, l'eau dans laquelle nous pataugeons, et qui surcharge déjà d'un poids si lourd notre frêle nacelle.

Je crois avoir épuisé l'horreur de toutes les descriptions possibles. Je n'ai plus de mots à mon service.

Comment nous sommes-nous tirés de ce chaos? Je ne sais.

J'ai arrêté à ce moment mes notes, comme chacun a pu s'en assurer en feuilletant les cahiers que j'ai remis à l'exposition du centenaire de Philadelphie.

L'an prochain on pourra s'en convaincre à l'Exposition universelle du Champ de Mars, où je suppose que le gouvernement américain enverra les reliques de l'expédition du *Polaris*.

Mon esprit, émoussé par tant d'émotions successives, avait perdu son initiative. Je sentais une inertie précurseur de la mort, de l'anéantissement Il me semblait que mon être se démontait pièce à pièce comme un mécanisme dont on retire successivement tous les ressorts.

Ne pensant plus à moi, à peine si je pensais aux autres !

CHAPITRE XV

Une voile à l'horizon. — Un écho nous trompe. — Allons-nous
périr entre deux steamers? — Un cri du cœur. — Hans part en
éclaireur.

Une voile à l'horizon.

Quelle vue! quelle surprise! Est-ce un rêve?
Voilà un steamer qui marche droit sur nous.

Il met le cap de notre côté; sûrement il nous a
vus. C'est nous qu'il cherche. Nos amis d'Amérique
nous l'ont envoyé pour nous tirer de ces glaces
infernales. Sauvés! sauvés!

Allemands, Américains, Esquimaux, Esquimaudes, embrassons-nous! C'est un vrai délire.

Mais on dirait que le steamer hésite. Il ne nous
a pas vus, ce n'est pas nous qu'il vient chercher.

C'est un navire qui va à la chasse aux phoques.
Il ne s'inquiète pas de l'équipage du *Polaris*. Est-ce
qu'il sait ce que c'est que le *Polaris?*

Jamais je n'ai reçu un coup si subit et si dur. Quel désenchantement! quel désespoir! Nous nous faisons pitié à nous-mêmes. Être si près du salut et si loin d'être sauvés. Allons-nous être engloutis en vue de compatriotes ignorant nos tortures?

Mes enfants, hissons notre embarcation sur un glaçon, et campons! Nous avons de la graisse, ne l'épargnons pas! Allumons de grands feux, non pas seulement pour nous chauffer, mais pour montrer au large qu'il y a des hommes, des civilisés, des chrétiens agonisant sur cette banquise. Qui sait si en poussant le feu un peu plus nous ne frapperons pas l'œil de la vigie? Puis ce steamer n'est pas seul dans ces mers. C'est l'avant-garde de la flotte des baleiniers. — N'épargnons pas la graisse! Il n'y a pas de lune et la nuit est claire.

Si notre flamme parvenait jusqu'à l'horizon, nous serions certainement sauvés. On nous verrait, on nous recueillerait. N'économisez pas la graisse!

Un écho nous trompe.

Le matin est beau et calme, et l'air est tranquille.

Mais il n'y a plus de voile à l'horizon. Nous avons beau regarder avec passion, nous hisser sur la pointe des pieds, grimper le long de la vergue.... Nous ne voyons rien, rien, rien que la vague qui moutonne.

Pas de fumée, plus de mâts, plus de navire!

Tous cependant nous restons en vigie. Cette fois il n'y a plus de quart.

Nous ne tardons pas à être récompensés de nos efforts, de notre confiance dans la Providence.

Le jour est à peine sur son déclin, et nous apercevons un steamer à la distance de huit milles.

Ce n'est pas le même que celui d'hier, c'est un autre.

Il est loin, raison de plus pour ne point attendre qu'il disparaisse.

Vite, un canot à la mer.

En un instant la manœuvre est faite. Je n'ai pas besoin de commander. Nous faisons force de rames. Personne ne se plaint de la fatigue, chacun s'applique à gagner quelques encâblures. Il y va de la vie! Nous avons avancé, mais ils ne paraissent pas nous voir du navire; ils se mettent maintenant sous vapeur, les scélérats, les brutes, nous ne pourrons jamais les rejoindre! Que faire? Pourquoi les injurier? savent-ils qu'ils peuvent-être nos sauveurs?

Au lieu de venir vers nous ils s'éloignent, ils se mettent à nous fuir.

Notre barque est trop enfoncée dans les vagues, nous voyons de mieux en mieux; mais plus nous approchons, plus nous sommes cachés par la houle.

La vague se venge de ce qu'elle ne peut nous engloutir en empêchant de nous sauver.

Voici un glaçon qui porte une sorte de promontoire élevé, en surplomb sur la mer. C'est de là qu'il faut héler le steamer.

En un instant nous prenons à l'abordage cette précieuse banquise.

Je me dirige au pas de course vers le pic. Je roule dans deux ou trois crevasses, mais je me relève, et tout couvert de sueur qui ruisselle sur la neige, je me hisse sur le point le plus élevé, je m'aide du manche de mon drapeau autour duquel est enroulée l'étamine.

Une fois parvenu sur une espèce de plate-forme naturelle, je développe *les bandes et les étoiles*.

En même temps je tire un coup de pistolet, les autres en font autant. J'ordonne de faire trois feux de peloton. Nous entendons trois coups qui répondent. Est-ce le steamer qui a entendu?

Anxiété terrible.

Le steamer vient à nous. Victoire! nous sommes délivrés!

Nous crions de toutes nos forces, nous hurlons, comme si la voix humaine, insensés que nous sommes, pouvait porter à pareille distance.

Mais le steamer s'éloigne. Ce n'était pas le navire, c'était l'écho qui nous avait renvoyé le bruit de notre fusillade.

Allons-nous périr entre deux steamers ?

Mais tout espoir n'est pas perdu, le navire est toujours là. Tantôt il met le cap au sud, tantôt il met le cap au nord. On dirait qu'il cherche à se frayer une route dans la glace et qu'il n'y peut réussir.

Son allure me paraît étrange, car il me semble qu'un bon voilier viendrait facilement à bout de tous ces obstacles, et que par conséquent un steamer doit manœuvrer d'une façon moins pénible.

Mais c'est inutilement que ces échos glacés répercutent le bruit de la détonation et lui donnent une force qui nous paraît à nous autres supérieure à celle de violents coups de tonnerre.

Le steamer vire de bord ; il met le cap au sud ; il revient à l'ouest ; on dirait qu'il va se diriger vers le nord. Il reste toujours à quatre ou cinq milles de nous.

Cependant il nous paraît impossible qu'il ne nous ait point aperçus : nous agitons notre drapeau avec tant de fureur !

Un mouvement du steamer finit par nous convaincre que nous avons raison. Mais à peine croyons-nous être certains de notre délivrance qu'un autre mouvement nous montre que nous nous sommes trompés.

Au moment où nous nous abandonnons au désespoir, un coup de barre, qui paraît inspiré par
le désir de nous rejoindre, vient rallumer notre
espérance.

Vont-ils s'éloigner pour toujours ?

Pendant des heures nous restons silencieux,
haletants, hésitants, suspendus entre la crainte et
l'espérance !

Quand il nous semble que nous sommes sauvés, le maudit navire file à bâbord.

Dès que la rage va nous suffoquer, il revient
vers le tribord.

C'est donc le diable qui tient la barre?

Je me lasse de mettre toute mon âme dans de
lointains regards. Je me détourne du côté, je fuis
un spectacle qui me dégoûte, m'épuise, m'affole et
m'écrase.

Des cris de joie et d'espérance me tirent de ma
torpeur volontaire.

On découvre à l'horizon un autre baleinier. Les
navires qui peuvent nous sauver sont au nombre
de deux à cette heure !

Nous en avons un au nord, et un autre au sud.
Entre tous les deux sommes-nous condamnés à
périr?

Au moins Tantale n'avait qu'un arbre qui lui
tendait ses fruits ; il n'y avait qu'une onde qui
fuyait ses lèvres !

Si l'un des deux vaisseaux ne vient pas à nous,
est-ce que nous ne pourrons point aller jusqu'à lui?

Nous le poursuivrons, au risque de sombrer en route. Nous ne nous arrêterons plus à faire des signaux; nous ne serons plus assez fous pour compter sur le regard distrait d'un matelot.

Idiots que nous sommes! A quoi voulons-nous qu'on nous aperçoive?

On ne voit, en somme que ce que l'on cherche.

Ces braves marins seraient insensés s'ils supposaient qu'ils peuvent nous rencontrer en une saison pareille et dans une situation inconcevable, qui ressemble si peu à ce que l'on a vu, à ce que l'on a lu, à ce que l'on a imaginé jusqu'à ce jour.

Si une vigie pense voir quelque chose, elle n'ose prévenir le capitaine de crainte de passer pour stupide. Est-ce que notre présence dans ces parages ne nous étonne pas nous-mêmes?

Un cri du cœur.

Mais les deux vaisseaux disparaissent l'un après l'autre.

Tous mes raisonnements, toutes mes résolutions ne tiennent pas contre la vérité terrible, épouvantable.

Où aller pour suivre nos sauveurs? Est-ce à bâbord? est-ce à tribord? Nous ne les voyons pas!

Ah! c'est alors que je sens combien la mer est grande.

Après avoir fait mon quart, il est cinq heures du soir, j'entre dans le canot pour méditer à mon aise sur le parti à prendre. Je ferme les yeux involontairement et le sommeil me gagne. Un des hommes de quart me secoue en criant de nouveau : « Un steamer! un steamer! »

Ces mots m'électrisent. Je me lève malgré moi, persuadé que cette alerte est la dernière, la bonne. Je parierais ma vie que nous allons être entendus, que nous allons être sauvés, que nous allons échapper à ces dernières tortures du doute, les plus horribles de toutes!

J'ordonne de décharger à la fois toutes les armes, afin que tous les sons partant ensemble soient renforcés les uns par les autres et qu'ils produisent l'effet d'un son unique.

Au même moment physique je fais pousser un cri formidable, rugissement désespéré, et je donne l'exemple en hurlant comme un damné.

Jamais cri plus formidable ne sortit de gosiers humains.

Jamais le bruit de la poudre ne fut renforcé par une clameur aussi terrible, aussi discordante.

Allemands, Anglais, Esquimaux, Américains, blancs, nègres, femmes et enfants, tous tirent du fond de leur gorge des vibrations stridentes, aigues, perçantes.

Bébé Polaris lui-même semble se douter qu'il y

va de sa vie. Le pauvre chérubin mêle sa voix innocente, inconsciente à la nôtre. Il apporte son contingent à ce déchirement de l'air.

C'est quelque chose de violent, de rauque, de sauvage, que le vent porte au loin. Un volcan humain a fait explosion au milieu des glaces.

Mais on n'a rien vu, on n'entend pas davantage.

Le vent bien faible pourtant, un vrai zéphyr, aura détourné la clameur. Il aura rendu inutile, ridicule, notre gigantesque cri du cœur.

Hans part en éclaireur.

J'ordonne à Hans de lancer son kyak à la mer et d'aller au-devant du navire, de lui couper la route quand même. Il a l'ordre de crier *steamer american!* Ces deux mots, qu'il écorche d'une façon affreuse, suffiront pour faire comprendre qu'il appartient à un navire civilisé, perdu dans les glaces du pôle.

Puis il a la langue des signes. L'amour de sa famille à sauver lui donnera l'éloquence des gestes !

Le steamer disparaît encore. N'ai-je pas compromis Hans inutilement ?

Ce navire va comme les autres s'enfouir dans le brouillard ; que deviendra notre messager ?

Pourra-t-il regagner nos glaces? S'il périt, s'il est englouti, n'est-ce pas une manière d'arriver au port? Ne sera-t-il pas le moins malheureux de nous tous?

Non! Hans a été aperçu; il a abordé. Il a pu se faire comprendre.

Maintenant la chose est sûre : le navire se met à nous chercher, car il sort du brouillard à un quart de mille de nos glaces.

Il me semble que le ciel s'ouvre à mes yeux. Je saisis la hampe du drapeau que Joe soutient d'une main, et je salue en agitant mon bonnet.

Je n'empêche plus de gaspiller la poudre.

Nous pouvons bien mettre nos dernières car touches dans cette dernière salve!

Nos hourras gais, joyeux, parviennent jusqu'à l'équipage qui répond avec entrain.

Voilà le navire bord à bord avec la banquise.

CHAPITRE XVI

Surprise et bonheur. — Le retour. — A la recherche du *Polaris*.
L'expédition de la *Florence*.

Surprise et bonheur.

Ce navire était la *Tigress*, baleinier appartenant à la baie de la Conception, port de Terre-Neuve.

La vigie qui, placée dans le nid de corbeau, explorait l'horizon pour chercher une baleine, n'a pas tardé à apercevoir un point noir qu'elle a pris pour un phoque.

Elle a bientôt reconnu le canot d'un indigène.

Un indigène égaré à douze cents milles du cap Farewell et à quatre cents milles de la côte du Labrador était un phénomène si étrange, que le matelot n'a pu tout de suite donner l'alarme ; il a été quelque temps avant de comprendre.

Pendant plus de dix minutes, il avait Hans devant les yeux, et il croyait être le jouet d'un mirage.

Une fois Hans aperçu, on a compris qu'il s'était passé quelque chose d'extraordinaire, on a mis le cap sur lui.

Quand il a été à bord, il y a eu un autre moment de surprise, d'embarras, d'hésitation. Cependant les mots *steamer american* sortant de cette bouche sauvage, accompagnés de gestes de possédé, ont fait deviner une partie de la vérité.

On ne l'eût pas comprise certainement si je n'avais point eu l'inspiration d'apprendre ces deux mots d'anglais à notre messager.

Sans cela nous étions perdus.

Le capitaine Bartlett se serait imaginé qu'il avait sauvé un Groënlandais entraîné par une tempête et ayant exécuté malgré lui une navigation miraculeuse.

Aucun baleinier ne manquait, l'année dernière ayant été exceptionnellement favorable. Quant au *Polaris*, on ne l'attendait pas avant deux ans.

L'opinion générale était même que le capitaine Hall saurait traverser le pôle de part en part, et qu'on ne le verrait reparaître que du côté de Behring !

Tous les matelots les uns après les autres voulurent descendre à bord de notre glaçon pour voir notre installation. Les détails de notre cuisine les touchaient surtout d'une façon spéciale.

Je défie, sans examiner nos boîtes à sardines,

transformées en casseroles, notre lampe devenue fourneau économique, et sans faire l'inventaire des étonnantes provisions qui garnissaient notre cambuse, de se faire une idée de notre misère.

Nous fûmes obligés de rester quelque temps à faire les honneurs de ce glaçon que nous brûlions de quitter.

Mais la curiosité de nos sauveurs était si grande et si naturelle, que nous ne pouvions nous refuser à leur servir de cicerone.

N'était-ce pas une habile manière de payer l'hospitalité que nous allions recevoir?

Je ne mis le pied dans le canot sauveur que lorsque les femmes et les enfants, ainsi que tous les hommes de mon équipage, furent installés à bord de la *Tigress*.

Il fallut entrer dans de bien longues explications pour faire comprendre au capitaine Bartlett que nous vivions dans les glaces depuis le 14 octobre dernier, c'est-à-dire depuis six mois et demi.

Je ne pus trouver qu'un argument définitif pour le convaincre, ce fut de lui demander comment nous aurions pu venir de si loin.

Et puisqu'il voulait bien se charger de nous nourrir dorénavant, il allait voir au vide que nous ferions dans sa cambuse que nous n'étions point des fantômes, que nous vivions de chair et de pain comme les hommes ordinaires.

Ces longues conversations se succédèrent, avec les uns et avec les autres, pendant des heures entières. Il était plus de deux heures du soir lorsque je fus mon maître.

J'étais harassé de fatigue; mais quand je fus seul livré à moi-même, je me délassai, avant de fermer l'œil, avec une bonne et grande pipe.

Jamais bonheur ne fut mieux gagné, je le dis sans orgueil, ni mieux apprécié par un fumeur.

De ma vie aucun mets ne me paraîtra comparable à la morue et aux pommes de terre qui nous furent données à notre déjeuner. Combien notre petite cabine nous parut confortable ! Il faut avoir subi les privations que nous avions endurées pour savoir quel goût exquis on peut trouver à une tasse de café avec du pain et du beurre !...

Le 5 mai, nous assistâmes au service divin, que le bon capitaine lut à haute voix à son équipage, qui l'écoutait avec respect. Il y avait pour moi un délicieux rafraîchissement d'âme à entendre de nouveau ces vieilles et grandes prières de l'Église, prononcées par des lèvres dont la sincère loyauté était pour moi certaine.

Le retour.

Nous rencontrâmes bientôt d'autres steamers, et comme ils descendaient vers le sud plus tôt que la *Tigress*, je chargeai les capitaines de télégraphier de nos nouvelles en Amérique. Sauf des rhumes et des gonflements aux pieds et aux jambes, nous étions tous bien portants, y compris M. Meyer lui-même.

Le 13 mai, nous étions au port de Saint-John, quand nous reçûmes à notre tour un télégramme nous demandant d'envoyer nos photographies au journal *le Harper's Weekly*. Partout où nous avions abordé, nous avions déjà été l'objet d'une curiosité générale ; tout le monde voulait voir ces gens qui étaient restés si longtemps embarqués sur un glaçon. Les enfants esquimaux, et avant tous les autres le petit Charlie Polaris, étaient examinés avec un intérêt inconcevable, et tous les visiteurs de la *Tigress* laissaient des offrandes pour eux.

A Saint-John les dames leur donnèrent des gâteaux et des bonbons jusqu'à les rendre malades, et je fus obligé d'interdire les visites qu'on leur faisait.

Le 16 mai, nous reçûmes l'avis que le secrétaire de la Marine avait donné ordre à un steamer américain, le *Frolic*, de venir nous chercher à Saint-John pour nous ramener directement à Washington. Cette bonne nouvelle marquait la fin de notre aventure si étrange et si pleine de péripéties.

Le 27 mai nous montions à bord du *Frolic*, et le 1er juin nous arrivions à Washington, où, grâce au télégraphe et à l'activité du *Herald*, tous les détails de notre étonnante épopée étaient parvenus bien avant nous.

Nous fûmes reçus avec un enthousiasme admirable.

Il fallut poser devant un des principaux photographes, qui eut l'idée de nous reproduire en groupe tous ensemble ; il nous fit vêtir à l'américaine, et non pas habillés en sauvages comme sur le glaçon qui avait si longtemps supporté le toit de neige où reposait notre tête.

Nous avions gagné à cette transformation au moins autant que les Esquimaux avaient perdu. J'étais étonné de les trouver aussi laids sous leurs paletots et dans leurs culottes américaines. Ma stupéfaction n'était dépassée que par la surprise de nous trouver si facilement remis de nos souffrances.

En racontant à Terre-Neuve les circonstances de la mort si rapide et si surprenante du pauvre capitaine Hall, j'avais fait confidence au *reporter* du *Herald* de quelques doutes qui surchargeaient ma conscience.

Il me semblait que le capitaine n'avait succomber qu'à la suite de quelque complot ténébreux, et que sa mort n'avait pu être que le résultat d'un crime.

On convoque une commission d'enquête publique, comme toutes celles qui ont lieu sous notre gouvernement républicain, car le peuple ne peut rien avoir de caché pour le peuple lui-même.

Je fus interrogé, je déposai longuement et de la façon la plus loyale.

Tout le monde fut également entendu. On posa les questions les plus minutieuses. On commenta les probabilités, les circonstances, rien ne fut oublié. Les commissaires songeaient à des choses auxquelles je n'avais point pensé moi-même.

Je reconnus spontanément que la douleur m'avait arraché des soupçons injustes. Buddington pouvait avoir été faible, incapable, impuissant, mais il n'était pas criminel.

Je n'avais du reste lancé aucune accusation formelle, et j'avais parlé, moi naïf, au *reporter*, comme si j'avais été devant un confesseur.

Le peuple généreux des États-Unis ne pouvait abandonner ses explorateurs !

Le congrès décida, séance tenante, que l'on enverrait un magnifique steamer, la *Juniata*, à la recherche des treize marins restés à bord du *Polaris*.

Il était juste de récompenser le capitaine Bartlett et la *Tigress*.

On ne pouvait le faire décemment en lui offrant une somme d'argent qu'il aurait refusée. On trouva le moyen beaucoup plus délicat de déclarer que la *Tigress* continuerait son œuvre de sauvetage.

On lui accorda en échange une somme qui valait trois fois son navire.

De plus, on nous offrit à tous de nous engager pour retourner dans les mers polaires, afin d'arracher nos malheureux compagnons à une mort qui ne nous paraissait que trop inévitable !

Si ce n'était la manière surprenante dont la Providence nous avait visiblement protégés, je n'aurais jamais osé concevoir l'espérance de les revoir.

Mais, après les merveilles dont j'ai été témoin pendant six mois et demi, je me suis bien promis de ne plus douter d'aucun miracle, et je suis parti plein d'espérance.

A la recherche du « Polaris ».

Le 14 juillet 1873, je quittais Washington avec trois de mes compagnons qui avaient valeureusement accepté de partager de nouveaux périls.

J'étais officier à bord de la *Tigress*.

Le 14 août, nous arrivons au lieu maudit où, dix mois auparavant, nous avons perdu le *Polaris*. A peine y sommes-nous ancrés, que nous apercevons au large un navire; notre esprit surexcité par tant d'aventures extraordinaires est si avide de merveilleux, que déjà nous croyons voir le capitaine Buddington. Mais le prétendu navire n'était qu'un kyak monté par des Esquimaux. Par eux on apprit que le *Polaris* avait été abandonné de son équipage après les terribles tempêtes du 15 octobre, où nous avions failli être engloutis. Le capitaine Buddington avait établi son campement, pendant l'hiver 1872-73, à peu de distance du point où nous l'avions perdu de vue. Il avait passé la saison rigoureuse sur la terre ferme. Avec du bois et des agrès enlevés au navire les naufragés avaient construit deux embarcations, et dès que le temps était devenu favorable, — il y avait de cela deux mois, — ils étaient partis vers le sud ; on les croyait engloutis, tant la mer était mauvaise, mais personne n'en avait eu de nouvelles. Quant au *Polaris*, il avait sombré dans une tempête, au grand chagrin du chef des Esquimaux, qui avait pris au sérieux une parole de Buddington lui disant en partant qu'il lui faisait « cadeau de son navire. »

Nous n'eûmes pas de peine à nous convaincre que les indigènes ne mentaient pas, car quelques heures après nous avions retrouvé le campement ; il s'y trouvait encore beaucoup de provisions et d'objets ayant appartenu aux naufragés, qui y avaient même laissé beaucoup de vivres. Nous recueillîmes les débris qui avaient quelque valeur, puis nous repartîmes vers le sud, pour continuer nos recherches. Nulle part je ne pus obtenir de renseignements sur ce qu'étaient devenus mes anciens camarades. J'avais sur leur compte les plus vives inquiétudes. Je les croyais perdus sans rémission.

Après une longue croisière, la *Tigress* revint à Saint-John, et là j'appris que Buddington et ses compagnons avaient été recueillis par un baleinier écossais. Ils avaient eu cette heureuse chance le

23 juillet, dans la baie de Melville, après vingt jours seulement de navigation et de traînage sur les glaces.

L'expédition, malgré la perte du *Polaris*, avait produit quelques utiles résultats. On s'était approché du pôle plus près qu'aucun autre navire, et l'on pouvait affirmer que l'espérance de la conquête du pôle nord n'avait plus rien de chimérique. On savait désormais qu'il est possible d'hiverner à une hauteur de 81° 38′; on avait constaté qu'un navire bien construit et bien aménagé peut s'avancer jusqu'à la latitude de 82° 16′; on n'avait rencontré aucun de ces obstacles infranchissables qui empêchent de continuer à s'avancer vers le nord; on avait également prouvé que, même à quatre-vingt-deux degrés de latitude, le froid n'est pas assez vif pour arrêter les explorateurs habitués à la vie polaire. Ces faits bien établis par une expérience mémorable ont encouragé les amis du pôle à secouer la torpeur de l'amirauté britannique. Ces grands et curieux événements, dans lesquels j'ai joué malgré moi un rôle au-dessus de ma capacité et de mon éducation première, ont décidé l'amirauté britannique à fréter l'expédition mémorable du capitaine Nares. La route du capitaine Hall est devenue la grande voie moderne du pôle nord.

Les succès obtenus par l'expédition bien autrement dispendieuse de l'*Alert* et de la *Discovery* doivent être considérés comme un corollaire des

résultats auxquels nous sommes arrivés nous-
mêmes malgré nos désastres.

Enfin, l'expédition du capitaine Nares n'est elle-
même que la préface de celle que médite en ce moment le capitaine Howgate, et dont je suis chargé
d'être le précurseur, noble rôle qui me remplit
d'enthousiasme. Je ne pouvais espérer un plus
éclatant triomphe.

Quelle mission plus belle que de travailler à la
fondation d'une colonie scientifique, la première
qui ait jamais été établie depuis que les hommes
se disent civilisés et prétendent étudier la nature!

Quelle perspective que de porter, comme je l'ai
si ardemment désiré, un dernier hommage sur la
tombe de cet homme illustre entre tous, qui a enfin
ouvert les portes du pôle nord!

Je ne m'arrêterai pas sans déclarer que si j'ai
été passionné dans ces pages, ce n'a point été de
propos délibéré. J'ai écrit ce que j'ai senti, comme
je le sentais, croyant qu'il était bon, humain et logique de faire assister le public tout entier au
grand drame joué à bord du glaçon du *Polaris*.

Les lecteurs qui voudront avoir le récit authentique officiel pourront consulter le magnifique
volume publié par le professeur Nourse, à l'Imprimerie nationale de Washington, sous les auspices du professeur Henry, le vénérable directeur
de l'Institution Smithsonienne.

Ils y trouveront notamment le récit des explorations faites par le capitaine Hall au nord de

Neuman bay. Ce merveilleux mémoire a été découvert par miracle à Washington même, dans ce pupitre que j'avais pieusement arraché à des mains profanes.

Quant à la partie scientifique, ceux qui voudront l'approfondir n'auront qu'à compulser le gros volume où se trouvent toutes les observations recueillies par le docteur Émile Bessel avec une régularité un peu glaciale, mais digne d'un élève de l'Université d'Heidelberg, surtout lorsqu'il revient du pôle.

Un autre volume aussi considérable contiendra les observations de géologie et d'histoire naturelle faites par le docteur Bryan, notre savant chapelain du *Polaris*.

Rien ne manquera à la gloire du capitaine Hall, car ses papiers, renvoyés à la famille par le gouverneur du Groënland, ont été achetés par le Congrès des États-Unis. Ils seront mis en ordre et publiés d'une façon également splendide et non moins fidèle.

Enfin la nation américaine s'apprête à faire de nobles efforts pour compléter l'œuvre grandiose dans laquelle a succombé l'homme admirable que j'ai tant aimé, et dont je brûle d'imiter l'exemple.

L'expédition de la « Florence ».

Je serais déjà en mer, retourné depuis longtemps
à mon poste de combat dans les mers polaires, si
je n'avais été retenu par le devoir de prêter mon
concours au capitaine Howgate, le principal membre de la commission d'enquête.

Ce brave et savant officier a compris combien la
conquête du pôle nord pouvait jeter de gloire sur
nos *stars and stripes*, et il s'est donné la magnifique
mission de compléter l'œuvre du capitaine Hall.

Il a conçu l'idée de la reprendre au point même
où les Anglais l'ont laissée, et de planter le drapeau
de la science le long de la baie Lady-Franklin,
en face de la tombe du capitaine Hall, à côté des
mines de charbon qui, dans le grand assaut du
pôle nord, mettront des ressources si puissantes
entre les mains de vaillants lutteurs !

Le comité des affaires navales de la Chambre des
députés avait accueilli favorablement ce beau projet et accordé un crédit de 50 000 dollars, quand
le président des États-Unis se vit obligé de pro-
roger les Chambres, ce qui paralysait forcément
toute action législative. Les Français, qui traversent en ce moment une crise analogue, ne doivent
point être étonnés d'un retard de cette nature.

L'année se trouvait perdue, si le capitaine Howgate n'avait consenti à prendre l'initiative d'une souscription publique. Beaucoup de souscripteurs ont donné en nature les objets d'équipement, les vivres; le navire même n'a rien coûté. Deux riches citoyens de New-York ayant souscrit, l'un pour une somme de 5000 dollars, et l'autre pour une somme de 6000, la *Florence* a été frétée et elle est prête à partir. Le capitaine Howgate a ajouté de sa poche ce qui manquait, et a même consenti à donner chaque mois une solde à ma famille.

La *Florence* est un joli schooner solidement construit, qui me rappelle l'*Ameret* et me rajeunit de quinze ans !

Notre équipage n'est que de dix matelots. Nous avons à bord deux savants, M. T. Sherman de Providence (Rhode Island) et M. Ludwig-Kumlein. Le premier a été choisi sur la recommandation du professeur Loomis comme étant un excellent météorologiste. Le second fut indiqué par M. Baird, commissaire des eaux et forêts, comme ayant tout le talent nécessaire pour déterminer les espèces animales, végétales et minérales que nous rencontrerons dans notre voyage.

Notre but n'est pas de nous rendre directement dans le détroit de Smith, au lieu où la colonie doit être installée, mais nous allons, pendant cet automne, réunir les chiens et les vêtements indigènes nécessaires aux colons de la baie Lady-Franklin. Nous sommes de plus chargés d'engager une douzaine de familles d'Esquimaux, qui établiront leur demeure dans ces régions inhospitalières.

Au printemps prochain, à l'ouverture des glaces, nous nous trouverons à Disco en même temps que l'expédition qui, deux mois auparavant, se sera mise en route pour le détroit de Robeson. Mon navire est bon marcheur, mon équipage a été choisi par mes soins, et composé de marins passionnés pour l'honneur du pavillon national.

Nos deux savants sont jeunes, ardents, désireux de se distinguer dans leur magnifique mission, et d'apporter un dévouement hors ligne au succès de l'œuvre. Ils s'occupent de tous les détails de l'armement avec un soin du meilleur augure.

Chacun de nous a fait le sacrifice de sa vie. La nation américaine est assez riche pour nourrir ma famille si je viens à succomber. Si je réussis, j'aurai dans la reconnaissance publique une récompense plus belle que les titres de noblesse et les décorations dont il paraît qu'on se contente en Europe.

Quoi qu'il arrive, le petit navire prend une grande et belle initiative. Car désormais, suivant la belle expression du capitaine Howgate, on montrera dans l'assaut du pôle nord toute la ténacité dont notre ancien président, le général Grant, a fait preuve quand il poursuivait Lee dans le désert.

Notre départ est un signal; l'exemple que nous

donnerons viendra merveilleusement en aide au capitaine Jules Payer et au lieutenant Weyprecht. Dans dix ans, des colonies civilisées et des observatoires seront établis à la Nouvelle-Zemble, à la terre François-Joseph, aux îles Parry, au Spitzberg, en un mot les contrées que le soleil abandonne seront illuminées par la science !

Des lignes télégraphiques rattacheront ces postes d'observation au réseau météorologique, et permettront de rédiger des prévisions véritablement universelles.

Je suis magnifiquement récompensé de toutes mes souffrances. La Providence semble me réserver le bonheur que j'ambitionnais le plus quand je commandais le glaçon du *Polaris*.

Car le désir de revoir ma patrie n'était pas seul à faire palpiter mon cœur. Il me semblait que je ne devais pas mourir avant d'avoir été indispensable encore une fois sur la tombe du capitaine Hall.

Je pars heureux et fier d'être le pionnier d'une œuvre universelle, à laquelle ont glorieusement contribué les Scoresby, les Parry, les Sabine, les Franklin, les Belot, les Nordenskiold. L'immensité de l'honneur qu'on me fait me permet d'envisager sans trembler l'immensité de ma tâche.

CHAPITRE XVII

Post-Scriptum du narrateur.

C'est le 15 août que le schooner *Florence* a appareillé sous le commandement de Tyson. Ce petit bâtiment, dont le port est de cinquante-six tonneaux, se dirige vers la côte de Cumberland où son capitaine a hiverné tant de fois. Ses instructions lui enjoignent de procéder à la pêche de la baleine, afin de se procurer une petite cargaison d'huile et de fanons.

Après avoir rempli cette première partie de son programme, la *Florence* se rendra dans les parages où l'on peut engager les familles indigènes et acheter les chiens nécessaires à la future colonie de la baie Lady-Franklin, que le capitaine Howgate ira fonder l'an prochain.

Les cales renferment en abondance des vivres de

toute nature, et des munitions tant pour la chasse que pour troquer avec les indigènes, dont le concours sera indispensable dès cette année.

En effet, l'on a l'intention de faire travailler cet hiver les femmes des Esquimaux, pour fabriquer les vêtements indispensables aux personnes qui constitueront la colonie.

L'équipage se compose du capitaine Tyson, du second Willam Sisson, de Dennisson Burrow, lieutenant, et des deux savants dont nous avons déjà indiqué les noms. Les matelots sont au nombre de quatre : Richard B. York, William A. Albin Sag, James W. Lee et Joe B. Butles. Il y a deux apprentis marins, John Mac Partland et David T. Reese, ancien employé du service télégraphique de New London, et un steward Eleazer Coze.

Il serait prématuré de dire au juste quand l'expédition de 1878 quittera l'Amérique, mais c'est au mois de juillet prochain que la *Florence* doit avoir réuni à Disco toutes les provisions indispensables à la fondation de la colonie.

On ne sait pas encore quelle est l'importance de la somme que le Congrès mettra à la disposition de l'expédition.

Mais on sait que le navire qui se rendra dans le détroit de Smith aura un tonnage supérieur à celui du *Polaris*.

Le gouvernement américain ne fera pas à lui

seul les frais de l'expédition. Un certain nombre
de riches particuliers contribueront à cette entreprise. Nous espérons que notre chère France sai-
sira cette occasion de montrer qu'elle n'est point
indifférente au succès d'une œuvre accomplie dans
l'intérêt commun de la science universelle.

Enfin, ajoutons que le capitaine Howgate appartient au service des signaux et qu'il occupe dans
cette haute administration scientifique le premier
poste avec le général Myer. C'est assez dire que
rien ne sera négligé pour que les découvertes de
l'expédition de 1878 soient utiles au progrès de la
prévision du temps, un des problèmes dont la
solution peut être cherchée dans les solitudes arctiques.

Quel est le critique des expéditions polaires qui
oserait dire qu'un pas nouveau dans cet art si
difficile ne vaut pas à lui seul tous les efforts que
coûtera la conquête du pôle?

Puissions-nous voir bientôt arriver le siècle où
l'on n'aura d'autres reproches à faire aux gouvernements que d'avoir envoyé à la mort des explorateurs voués à des entreprises dangereuses! Puissent nos enfants ne pas comprendre qu'il fut un
temps où des hommes mettaient leur gloire à s'é-
gorger sous les ordres de quelque despote! On ne
pourra complétement admirer les nations se ruant
à la découverte du pôle, que lorsqu'elles auront
cessé de se précipiter sur des peuples dont elles
convoitent les dépouilles. Mais quelque grands que

soient les progrès de la raison, jamais la rage de savoir ne fera en un lustre autant de victimes que l'ambition sanguinaire en fait parfois couler en un seul jour.

Au moment de mettre sous presse, nous recevons du capitaine Howgate, commandant de l'expédition américaine de 1879, la lettre suivante que nous ne pouvons nous dispenser de placer sous les yeux du public.

DÉPARTEMENT DE LA GUERRE, BUREAU DU COMMANDANT AU SERVICE DES SIGNAUX.

Washington, D. C., 16 août 1877.

M. Wilfrid de Fonvielle, rédacteur du *Temps*, 50, rue des Abbesses, Paris, France.

Mon cher Monsieur,

Votre estimable lettre du 26 juin, adressée au capitaine Tyson, m'a été transmise pour y répondre. Cette réponse a été nécessairement retardée à cause de l'excès de travail qui m'a surchargé pendant l'armement de la Florence (c'est le vaisseau choisi pour l'expédition préliminaire); mais je profite de la première opportunité pour dire que si le Congrès, comme je l'espère, prend dans sa prochaine session des mesures favorables à l'établissement de la colonie arctique, mon intention est d'essayer les ballons comme un moyen d'exploration, et vos services offerts d'une façon si courtoise, seront conséquemment acceptés avec reconnaissance. Votre réputation comme homme de lettres et de science est trop bien établie pour rendre nécessaires les références que vous indiquez.

Avec tout le respect je suis,

H. W. Howgate,

U. S. A.

J'ai lieu d'espérer que sous le commandement du capitaine Howgate, et sous le pavillon qui, après notre glorieux drapeau tricolore, est le plus cher à mon cœur républicain, je pourrai travailler à utiliser l'art des Montgolfier et des Giffard à la conquête du pôle.

Je ne m'attendais point à une si brillante perspective au moment où je retraçais d'une main émue, à l'aide de froids documents, les merveilleux drames qui ont eu pour théâtre le glaçon du *Polaris.*

Il me semble que l'idée de mériter les sympathies de mes concitoyens me permettra de soutenir les épreuves d'un pénible voyage. Je crois les supporter plus facilement que la pensée d'être condamné au rôle de narrateur de périls, dont il me semblait, à mon grand désespoir, qu'aucun compatriote de Gustave Lambert ne serait appelé à partager la gloire.

Que de fois le regret de voir le résultat de nos divisions, de nos querelles misérables éclater dans notre impuissance, n'a-t-il pas arrêté ma verve et glacé ma plume !

Plein de confiance dans les décisions du sénat d'une grande République, j'emploierai utilement pour l'expédition les mois qui nous séparent encore de la date du départ; je mettrai de nouveau en réquisition la science du grand ingénieur à l'amitié duquel je dois le peu que je sais et qui ajoutera, pendant que le capitaine Howgate et ses compagnons vogueront vers le pôle, à toutes les merveilles de l'Exposition universelle une merveille plus grande encore.

S'il se décidait à entreprendre ses expériences de direction aérienne, quelles perspectives ne s'ouvriraient point pour la conquête du pôle. Avec quelle facilité son ballon dirigeable ne résoudrait-il pas le problème, dont la solution sera si pénible tant que l'homme ne saura pas franchement triompher des caprices de l'air !

FIN.

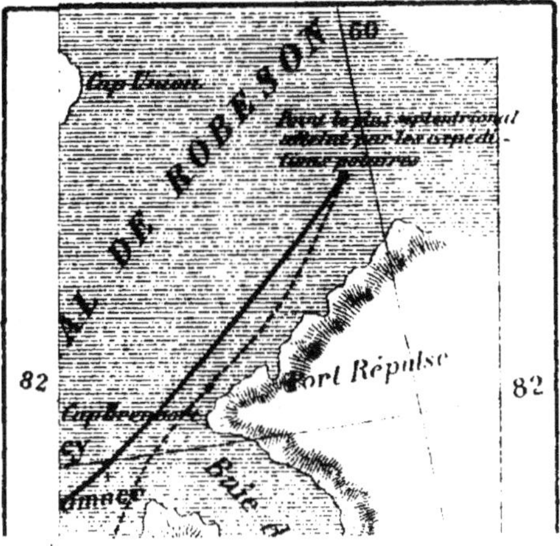
Cap Union
CANAL DE ROBESON
80
Point le plus septentrional atteint par les expéditions polaires
82
Fort Repulse
82
Cap Beaufort
Baie d
Sumner

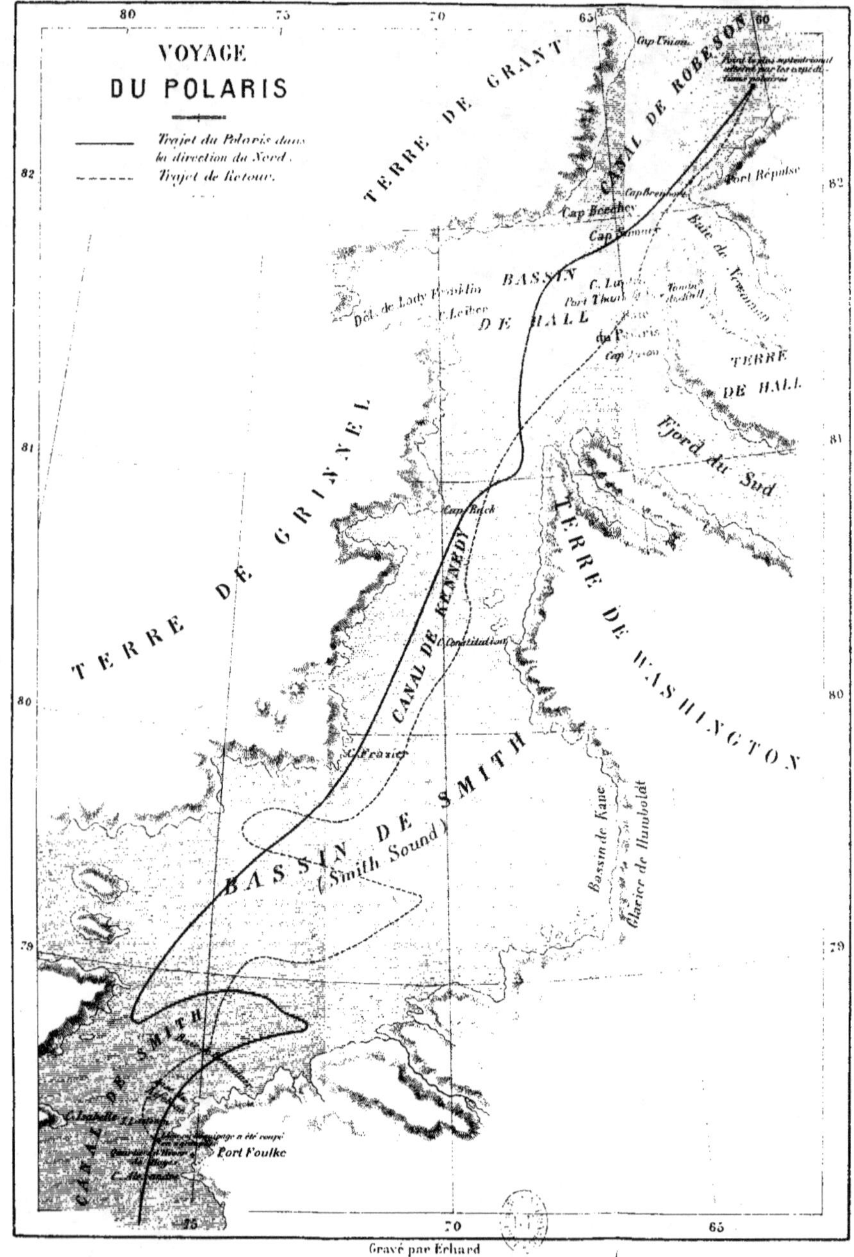

Hachette et C.ie à Paris.
VOYAGE
DU POLARIS
Trajet du Polaris dans
la direction du Nord.
Trajet de Retour.
TERRE DE GRANT
CANAL DE ROBESON
Cap Union
Cap Brevoort
Port Répulse
Cap Beechey
Cap Sumner
Baie de Newman
BASSIN
DE HALL
C. Lupton
Port Thank
Tombe de Hall
Dét. de Lady Franklin
C. Leiber
Baie du Polaris
Cap Lyon
TERRE
DE HALL
Fjord du Sud
TERRE DE GRINNEL
Cap Buch
CANAL DE KENNEDY
C. Constitution
TERRE DE WASHINGTON
C. Frazier
BASSIN DE SMITH
(Smith Sound)
Bassin de Kane
Glacier de Humboldt
CANAL DE SMITH
C. Isabelle
Port Foulke
Gravé par Erhard

TABLE DES CHAPITRES

Pages

CHAPITRE XI.

CHAPITRE XII.

CHAPITRE XIII.

CHAPITRE XIV.

CHAPITRE XV.

CHAPITRE XVI.

CHAPITRE XVII.

Mars 1877.

—

CATALOGUE

DES

PUBLICATIONS

GÉOGRAPHIQUES

DE

LA LIBRAIRIE

HACHETTE ET CIE

—

PARIS, BOULEVARD SAINT-GERMAIN, 79

LONDRES, 18, KING WILLIAM STREET, STRAND

DIVISIONS DU CATALOGUE

DICTIONNAIRES

GÉOGRAPHIQUES

Bouillet : *Dictionnaire universel d'histoire et de géographie*, contenant : 1º l'histoire proprement dite; 2º la biographie universelle; 3º la mythologie; 4º la géographie ancienne et moderne. Ouvrage revu et continué par M. A. Chassang, inspecteur général de l'Université, recommandé par le conseil de l'instruction publique et approuvé par Mgr l'archevêque de Paris. Vingt-cinquième édition, avec un supplément. 1 volume de plus de 2000 pages, grand in-8, à deux colonnes, pouvant se diviser en deux parties, broché. 21 fr.

Le cartonnage en percaline gaufrée se paye en sus 2 fr. 75 c.; la demi-reliure en chagrin, 4 fr. 50 c.

Voir pour l'*atlas* qui fait suite au Dictionnaire, page 18.

Joanne (A.) : *Dictionnaire géographique, administratif, postal, statistique et archéologique de la France, de l'Algérie et des colonies*, contenant pour chaque commune la condition administrative, la population; la situation géographique, l'altitude; la distance des chefs-lieux de canton, d'arrondissement et de département; les bureaux de poste, les stations et correspondances des chemins de fer et le bureau de télégraphie; la cure ou succursale; l'indication de tous les établissements d'utilité publique ou de bienfaisance; tous les renseignements administratifs, judiciaires, ecclésiastiques, militaires, maritimes; le commerce; l'industrie; l'agriculture; les richesses minérales; la nature du terrain; enfin les curiosités naturelles ou archéologiques; les collections d'objets d'art ou de sciences; avec la description détaillée de tous les cours d'eau, de tous les canaux, de tous les phares, de toutes les montagnes, et des notices géographiques, administratives, statistiques sur les 89 départements, une introduction sur la France, etc.; 2e édit., entièrement refondue, suivie d'un *supplément* contenant les communes qui ont cessé de faire partie du territoire français. 1 vol. grand in-8, à deux colonnes (2740 pages), broché. 25 fr.

Le cartonnage en percaline gaufrée se paye en sus 3 fr. 25; la demi-reliure en chagrin, 5 fr.

— *Petit Dictionnaire géographique de la France*, ouvrage abrégé du précédent; nouvelle édition. 1 vol. in-12. (*Sous presse.*)

Meissas et **Michelot** : *Dictionnaire de géographie ancienne et moderne*, contenant tout ce qu'il est important de connaître en géographie physique, politique, commerciale et industrielle, et les notions indispensables pour l'étude de l'histoire; nouvelle édition. 1 volume grand in-8, contenant 8 cartes coloriées, broché. 7 fr. 50

Le cartonnage en percaline gaufrée se paye en sus. 1 fr. 50

Vivien de Saint-Martin : *Nouveau dictionnaire de géographie universelle*, contenant : 1º la Géographie physique; 2º la Géographie politique; 3º la Géographie économique; 4º l'Ethnologie; 5º la Géographie historique; 6º la Bibliographie.

L'ouvrage formera deux magnifiques volumes in-4, format du *Dictionnaire de la langue française de M. E. Littré*, imprimés sur trois colonnes. Chaque volume contiendra environ 200 feuilles, soit 1600 pages. La publication aura lieu par fascicules de 10 feuilles (80 pages). — Chaque fascicule se vendra 2 fr. 50 c. Il paraîtra au moins 6 fascicules par an à dater du 1er février 1877. — Le premier fascicule est en vente.

II

VOYAGES

Abbadie (Arnaud d') : *Douze ans de séjour dans la Haute-Éthiopie (Abyssinie).* Tome Ier. 1 vol. in-8. 7 fr. 50

Agassiz (M. et Mme) : *Voyage au Brésil,* traduit de l'anglais, par F. Vogeli et abrégé par J. Belin de Launay. 1 vol. in-18 jésus, avec 16 gravures et 1 carte. 2 fr. 25
Le même ouvrage, sans les gravures. 1 vol. 1 fr. 25

Aunet (Mme L. d') : *Voyage d'une femme au Spitzberg.* 1 vol. in-18 jésus, avec 34 vignettes. 2 fr. 25
Le même ouvrage, sans les vignettes. 1 vol. 1 fr. 25

Baines (Th.) : *Voyages dans le sud-ouest de l'Afrique,* traduits et abrégés par J. Belin de Launay. 1 vol. in-18 jésus, avec 22 gravures et 1 carte. 2 fr. 25
Le même ouvrage, sans gravures. 1 vol. 1 fr. 25

Baker (W.) : *Découverte de l'Albert N'yanza,* traduit de l'anglais par Gustave Masson. 1 vol. in-8, avec 8 gravures et 2 cartes. 10 fr.
Le même ouvrage, abrégé par J. Belin de Launay. 1 vol. in-18 jésus, avec 16 vignettes et 2 cartes. 2 fr. 25
Le même, sans les vignettes. 1 fr. 25 c.

— *Ismaïlia.* Récit d'une expédition dans l'Afrique centrale pour l'abolition de la traite des noirs, traduit par M. Vattemare. 1 vol. in-8, avec 56 gravures et 2 cartes. 10 fr.

Baldwin : *Du Natal au Zambèse.* 1861-1866. Récits de chasse. Traduction de Mme Henriette Loreau, abrégée par J. Belin de Launay. 1 vol. in-18 jésus, avec 24 gravures et 1 carte. 2 fr. 25

Le même ouvrage, sans les gravures. 1 vol. 1 fr. 25

Bouyer (Frédéric), capitaine de frégate : *la Guyane française,* notes et souvenirs d'un voyage exécuté en 1862-1863. 1 vol. in-4. tiré sur papier teinté, avec 100 gravures et 3 cartes. 10 fr.

Burton (le C.) : *Voyage aux grands lacs de l'Afrique orientale,* traduit de l'anglais par Mme H. Loreau. 1 vol. in-8, avec 37 vignettes dans le texte. 10 fr.

— *Voyages à la Mecque, aux grands lacs d'Afrique et chez les Mormons,* abrégés par J. Belin de Launay. 1 volume in-18 jésus, avec 12 gravures et 3 cartes. 2 fr. 25
Le même ouvrage, sans gravures. 1 vol. 1 fr. 25

David (l'abbé) : *Journal de mon troisième voyage d'exploration dans l'empire chinois.* 2 vol. in-18 jésus. 7 fr.

Davillier (le baron Ch.) : *L'Espagne.* 1 beau vol. in-4, avec 300 gravures sur bois, d'après les dessins de Gustave Doré. 50 fr.

Deville (L.) : *Excursions dans l'Inde.* 1 vol. in-18 jésus. 3 fr. 50

Duruy (Victor) : *Causeries de voyage : De Paris à Vienne.* 1 vol. in-18 jésus. 3 fr. 50

Énault (L.) : *Londres illustré.* 1 beau vol. in-4o, avec 130 gravures sur bois, d'après les dessins de Gustave Doré, et un plan. 50 fr.
— *Constantinople et la Turquie.* 1 vol. in-18 jésus. 3 fr. 50

Forbin (comte de) : *Voyage à Siam.* 1 vol. in-18 jésus. 50 c.

Garnier (F.) : *Voyage d'exploration en Indo-Chine.* 2 vol. in-4, contenant 158 gravures sur bois, avec un atlas in-folio cartonné, renfermant 12 cartes, 10 plans, 2 eaux-fortes, 10 chromo-lithographies, 4 lithographies à 3 teintes et 31 lithographies à 2 teintes. 200 fr.

Gobineau (comte de) : *Trois ans en Asie* (1855-1858). 1 vol. in-8.   3 fr.

Gourdault (J.) : *Voyage au pôle nord des navires* la Hansa *et* la Germania, rédigé d'après les relations officielles. 1 vol. in-8, avec 80 gravures et 3 cartes.   10 fr.

— *L'Italie*, description de toute la péninsule depuis les passages alpestres exclusivement, jusqu'aux régions extrêmes de la grande Grèce. 1 magnifique vol. in-4, avec 400 gravures sur bois.   50 fr.

Hayes (Dr) : *La mer libre du pôle*, voyages et découvertes dans les mers Arctiques (1860-1861), traduit de l'anglais et accompagné de notes complémentaires par M. E. de Lanoye. 1 vol. in-8 avec 70 gravures et 3 cartes.   10 fr.
Le même ouvrage, abrégé par J. Belin de Launay. 1 vol. in-18 jésus, avec 14 gravures et 1 carte. 2 fr. 25
Le même, sans gravures.   1 fr. 25

— *La Terre de désolation*, excursion d'été au Groënland, traduit de l'anglais par J.-M.-L. Reclus. 1 vol. in-8, avec 43 gravures et une carte.   10 fr.

Hepworth Dixon : *La Russie libre*. Ouvrage traduit de l'anglais par Em. Jonveaux. 1 vol. in-8º avec 75 gravures et une carte.   10 fr.

— *La Conquête blanche*, ouvrage traduit de l'anglais, par H. Vattemare. 1 vol. in-8, avec 75 gravures sur bois.   10 fr.

Hervé et de Lanoye : *Voyage dans les glaces du pôle arctique*. 1 vol. in-18 jésus, avec 40 vignettes. 2 fr. 25

Hübner (le baron de) : *Promenade autour du monde ;* nouvelle édition. 2 vol. in-18 jésus.   7 fr.
Le même ouvrage, illustré. 1 magnifique vol. in-4, avec 300 gravures sur bois.   50 fr.

Hugo (Victor) : *Le Rhin*. 3 vol. in-18 jésus.   10 fr. 50

Humbert (Aimé) : *Le Japon illustré*. 2 beaux vol. in-4, avec 500 gravures sur bois, 1 carte du Japon et 4 plans. 50 fr.

Lacour (Raoul) : *L'Égypte, d'Alexandrie à la seconde cataracte*. 1 vol. in-8, avec gravures sur bois et cartes d'Egypte et de Nubie.   7 fr. 50

Lamartine : *Voyage en Orient*. 2 vol. in-8, avec gravures sur acier.   15 fr.
Le même ouvrage, sans gravures. 2 vol. in-18 jésus.   7 fr.

Lanoye (Fr. de) : *Le Nil et ses sources*. 1 vol. in-18 jésus, avec 32 vignettes et cartes.   2 fr. 25
Le même ouvrage, sans vignettes. 1 vol.   1 fr. 25

— *La Sibérie*. 1 vol. in-18 jésus, avec 48 vignettes.   2 fr. 25

— *La mer polaire*, voyage de *l'Érèbe* et de *la Terreur*, et expédition à la recherche de Franklin ; 3e édition. 1 vol. in-18 jésus, avec 29 vignettes et des cartes.   2 fr. 25

Laporte (L.) : *L'Égypte à la voile*. 1 vol. in-18 jésus.   3 fr.

Le Tour du monde. (Voyez page 27.)
Table décennale du Tour du monde (1860-1869). Brochure in-4.   1 fr.

Lejean (G.) : *Voyage en Abyssinie*. 1 vol. in-4 et atlas.   20 fr.

Léouzon-Leduc : *La Baltique*. 1 vol. in-18 jésus.   1 fr. 25
— *Les îles d'Aland*. In-18 jésus. 1 fr. 25

Liégeard (Stéphen) : *Vingt journées d'un touriste au pays de Luchon*. 1 vol. in-18 jésus.   3 fr. 50

Livingstone (David) : *Explorations dans l'intérieur de l'Afrique australe*. Ouvrage traduit de l'anglais par Mme H. Loreau. 1 vol. in-8, avec 45 gravures et 2 cartes.   10 fr.

— *Le dernier journal*, voyage au centre de l'Afrique (1866-1873), suivi du récit des derniers moments de l'illustre voyageur et du transport de ses restes. Traduit de l'anglais, par Mme H. Loreau. 2 vol. in-8, avec 45 gravures et 2 cartes.   20 fr.

Livingstone (David et Charles) : *Explorations du Zambèse et de ses affluents*, et découverte des lacs Chiroua et Nyassa (1858-1864). Ouvrage traduit de l'anglais par Mme H. Loreau. 1 vol. in-8º avec 47 gravures et 4 cartes.   10 fr.

— *Explorations dans l'Afrique australe*, abrégées par J. Belin de Launay. 1 volume in-18 jésus, avec 20 gravures et une carte.   2 fr. 25

Le même ouvrage, sans gravures. 1 vol.   1 fr. 25

Mage (le L.) : *Voyage dans le Soudan occidental* (Sénégambie et Niger, 1863-1866). 1 vol. in-8, avec 60 gravures d'après les dessins de l'auteur, et 8 cartes et plans.

Il ne reste plus que treize exemplaires sur papier de Chine du prix de 25 fr.

Le même ouvrage, abrégé par J. Belin de Launay. 1 vol. in-18 jésus, avec 16 gravures et 1 carte.   2 fr. 25

Le même, sans gravures.   1 fr. 25

Marcoy (Paul): *Voyage à travers l'Amérique du Sud*, de l'océan Atlantique à l'océan Pacifique. Deux beaux vol. in-4, avec 626 gravures sur bois et 20 cartes.   50 fr.

— *Scènes et paysages dans les Andes*. 2 vol. in-18 jésus.   2 fr. 50

Marmier (X.), de l'Académie française : *Lettres sur le Nord;* 1 vol. in-18 jésus.   3 fr. 50

— *Un été au bord de la Baltique et de la mer du Nord*. 1 vol. in-18 jésus.   3 fr. 50

— *De l'Est à l'Ouest*. 1 vol. in-18 jésus.   3 fr. 50

Milton et **Cheadle** : *Voyage de l'Atlantique au Pacifique*, à travers le Canada, les montagnes Rocheuses et la Colombie anglaise. Ouvrage traduit de l'anglais par J. Belin de Launay. 1 vol. in-8, avec 22 vignettes et 2 cartes.   10 fr.

Le même ouvrage, abrégé, avec 16 gravures et 2 cartes. 1 vol. in-18 jésus.   2 fr. 25

Le même, sans gravures.   1 fr. 25

Molinari (M. D.-G.) : *Lettres sur les Etats-Unis et le Canada*. 1 vol. in-18 jésus.   3 fr. 50

Moges (le marquis de) : *Souvenirs d'une ambassade en Chine et au Japon*. 1 vol. in-18 jésus.   1 fr. 25

Montégut (Emile) : *Tableaux de la France : Souvenirs de Bourgogne*. 1 vol. in-18 jésus.   3 fr. 50

En Bourbonnais et en Forez. 1 vol. in-18 jésus.   3 fr. 50

Mouhot (Charles) : *Voyage dans les royaumes de Siam, de Cambodge et de Laos*. 1 vol. in-18 jésus, avec 28 gravures et une carte.   2 fr. 25

Le même ouvrage, sans gravures. 1 vol.   1 fr. 25

Palgrave (W. G.) : *Une année de voyage dans l'Arabie centrale* (1862-1863). Ouvrage traduit de l'anglais par E. Jonveaux. 2 vol. in-8, avec 1 carte et 4 plans.   10 fr.

Le même ouvrage, abrégé par J. Belin de Launay. 1 vol. in-18 jésus, avec 12 gravures et 1 carte. 2 fr. 25

Le même, sans gravures.   1 fr. 25

Pascal (L.): *La Cange, voyage en Egypte*. 1 vol. in-18 jésus.   2 fr.

Perron d'Arc : *Aventures d'un voyageur en Australie*. 1 vol. in-18 jésus, avec 25 gravures.   2 fr. 25

Le même ouvrage, sans gravures. 1 vol.   1 fr. 25

Perrot (Georges): *L'île de Crète*, souvenirs de voyage. 1 volume in-18 jésus.   1 fr. 25

Pfeiffer (Mme Ida) : *Voyage d'une femme autour du monde*, traduit de l'allemand par W. de Suckau. 1 vol. in-18 jésus, avec carte.   3 fr. 50

— *Mon second voyage autour du monde*, traduit de l'allemand par W. de Suckau. 1 vol. in-18 jésus, avec carte.   3 fr. 50

— *Voyage à Madagascar*, traduit de l'allemand par W. de Suckau, et précédé d'une notice sur Madagascar, par Fr. Riaux. 1 vol. in-18 jésus, avec carte.   3 fr. 50

— *Voyages autour du monde*, abrégés par J. Belin de Launay. 1 volume in-18 jésus, avec 16 gravures et une carte.   2 fr. 25

Le même ouvrage, sans gravures. 1 vol.   1 fr. 25

Raynal (F.-E.) : *Les naufragés, ou vingt mois sur un récif des îles Auckland*, récit authentique. 1 vol. in-8, avec 40 gravures, par A. de Neuville, et une carte.   10 fr.

Rousselet (L.) : *L'Inde des Rajahs*. Voyages dans l'Inde centrale et dans les présidences de Bombay et du Bengale; 2e édit. 1 beau vol. in-4, avec 317 gravures et 5 cartes.   50 fr.

Schweinfurth (G.) : *Au cœur de l'A-frique.* Voyages et découvertes dans les régions inexplorées de l'Afrique centrale de 1868 à 1871. Ouvrage traduit de l'anglais, par Mme H. Loreau. 2 volumes in-8º, avec 150 gravures et 2 cartes.   20 fr.

Le même ouvrage, édition abrégée, par J. Belin de Launay. 1 vol. in-18 jésus, avec 16 gravures et 1 carte.   2 fr. 25

Le même, sans gravures.   1 fr. 25

Simonin : *Le monde américain,* souvenir de mes voyages aux Etats-Unis. 1 vol. in-18 jésus.   3 fr. 50

Speke : *Journal de la découverte des sources du Nil;* 1 vol. in-8, avec 3 cartes et 78 gravures d'après les dessins du capitaine Grant.   10 fr.

Le même ouvrage, édition abrégée par J. Belin de Launay. 1 volume in-18 jésus, avec 24 gravures et 3 cartes.   2 fr. 25

Le même, sans gravures.   1 fr. 25

Stanley (H.) : *Comment j'ai retrouvé Livingstone,* traduit de l'anglais par Mme H. Loreau. 1 vol. in-8, avec 60 gravures et 5 cartes.   10 fr.

Le même ouvrage, édition abrégée, par J. Belin de Launay. 1 vol. in-18 jésus, avec grav. et cartes. 2 fr. 25

Le même, sans gravures.   1 fr. 25

Taine (H.) : *Voyage aux Pyrénées;* 2e édit. 1 vol. in-8º, tiré sur papier teintés, avec 350 vignettes d'après les dessins de Gustave Doré.   10 fr.

Le même ouvrage, sans les vignettes. 1 vol. in-18 jésus.   3 fr. 50

— *Voyage en Italie.* 2 vol. in-18 jésus, qui se vendent séparément :

    Tome I : *Naples et Rome.*   3 fr. 50
    Tome II : *Florence et Venise.*   3 fr. 50

— *Notes sur l'Angleterre.* 1 vol. in-18 jésus.   3 fr. 50

Thomson (J.) : *Dix ans de voyage dans la Chine et l'Indo-Chine.* Ouvrage traduit de l'anglais, par A. Talandier. 1 vol. in-8, avec 50 gravures sur bois.   10 fr.

Thomson (W.) : *Les abîmes de la mer.* Récits des croisières du *Porc-Epic* et de *l'Eclair* et des résultats obtenus par les dragages faits à bord de ces navires en 1868, 1869, 1870. Ouvrage traduit de l'anglais par le Dr Lortert. 1 vol. in-8, avec 94 gravures.   15 fr.

Trémaux (P.) : *Voyage dans la Nigritie, au Soudan oriental et dans l'Afrique septentrionale.* Grand atlas de 51 planches in-folio, avec textes, cartes, etc.   120 fr.

— *Exploration archéologique en Asie Mineure,* comprenant les restes non connus de 40 cités antiques.

Formera 43 livraisons de 5 planches in-folio et texte. Les 10 premières livraisons sont en vente. Prix de chaque livraison. 10 fr.

— *Voyage au Soudan.* 1 vol. in-8. 4 fr.

Vambéry : *Voyages d'un faux derviche dans l'Asie centrale,* de Téhéran à Khiva, à Bokhara et à Samarcand, par le grand désert Turkoman. Ouvrage traduit de l'anglais par M. E.-D. Forgues. 1 vol. in-8, avec 34 gravures et une carte.   10 fr.

Le même ouvrage, abrégé par J. Belin de Launay. 1 vol. in-18 jésus, avec 18 gravures et une carte.   2 fr. 25

Le même, sans gravures.   1 fr. 25

Varigny (C. de) : *Quatorze ans aux îles Sandwich.* 1 volume in-18 jésus.   3 fr. 50

Wey (Fr.) : *Rome, descriptions et souvenirs ;* 3e édit. 1 beau vol. in-4, avec 346 grav. et un plan de Rome.   50 fr.

— *La Haute Savoie.* 1 volume in-18 jésus.   3 fr. 50

Whymper (E.) : *Escalades dans les Alpes.* Ouvrage traduit de l'anglais par Ad. Joanne. 1 vol. in-8, avec 75 gravures d'après les croquis de l'auteur.   10 fr.

Whymper (Fr.) : *Voyages et aventures dans l'Alaska.* Ouvrage traduit de l'anglais par M. Emile Jonveaux. 1 vol. in-8º, avec 37 gravures et 1 carte.   10 fr.

III

GÉOGRAPHIE

ET

OUVRAGES DIVERS

Annuaire du club alpin français.
Année 1875. 1 vol. in-8º, avec gravures et cartes. 18 fr.

Cortambert, *Voyage pittoresque à travers le monde.* 1 vol. in-8, avec 60 gravures. 5 fr.

Daubrée : *La mer et les continents.* 1 vol. in-18. 25 c.

Desjardins (Ernest), membre de l'Institut, maître de conférences à l'École normale supérieure : *Atlas géographique de l'Italie ancienne*, composé de 7 cartes et d'un dictionnaire de tous les noms qui y sont contenus, avec l'indication de leurs positions et les renvois aux cartes de l'atlas. In-folio, demi-reliure. 4 fr.

— *Table de Peutinger*, d'après l'original conservé à Vienne, précédée d'une introduction historique et critique, et accompagnée : 1º d'un index alphabétique des noms et de la carte originale avec les lectures des éditions précédentes ; 2º d'un texte donnant, pour chaque nom, le dépouillement géographique des auteurs anciens, des inscriptions, des médailles et le résumé des discussions touchant son emplacement ; 3º d'une carte de redressement, comprenant tous les noms à leur place et identifiés, quand cela est possible, avec les localités modernes correspondantes ; 4º d'une seconde carte rétablissant la conformité des indications générales de la table avec les connaissances présumées des Romains sous Auguste (*Orbis pictus d'Agrippa*). L'ouvrage complet formera 18 livraisons in-folio, du prix de 10 fr. Les 14 premières livraisons sont en vente.

> La *Table de Peutinger*, dont l'original unique est conservé à la bibliothèque impériale de Vienne, est la copie faite au treizième siècle d'un document beaucoup plus ancien, remontant même, très-certainement, à l'époque de l'empire romain et à la période comprise entre Auguste et les fils de Constantin. Cette carte représente l'*Orbis Romanus*. La copie du treizième siècle est exécutée sur onze feuilles de parchemin. Elle représente les régions provinciales, les provinces, les peuples et le réseau des routes de l'empire au quatrième siècle, avec les distances qui les séparent, distances exprimées en lieues gauloises.

— *Géographie de la Gaule*, d'après la table de Peutinger. 1 vol. grand in-8, avec cartes. 25 fr.

— *Géographie historique et administrative de la Gaule romaine.* 4 beaux vol. in-8 jésus. Ouvrage contenant une carte d'ensemble de la Gaule romaine, des cartes, eaux-fortes et gravures en couleurs tirées à part, des bois et des zincs intercalés dans le texte. Tome premier. Introduction et géographie physique comparée ; Époque romaine ; Époque actuelle. 1 vol. grand in-8, avec cartes. 20 fr.

L'ouvrage comprendra quatre volumes qui seront vendus séparément, ainsi que la grande carte comparée de la Gaule romaine.
Le tome II paraîtra dans les premiers mois de 1877. Les tomes III et IV suivront de près.
(Voir page 30).

Duval (Jules): *Notre planète.* 1 vol. in-18 jésus. 3 fr. 50

— *Notre pays.* 1 vol. in-18 jésus. 1 fr. 25

Himly (Auguste) : *Histoire de la formation territoriale des Etats de l'Europe centrale.* 2 vol. in-8. 15 fr.
(Voir page 31).

Longnon : *Géographie de la Gaule au temps de Grégoire de Tours.* 1 vol. in-8, avec carte. (Sous presse).

Maury (Alfred), membre de l'Institut : *La terre et l'homme, ou aperçu de géologie, de géographie et d'ethnologie générales.* 1 vol. in-18 jésus. 5 fr.

Reclus (Élisée) : *La terre*, description des phénomènes de la vie du globe :
Première partie : *Les continents.* Un vol. grand in-8, avec 250 figures et 24 cartes tirées en couleur. 15 fr.
Deuxième et dernière partie : *L'océan, l'atmosphère, la vie.* Un vol. grand in-8, avec 200 cartes ou figures et 2 grandes cartes tirées à part en couleur. 15 fr.
— *Les phénomènes terrestres.* 2 vol. in-18 jésus :
I. *Les continents.* 1 vol.
II. *Les mers et les météores.* 1 vol.
Chaque volume séparément. 1 fr. 25
— *Nouvelle géographie universelle :* La terre et les hommes.
(Voir page 28.)

Reclus (Onésime) : *Géographie générale* (Europe; — Asie; — Océanie; Afrique; — Amérique; — France et ses colonies); nouvelle édition. 2 vol. in-12. (Sous presse.)

— *Géographie de la France, de l'Algérie et des colonies.* 1 vol. in-12. 3 fr. 50

Strabon : *Géographie*, traduction nouvelle par M. Amédée Tardieu, sous-bibliothécaire de l'Institut. Tomes I et II.
Prix de chaque vol. 3 fr. 50
L'ouvrage formera 3 volumes.

Vivien de Saint-Martin : *Atlas universel de géographie ancienne, moderne et du moyen-âge*, avec un texte analytique. Environ 110 cartes in-folio, gravées sur cuivre, par nos meilleurs artistes et publiées par livraisons. Chaque livraison composée de trois cartes et de notices. 6 fr.
(Voir page 22).
— *Histoire de la géographie* et des découvertes géographiques, depuis les temps les plus reculés jusqu'à nos jours. 1 vol. in-8 et atlas in-folio de 12 cartes en couleurs. 20 fr.
— *L'année géographique*, revue annuelle des voyages de terre et de mer, ainsi que des explorations, missions, relations et publications diverses relatives aux sciences géographiques et ethnographiques. Continuée depuis 1876, par MM. Maunoir et Duveyrier; 15 années (1862-1876), formant quatorze volumes in-18 jésus.
Chaque volume séparément. 3 fr. 50
Les années 1870-1871 ne forment qu'un volume.
(Voir page 29.)

IV

GUIDES ET ITINÉRAIRES

POUR LES VOYAGEURS

Cette collection, qui comprend 100 volumes environ, est constamment tenue à jour et continuée sous la direction de M. **Adolphe Joanne**.

I. GUIDES DIAMANT

POUR

LA FRANCE ET L'ÉTRANGER

Format in-32 jésus.

Nouvelle série de guides portatifs, contenant dans un petit format tous les renseignements nécessaires aux voyageurs.

Chaque volume, élégamment cartonné en percaline gaufrée, est accompagné de cartes et de gravures.

FRANCE.

Aix-les-Bains, Marlioz et leurs environs, par *Ad. Joanne*. 1 vol. broché. 1 fr. 50

Biarritz et autour de Biarritz, par *Germond de Lavigne*. 1 vol. 2 fr. 50

Bordeaux, Arcachon, Royan, par *Ad. Joanne*, 1 vol. 2 fr. 50

Boulogne, Calais, Dunkerque, par *Michelant*. 1 vol. 3 fr.

Bretagne, par *Ad. Joanne*. 1 vol. 4 fr.

Dauphiné et Savoie, par le même. 1 vol. 7 fr. 50

Dieppe et le Tréport, par le même. 1 vol. 2 fr. 50

France, par le même. 1 vol. 6 fr.

Hyères et Toulon, par le même. 1 vol. 2 fr. 50

Le Havre, Étretat, Fécamp, Saint-Valery-en-Caux, par le même. 1 vol. 3 fr.

Lyon et ses environs, par le même. 1 vol. 3 fr.

Marseille et ses environs, par *Alfred Saurel*. 1 vol. 3 fr.

Mont-Dore (le) et ses environs, par *Louis Piesse*. 1 vol. 3 fr.

Normandie, par *Ad. Joanne*. 1 volume. 4 fr.

Paris, en français, par *Ad. et Paul Joanne*. 1 vol. 3 fr. 50

Paris, en anglais, par *Ad. Joanne*, 1 vol. 3 fr. 50

Paris, en espagnol, par le même. 1 volume. 3 fr.

Paris, en allemand, par le même. 1 volume. 3 fr.

Pyrénées, par *Ad. et Paul Joanne*. 1 vol. 5 fr.

Stations d'hiver (les) de la Méditerranée, par *Paul Joanne*. 1 volume. 3 fr. 50

Trouville et les bains de mer du Calvados, par *Ad. Joanne*. 1 vol. 3 fr.

Vichy et ses environs, par *Louis Piesse*. 1 vol. 2 fr. 50

Vosges, Alsace et Ardennes, par *Paul Joanne*. 1 vol. 5 fr.

ÉTRANGER.

Bade et la Forêt Noire, par *Ad. Joanne*. 1 vol. 3 fr.

Baden and the **Black Forest**, par le même. 1 vol. 3 fr.

Belgique et **Hollande**, par *A.-J. Du Pays*. 1 vol. 5 fr.

Espagne et **Portugal**, par *Germond de Lavigne*. 1 vol. 4 fr.

Italie et **Sicile**, par *A.-J. Du Pays*. 1 vol. 4 fr.

Londres et ses environs, par *L. Rousselet*. 1 vol. 5 fr.

Paris à Vienne (de), par *P. Joanne*, 1 vol. 4 fr.

Rome et ses environs, par *A.-J. Du Pays*. 1 vol. 5 fr.

Spa et ses environs, par *Ad. Joanne*. 1 vol. 2 fr. 50

Suisse, par le même. 1 vol. 6 fr.

II. GUIDES ET ITINÉRAIRES

POUR

LA FRANCE ET L'ALGÉRIE

Format in-18 jésus.

Chaque volume, cartonné en percaline gaufrée, est accompagné de cartes et de gravures.

(Voir aussi aux *Guides diamant*, p. 14.)

GUIDES POUR PARIS ET SES ENVIRONS.

Paris illustré, par *Ad. Joanne*. 1 fort vol. 12 fr.

Liste alphabétique des rues de Paris. 1 vol. 60 c.

Paris (nouveau plan de), dressé par *A. Vuillemain*, et tiré en taille-douce sur une feuille grand monde.

Le plan seul. 1 fr. 50
Le plan en feuille, avec la liste alphab. 2 fr. »
Cartonné, avec la liste alphabétique. 2 fr. 50
Collé sur toile et relié en percaline. 4 fr. 50

Environs de Paris illustrés, par *Ad. Joanne*. 1 vol. 9 fr.

Versailles, son palais, son jardin, son musée, ses eaux, les deux Trianons, par le même. 1 vol. 3 fr.

Versailles et les deux Trianons, extrait du précédent. 1 vol in-32. 1 fr.

Le parc et les grandes eaux de Versailles, extrait du précédent. 1 vol broché. 50 c.

Guide to Versailles, by *Ad Joanne*, translated into english. With numerous illustrations and three plans. 1 vol. 3 fr.

GUIDES GÉNÉRAUX POUR LA FRANCE.

ITINÉRAIRE GÉNÉRAL DE LA FRANCE, PAR AD. JOANNE :

I. **Paris illustré**. 1 vol. 12 fr.

II. **Environs de Paris illustrés**. 1 vol. 9 fr.

III. **Jura** et **Alpes françaises**, 1 vol. 15 fr.

IV. **Provence**, **Alpes maritimes**, **Corse**. 1 vol. 11 fr.

V. **Auvergne**, **Morvan**, **Velay**, **Cévennes**. 1 vol. 10 fr.

VI. **De la Loire à la Garonne**. 1 vol. 15 fr.

VII. **Pyrénées**. 1 vol. 12 fr.

VIII. **Bretagne**. 1 vol. 10 fr.

IX. **Normandie**. 1 vol. 10 fr.

X. **Nord**. 1 vol. 8 fr.

XI. **Vosges** et **Ardennes**. 1 volume. 11 fr.

Guide du voyageur en France, par *Richard* ; 27e édition, entièrement refondue. 1 vol. 12 fr.

Guide du voyageur dans la France monumentale, par *Richard* et *E. Hocquart*. 1 vol. 9 fr.

GUIDES SPÉCIAUX POUR UNE PROVINCE OU POUR UNE VILLE.

Pau, Eaux-Bonnes, Eaux-Chaudes : bains, séjour, excursions. 1 vol. broché. 2 fr.

Plombières, par *Édouard Lemoine* et le docteur *Lhéritier*. 1 vol. 4 fr. 50

ITINÉRAIRES ILLUSTRÉS DES CHEMINS DE FER FRANÇAIS

LIGNES DE L'EST :

De Paris à Strasbourg, par *Moléri*, 1 vol. — 4 fr. 50

De Strasbourg à Bâle, par le même. 1 vol. broché. — 1 fr.

De Paris à Strasbourg et à Bâle, par le même. 1 vol. — 5 fr.

De Paris à Mulhouse et à Bâle, par *G. Héquet*. 1 vol. — 4 fr. 50

LIGNES DE LYON ET DE LA MÉDITERRANÉE :

De Paris à Lyon, par *Ad. Joanne*. 1 vol. — 5 fr.

De Paris en Suisse, par Dijon, Dôle et Besançon, par le même 1 volume. Prix. — 4 fr. 50

De Dijon en Suisse, par Dôle et Besançon, par le même. 1 volume, broché. — 2 fr.

De Lyon à la Méditerranée, par *Ad. Joanne* et *J. Ferrand*. 1 volume Prix. — 5 fr.

De Paris à la Méditerranée, comprenant de Paris à Lyon, par *Ad. Joanne*, et de Lyon à la Méditerranée, par *Ad. Joanne* et *J. Ferrand*. 1 fort vol. — 9 fr.

LIGNES DU MIDI :

De Bordeaux à Toulouse, à Cette et à Perpignan, par *Ad. Joanne*. 1 vol. — 4 fr. 50

De Bordeaux à Bayonne, à Biarritz, à Arcachon, à Saint-Sébastien, à Mont-de-Marsan et à Pau, par le même. 1 vol. — 3 fr. 50

LIGNES DU NORD :

De Paris à Boulogne, à Saint-Valery, au Tréport, à Calais, à Dunkerque, à Lille, à Valenciennes et à Beauvais, par *Eugène Pénel*. 1 vol. Prix. — 5 fr.

De Paris à Bruxelles, à Cologne, à Senlis, à Laon, à Dinant, à Givet, à Namur, à Luxembourg, à Liége, à Verviers, à Spa, à Trèves, à Maëstricht, par *A. Morel*. 1 vol. 3 fr. 50

LIGNE D'ORLÉANS ET PROLONGEMENTS :

De Paris à Bordeaux, par *Ad. Joanne*. 1 vol. — 4 fr. 50

De Paris à Nantes et à Saint-Nazaire (par Orléans, Blois et Tours), par le même. 1 vol. — 5 fr.

De Paris à Nantes (par le Mans, Sablé et Angers).
Voir plus loin *aux lignes de l'Ouest.*

De Paris à Agen (par Vierzon, Limoges et Périgueux), par *Célestin Port*. 1 vol. — 5 fr.

De Nantes à Brest, à Saint-Nazaire, à Rennes et à Pontivy, par *Pol de Courcy*. 1 vol. — 4 fr. 50

De Poitiers à la Rochelle, à Rochefort et à Royan, par *Ad. Joanne*. 1 vol. broché. — 2 fr.

De Paris à Sceaux et à Orsay, par le même. 1 vol. broché. — 1 fr. 25

LIGNES DE L'OUEST :

De Paris à Rouen et au Havre, par *Eugène Chapus*. 1 vol. — 4 fr. 50

De Paris à Rennes et à Alençon, par *A. Moutié*. 1 vol. — 4 fr. 50

De Paris à Cherbourg, par *L. Énault*. 1 vol. — 4 fr. 50

De Paris à Nantes (par le Mans, Sablé et Angers), par *D. Moutié*, *E. L.* et *Ad. Joanne*. 1 vol. — 4 fr. 50

De Paris à Saint-Germain, à Poissy et à Argenteuil, par *Ad. Joanne*. 1 vol., broché. — 2 fr. 50

De Rennes à Brest et à Saint-Malo, par *Pol de Courcy*. 1 volume Prix. — 4 fr. 50

GUIDE POUR L'ALGÉRIE.

Itinéraire historique et descriptif de l'Algérie, Tunis et Tanger, par *L. Piesse*. 1 vol. — 12 fr.

III. GUIDES ET ITINÉRAIRES

POUR

LES PAYS ÉTRANGERS.

Format in-18 jésus.

Chaque volume, cartonné en percaline gaufrée, est accompagné de cartes, plans ou gravures.

(Voir aussi aux *Guides diamant*, page 10.)

ALLEMAGNE ET BORDS DU RHIN.

Itinéraire historique et descriptif de l'Allemagne du Nord, par *Ad. Joanne* : comprenant Strasbourg, Bade, Carlsruhe, Heidelberg, Darmstadt, Francfort, Hombourg, Mayence, Wiesbade, Creuznach, Luxembourg, Trèves, Coblentz, Ems, Bonn, Cologne, Aix-la-Chapelle, Dusseldorf, Hanovre, Brunswick, Münster, Brême, Hambourg, Rostock, Schwerin, Magdebourg, Pyrmont, Gœttingen, Cassel, Gotha, Erfurth, Weimar, Kissingen, Cobourg, Bamberg, Iéna, Nuremberg, Leipzig, Berlin, Postdam, Stettin, Posen, Dantzig, Tilsitt, Kœnigsberg, Breslau, Dresde, Tœplitz. 1 vol.   12 fr.

Les bords du Rhin illustrés, par le même. 1 vol.   7 fr.

Les trains de plaisir des bords du Rhin, ou de Paris à Paris, par Strasbourg, Bade, Carlsruhe, Heidelberg, Mannheim, Francfort, Mayence, Coblentz, Cologne, Aix-la-Chapelle, Spa, Liége et Bruxelles, par le même. 1 vol.   4 fr.

ANGLETERRE, ÉCOSSE

ET IRLANDE.

Itinéraire descriptif et historique de la Grande-Bretagne, comprenant l'Angleterre, l'Ecosse et l'Irlande, par *Alphonse Esquiros*. 1 vol. 16 fr.

Itinéraire descriptif et historique de l'Écosse, par *Ad. Joanne*. 1 volume.   7 fr. 50

HOLLANDE.

Itinéraire descriptif, historique et artistique de la Hollande, par *A. Du Pays*. 1 vol.   6 fr.

ESPAGNE ET PORTUGAL.

Itinéraire descriptif, historique et artistique de l'Espagne et du Portugal, par *A. Germond de Lavigne*. 1 fort vol.   18 fr.

EUROPE.

Guide du voyageur en Europe, par *Ad. Joanne*. 1 fort vol.   22 fr.

Les bains d'Europe, guide descriptif et médical des eaux d'Allemagne, d'Angleterre, de Belgique, d'Espagne, de France, d'Italie et de Suisse, par *Ad. Joanne* et le docteur *A. Le Pileur*. 1 vol.   10 fr.

ITALIE.

Itinéraire descriptif, historique et artistique de l'Italie et de la Sicile, par *A.-G. Du Pays*. 2 forts vol. qui se vendent séparément :

Italie du Nord. 1 vol.   12 fr.
Italie du Sud. 1 vol.   15 fr.

De Paris à Venise ; notes au crayon, par *Charles Blanc*. 1 vol. br.   3 fr.

ORIENT.

Itinéraire descriptif, historique et archéologique de l'Orient, par le docteur *Émile Isambert*. 2 forts vol. qui se vendent séparément :

Grèce et Turquie d'Europe. 1 vol. br. 22 fr., cartonné.   25 fr.
Égypte, Syrie et Palestine. 1 vol. (sous presse.)

Trois ans en Judée, par *Gérardy Saintine*. 1 vol. broché.   2 fr.

SUISSE.

Itinéraire de la Suisse, du Mont-Blanc, de la vallée de Chamonix et des vallées du Piémont, par *Ad. Joanne*. 1 vol.   15 fr.

V

GÉOGRAPHIE DE LA FRANCE

LIVRES ET ATLAS

Belin de Launay, inspecteur d'Académie : *Petite géographie de la France*. 1 vol. gr. in-18 de 36 pages, broché. 15 c.

Le cartonnage se paye en sus 5 c.

Cortambert : *Petite géographie illustrée de la France*, à l'usage des écoles primaires ; 4e édit. 1 vol. in-18, avec 75 vignettes et une carte, cartonné en percaline gaufrée. 80 c.

— *Notions élémentaires de géographie générale et notions sur la géographie physique de la France et de la Terre Sainte* (classe préparatoire du cours d'enseignement secondaire), 1 vol in-12, avec vignettes, cart. 80 c.

Atlas correspondant (9 cartes). 1 vol. in-8, cartonné. 1 fr. 50

— *Géographie élémentaire de la France* (classe de Septième du cours d'enseignement secondaire). 1 vol. in-12, avec vignettes, cartonné. 1 fr. 20

Atlas correspondant (15 cartes). 1 vol. in-8, cartonné. 2 fr. 50

— *Géographie de la France* (classe de Quatrième du cours d'enseignement secondaire). 1 vol. in-12, avec vignettes, cartonné. 1 fr. 50

Atlas correspondant (23 cartes). 1 vol. in-8, cartonné. 3 fr. 50

— *Géographie de la France et de ses colonies* (classe de Rhétorique du cours d'enseignement secondaire). 1 vol. in-12, avec vignettes, cart. 3 fr.

Atlas correspondant (30 cartes). 1 vol. in-8, cartonné. 4 fr.

— *Géographie élémentaire de la France* (année préparatoire du cours d'enseignement spécial). 1 vol. in-12, cartonné. 90 c.

Atlas correspondant (12 cartes). 1 vol. in-8, cartonné. 2 fr. 50

— *Géographie agricole, industrielle, commerciale et administrative de la France et de ses colonies* (deuxième année du cours d'enseignement spécial). 1 vol. in-12, cartonné. 2 fr.

Atlas correspondant (22 cartes). 1 vol. in-8, cartonné. 4 fr.

Heuzé, adjoint à l'inspection générale de l'agriculture : *La France agricole*, notions générales sur le sol, le climat, les engrais, les instruments, les cultures, les plantes, les assolements, les animaux, les agriculteurs célèbres, les concours et les fermes-écoles des différentes régions agricoles de la France.

Chaque région forme un volume in-12 avec de nombreuses figures dans le texte et se vend séparément :

Région du sud : Pyrénées-Orientales, Aude, Hérault, Gard, Ardèche, Drôme, Vaucluse, Basses-Alpes, Bouches-du-Rhône, Var, Alpes-Maritimes. 1 vol., cartonné. 1 fr. 25

Région du sud-ouest : Ariége, Haute-Garonne, Hautes-Pyrénées, Basses-Pyrénées, Landes, Gers, Tarn-et-Garonne, Tarn, Lot, Lot-et-Garonne, Dordogne, Charente, Charente-Inférieure, Gironde. 1 vol., cartonné. 1 fr. 25

Région de l'ouest : Vendée, Loire-Inférieure, Côtes-du-Nord, Ille-et-Vilaine, Mayenne, Morbihan, Finistère, Maine-et-Loire, Deux-Sèvres, Vienne. 1 vol., cartonné. 1 fr. 25

— *Carte murale de la France agricole.* Voir page 25.

Joanne (Adolphe) : *Dictionnaire géographique, administratif, postal, statistique et archéologique de la France, de l'Algérie et des colonies :* 1 fort volume grand in-8, br. 25 fr.

— *Petit Dictionnaire géographique de la France ;* ouvrage abrégé du précédent : 2e édit. 1 vol. in-18 (sous presse).
Voir *Dictionnaires géographiques,* page 3.

— *Atlas de la France,* contenant 95 cartes tirées en quatre couleurs (1 carte générale de la France, 89 cartes départementales, 1 carte de l'Algérie, 4 cartes des colonies) et 94 notices géographiques, 1 vol. in-folio, cartonné.   40 fr.
Chaque carte séparément,   50 c.

— *Géographie des départements de la France*, contenant la liste complète des communes du département et un dictionnaire alphabétique des localités les plus remarquables.
Chaque département forme un volume in-12 cartonné, contenant des vignettes intercalées dans le texte, une carte en couleurs, et se vend séparément 1 fr.

En vente :

Aisne ; Allier ; Aube ; Basses-Alpes ; Bouches-du-Rhône ; Cantal ; Charente ; Corrèze ; Côte-d'Or ; Deux-Sèvres ; Doubs ; Gironde ; Haute-Saône ; Indre-et-Loire ; Isère ; Jura ; Landes ; Loire ; Loire-Inférieure ; Loiret ; Maine-et-Loire ; Meurthe ; Nord ; Oise ; Pas-de-Calais ; Puy-de-Dôme ; Rhône ; Saône-et-Loire ; Seine-Inférieure ; Seine-et-Oise ; Somme ; Vienne.

En préparation :

Ain ; Charente-Inférieure ; Côtes-du-Nord ; Dordogne ; Finistère ; Ille-et-Vilaine ; Vosges.

— *Itinéraire général de la France*, 11 vol. :

Paris illustré ; 3e édit. 1 vol in-18 jésus de 1191 pages, avec 442 vignettes et 15 plans, cartonné. 12 fr.

Environs de Paris illustrés ; 2e édit. 1 vol. in-18 jésus de 722 pages, avec 245 vignettes, 4 cartes et 4 plans, cartonné.   9 fr.

Le Jura et les Alpes françaises. 1 volume in-18 jésus de 1144 pages, avec 21 cartes, 4 plans et 2 panoramas, cartonné.   15 fr.

Provence, Alpes maritimes, Corse. 1 vol. in-18 jésus de 626 pages, avec 15 cartes et 6 plans, cart. 11 fr.

Auvergne, Morvan, Velay, Cévennes ; 2e édit. 1 vol in-18 jésus de 548 pages, avec 17 cartes, et 4 plans, cartonné.   10 fr.

De la Loire à la Garonne. 1 vol. in-18 jésus de 782 pages, avec 26 cartes et 10 plans, cartonné.   12 fr.

Pyrénées ; 4e édition. 1 vol. in-18 jésus de 787 pages, avec 14 cartes, 1 plan, 8 panoramas et une projection de la chaine des Pyrénées, cartonné.   12 fr.

Bretagne ; 2e édit. 1 vol. in-18 jésus de 672 pages, avec 10 cartes et 7 plans, cartonné.   10 fr.

Normandie ; 2e édit., 1 vol. in-18 jésus de 696 pages, avec 7 cartes et 4 plans, cartonné.   10 fr.

Nord. 1 vol. in-18 jésus de 444 pages, avec 7 cartes et 8 plans, cartonné.   8 fr.

Vosges et Ardennes. 1 vol. in-18 jésus de 764 pages, avec 14 cartes et 7 plans, cartonné.   11 fr.

— *France ;* 3e édition. 1 vol. in-32, avec 8 cartes, cartonné.   6 fr.

Piesse (L.) : *Itinéraire historique et descriptif de l'Algérie,* comprenant le Tell et le Sahara ; 2e édition ; 1 vol. in-18 jésus, accompagné d'une carte générale de l'Algérie, d'une carte spéciale de chacune des trois provinces, et d'une carte spéciale de la Mitidja, cart.   12 fr.

Reclus (Élisée) : *La France.* 1 vol. grand in-8 jésus, contenant une grande carte de la France, 10 cartes en couleur, 69 vues et types gravés sur bois et 234 cartes intercalées dans le texte, broché.   30 fr.

Reclus (Onésime) : *Géographie de la France, de l'Algérie et des colonies ;* 2e édit. 1 vol. in-12, broché. 3 fr. 50

Richard : *Guide du voyageur en France ;* 27e édit., entièrement refondue. 1 vol. in-18 jésus, cart.   12 fr.

VI

OUVRAGES D'ENSEIGNEMENT

§ 1. LIVRES.

Ansart (F.): *Petite géographie moderne ;* 36e édit., revue et corrigée par M. Ansart fils, ancien professeur d'histoire et de géographie. 1 vol. in-18, avec 30 vignettes, cart.   80 c.

Belin de Launay, inspecteur d'académie: *Petite géographie de la France.* 1 vol. grand in-18 de 36 pages, broché.   15 c.

Brouard, inspecteur général de l'enseignement primaire : *Leçons de géographie,* d'après les programmes du département de la Seine.— *Cours élémentaire.* — Livret de l'élève, pouvant servir en même temps de livre de lecture dans les petites classes. 1 vol. in-12, avec vignettes, cartonné.   75 c.

Livre du maître, pouvant en outre servir de livre de lecture dans les classes moyennes et supérieures. 1 vol. in-12, cartonné.   1 fr. 50

Cours moyen (sous **presse**).

Cours supérieur. Préparation au certificat d'études, aux examens d'élèves-maîtres et d'élèves-maîtresses, d'entrée aux écoles normales, etc. 1 vol. in-12, cart.   1 fr. 20

Cortambert : *Petite géographie illustrée du premier âge,* à l'usage des écoles et des familles ; 4e édit. 1 vol. in-18, avec 88 vignettes ou cartes, cartonné en percaline gaufrée.   80 c.

— *Petite géographie illustrée de la France,* à l'usage des écoles primaires ; 4e édit. 1 vol. in-18, avec 75 vignettes et une carte, cartonné en percaline gaufrée.   80 c.

— *Petite géographie,* à l'usage des écoles primaires ; 10e édit. 1 vol. in-18, avec 24 vignettes, cartonné.   60 c.

— *Petit cours de géographie moderne,* avec un appendice pour la géographie de l'histoire sainte ; 18e édit., 1 volume in-12, avec 63 vignettes, cartonné.   1 fr. 50

— *Le globe illustré,* géographie générale, à l'usage des écoles et des familles ; 4e édition. 1 vol. in-4, avec 130 vignettes, 16 cartes tirées en couleur, cartonné.   4 fr.

— *Petite géographie générale.* 1 vol. grand in-18 de 36 pages, br.   15 c.

— Nouveau cours complet de géographie, rédigé conformément aux programmes de 1874, à l'usage des lycées et des collèges. 12 vol. in-12, cartonnés, avec gravures dans le texte, accompagnés d'atlas correspondant aux matières enseignées dans chaque classe :

Notions élémentaires de géographie générale et notions sur la géographie physique de la France et de la Terre Sainte (classe préparatoire). 1 vol.   80 c.

Géographie élémentaire des cinq parties du monde (classe de Huitième). 1 vol.   80 c.

Géographie élémentaire de la France (classe de Septième). 1 vol. 1 fr. 20

Géographie générale de l'Asie, de l'Afrique, de l'Amérique et de l'Océanie (classe de Sixième). 1 volume.   1 fr. 50

Géographie générale physique et politique de l'Europe, moins la France (classe de Cinquième). 1 vol. 1 fr. 50

Géographie de la France (classe de Quatrième). 1 vol.   1 fr. 50

Géographie de l'Europe (classe de Troisième). 1 vol.   2 fr.

Description particulière de l'Asie, de l'Afrique, de l'Amérique et de l'Océanie, précédée d'un résumé de la géographie générale (classe de Seconde). 1 vol.   3 fr.

Géographie de la France et de ses colonies, précédée de notions générales de géographie (classe de Rhétorique). 1 vol.   3 fr.

Résumé de géographie générale, offrant particulièrement les changements territoriaux survenus depuis 1848 (classe de Philosophie). 1 volume. 2 fr.

Éléments de géographie générale (classe de mathématiques préparatoires). 1 vol. 1 fr. 50

Géographie générale (classe de mathématiques élémentaires). 1 volume. 5 fr.

Voir pour les atlas, page **19**.

— Cours de géographie, rédigé conformément aux programmes de l'enseignement spécial. 4 vol. in-12, cartonnés, accompagnés de pareil nombre d'atlas format in-8° :

Géographie élémentaire de la France (année préparatoire). 1 vol. 90 c.

Géographie des cinq parties du monde (1re année). 1 vol. 1 fr. 50

Géographie agricole, industrielle, commerciale et administrative de la France et de ses colonies (2e année). 1 vol. 2 fr.

Géographie commerciale des cinq parties du monde (3e année). 1 volume. 3 fr.

Voir pour les atlas, page 19.

— *Cours de géographie*, comprenant la description physique et politique, et la géographie historique des diverses contrées du globe ; 12e édition, illustrée de nombreuses vignettes. 1 vol. in-12, cartonné. 4 fr.

Erhard : *Géographie* accompagnée de 11 cartes, in-12 oblong, cart. 1 fr. 25

Fillias : *Géographie de l'Algérie.* 1 vol. in-12, avec une carte, cart. 1 fr. 25

Joanne (Adolphe) : *Géographie des départements de la France*, avec la liste complète des communes du département et un dictionnaire alphabétique des localités les plus remarquables :

Chaque département forme un volume in-12 cartonné, contenant des vignettes intercalées dans le texte, une carte en couleurs, et se vend séparément **1 fr.**

En vente :

Aisne ; Allier ; Aube ; Basses-Alpes ; Bouches-du-Rhône ; Cantal ; Charente ; Corrèze ; Côte-d'Or ; Deux-Sèvres ; Doubs ; Gironde ; Haute-Saône ; Indre-et-Loire ; Isère ; Jura ; Landes ; Loire ; Loire-Inférieure ; Loiret ; Maine-et-Loire ; Meurthe ; Nord ; Oise ; Pas-de-Calais ; Puy-de-Dôme ; Rhône ; Saône-et-Loire ; Seine-Inférieure ; Seine-et-Oise ; Somme ; Vienne.

En préparation :

Ain ; Charente-Inférieure ; Côtes-du-Nord ; Dordogne ; Finistère ; Ille-et-Vilaine ; Haute-Vienne ; Vosges.

Meissas et **Michelot** : *Petite géographie méthodique*, à l'usage des jeunes enfants. 1 vol. in-18, cartonné. 60 c.

— *Géographie sacrée*, avec un plan de Jérusalem ; 6e édit. 1 vol. in-18, cartonné. 1 fr. 25

— *Tableaux de géographie*, 28 tableaux de 49 cent. de hauteur sur 34 cent. de largeur. 3 fr.

— *Manuel de géographie*, reproduisant les tableaux. In-18, cartonné. 75 c.

— *Géographie ancienne*, comparée avec la géographie moderne ; 5e édit. 1 vol. in-12, cartonné. 2 fr. 50

— *Petite géographie ancienne*, comparée avec la géographie moderne ; 7e édit. 1 vol. in-18, cartonné. 1 fr.

— *Nouvelle géographie méthodique*, suivie d'un petit traité sur la construction des cartes ; 56e édit. 1 vol. in-12, cartonné. 2 fr. 50

Pape-Carpantier (Mme) : *Premières notions de géographie et d'histoire naturelle* (Cours d'éducation et d'instruction primaire ; 1re année préparatoire). 1 vol. in-18, cartonné. 75 c.

— *Géographie ; premières notions sur quelques phénomènes naturels* (2e année préparatoire). 1 vol. in-18, cartonné. 75 c.

— *Premiers éléments de cosmographie ; géographie* (période élémentaire). 1 vol. in-18, cartonné. 1 fr. 50

Reclus (Élisée) : *Nouvelle géographie universelle.* (Voir page 28.)

Reclus (Onésime) : *Géographie générale* (Europe ; — Asie ; — Océanie ; — Afrique ; — Amérique ; — France et ses colonies) ; 3e édit. 2 vol. in-12, (sous presse).

— *Géographie de la France, de l'Algérie et des colonies ;* 2e édit. 1 vol. in-12, br. 3 fr. 50

Sardou : *Abrégé de géographie commerciale et industrielle ;* 3e édit. 1 vol. in-12, broché. 4 fr.

§ 2. ATLAS.

Bouillet : *Atlas universel d'histoire et de géographie.* Ouvrage servant de complément **au** *Dictionnaire d'histoire et de géographie* du même auteur, et comprenant: 1. LA CHRONOLOGIE : la concordance des principales ères avec les années avant et après Jésus-Christ, et des tables chronologiques universelles; 2. LA GÉNÉALOGIE : des tableaux généalogiques des dieux et de toutes les familles historiques, et un traité élémentaire de l'art héraldique, qui comprend 12 planches coloriées; 3. LA GÉOGRAPHIE: 88 cartes de géographie ancienne et moderne, avec un texte explicatif indiquant les ressources et les divisions de chaque pays; nouvelle édition. 1 vol. grand in-8, broché. 30 fr.

Le cartonnage en percaline gaufrée se paye en sus 3 fr. 25 c.; la demi-reliure en chagrin, 5 fr.

Le même ouvrage, sans les 12 planches de l'art héraldique, br. 21 fr.

Le cartonnage en percaline gaufrée se paye en sus 2 fr. 75 c.; la demi-reliure en chagrin, 4 fr. 50 c.

Cortambert : *Petit atlas primaire*, composé de 15 cartes tirées en couleurs. Petit in-8, broché. 50 c.

— *Petit atlas élémentaire de géographie moderne*, à l'usage des écoles et des familles, composé de 22 cartes tirées en couleurs : 1. Planisphère ; 2. Europe physique ; 3. Europe politique ; 4. France physique ; 5. Chemins de fer de la France ; 6. France politique ; 7. France par provinces ; 8. France agricole ; 9. France industrielle et commerciale ; 10. Algérie ; 11. Colonies françaises ; 12. Iles Britanniques ; 13. Espagne et Portugal ; 14. Belgique et Pays-Bas ; 15. Europe centrale et Allemagne ; 16. Italie, Turquie, Grèce ; 17. Asie ; 18. Afrique ; 19. Amérique du Nord ; 20. Amérique du Sud ; 21. Océanie ; 22. Carte de l'histoire sainte. 1 vol. in-4, broché. 90 c.

Ouvrage adopté pour les écoles communales de la ville de Paris.

Le même ouvrage, accompagné d'un texte explicatif en regard de chaque carte. 1 vol. in-4, cart. 1 fr. 10

L'Atlas, sans texte, suivi d'une carte du département demandé. 1 fr. 15

L'Atlas, avec texte, suivi d'une carte du département demandé. 1 fr. 35

— *Petit atlas géographique du premier âge*, contenant 9 cartes coloriées : 1. Notions cosmographiques et géographiques ; 2. Mappemonde ; 3. Europe ; 4. Asie ; 5. Afrique ; 6. Amérique ; 7. Océanie ; 8. France physique ; 9. France par départements ; et précédé d'un texte explicatif. 1 vol. grand in-18, cartonné. 80 c.

— *Petit atlas de géographie moderne*, contenant 20 cartes, grand in-8°, imprimées en couleurs, savoir : 1. Cosmographie ; 2. Mappemonde et **Termes** géographiques ; 3. Planisphère ; 4. Europe physique ; 5. Europe politique ; 6. Asie physique et politique ; 7. Afrique physique et politique ; 8. Amérique méridionale et septentrionale ; 9. Océanie ; 10. France physique ; 11. France par anciennes provinces comparées aux départements actuels ; 12. France par départements ; 13. France : Versant de la mer du Nord ; 14. Versant de la Manche ; 15. Versant de la mer de France ; 16. Versant de la Méditerranée ; 17. Algérie ; 18. Colonies ; 19. Carte des chemins de fer de la France, de l'Allemagne et des pays limitrophes ; 20. France géologique. Grand in-8, cartonné. 2 fr. 50

Chaque carte séparément. 15 c.

— ATLAS A L'USAGE DES CLASSES DE GRAMMAIRE ET D'HUMANITÉS.

Atlas (petit) *de géographie ancienne*, composé de 16 cartes. 1 vol. grand in-8, cartonné. 2 fr. 50

Atlas (petit) *de géographie du moyen âge*, composé de 15 cartes. 1 vol. grand in-8, cartonné. 2 fr. 50

Atlas (petit) *de géographie moderne*, composé de 20 cartes. 1 vol. grand in-8, cartonné. 2 fr. 50

Atlas (petit) *de géographie ancienne et moderne*, composé de 36 cartes. 1 vol. grand in-18, cartonné. 5 fr.

Atlas (petit) *de géographie ancienne, du moyen âge et moderne*, composé de 51 cartes. 1 vol. grand in-8, cartonné. 7 fr. 50

Atlas (nouvel) *de géographie moderne,* contenant 66 cartes. 1 vol. in-4, cartonné. 10 fr.

Atlas complet de géographie, contenant en 98 cartes la géographie ancienne, la géographie du moyen âge, la cosmographie et la géographie moderne. 1 vol. grand in-4, cartonné. 15 fr.

Chaque carte séparément. 15 c.

— ATLAS DRESSÉS CONFORMÉMENT AUX PROGRAMMES DE L'ENSEIGNEMENT SECONDAIRE CLASSIQUE, format in-8, cartonnés :

Chaque carte séparément. 15 c.

Classe Préparatoire (9 cartes). 1 vol. 1 fr. 50

Classe de Huitième (10 cartes). 1 vol. 1 fr. 50

Classe de Septième (15 cartes). 1 vol. 2 fr. 50

Classe de Sixième (27 cartes). 1 vol. 4 fr.

Classe de Cinquième (20 cartes). 1 vol. 3 fr.

Classe de Quatrième (23 cartes). 1 vol. 3 fr.

Classe de Troisième (20 cartes). 1 vol. 3 fr. 50

Classe de Seconde (29 cartes). 1 vol. 4 fr.

Classe de Rhétorique (30 cartes). 1 vol. 4 fr. 50

Classes de Philosophie, de Mathématiques préparatoires et élémentaires (66 cartes). 1 vol. in-4°. 10 fr.

— ATLAS DRESSÉS CONFORMÉMENT AUX PROGRAMMES DE L'ENSEIGNEMENT SECONDAIRE SPÉCIAL, format in-8, cartonnés :

Année préparatoire (12 cartes). 1 vol. 2 fr. 50

Première année (37 cartes). 1 volume. 6 fr.

Deuxième année (22 cartes). 1 volume. 4 fr.

Dubail et **Guèze** : *Cartes-croquis de géographie militaire,* dressées d'après les programmes de l'Ecole militaire ; à l'usage des sous-officiers de l'armée. 1 vol. in-4° composé de 16 cartes, avec texte. 5 fr.

Henry (Gervais), instituteur primaire à Paris : *Cartographie de l'enseigne-* ment, méthode pour apprendre la géographie de la France à l'aide de nouvelles cartes muettes à écrire :

1° Cartes des bassins physiques, format quart grand jésus : 1. Bassin du Rhin ; 2. Bassin de la Seine ; 3. Bassin de la Loire ; 4. Bassin de la Garonne ; 5. Bassin du Rhône. Prix de chaque carte : en noir, 6 centimes ; coloriée, 10 centimes.

2° Carte d'ensemble des bassins physiques, format grand raisin : en noir, 30 cent. ; coloriée, 35 centimes.

3° Cartes des bassins politiques, format quart jésus ; comprenant les bassins du Rhin, de la Seine, de la Loire, de la Garonne et du Rhône. 5 cartes. Chaque carte en bistre, 6 centimes ; coloriée, 10 centimes.

4° Carte d'ensemble des bassins politiques, format grand raisin : en noir, 30 centimes ; coloriée, 35 centimes.

5° France physique écrite ; France politique écrite ; chaque carte, format grand raisin, coloriée, 60 centimes.

Ouvrage adopté pour les écoles communales de la ville de Paris.

Joanne (A.) : *Atlas de la France,* contenant 95 cartes (1 carte générale de la France, 89 cartes départementales, 1 carte de l'Algérie et 4 cartes des Colonies) tirées en 4 couleurs, et 94 notices géographiques et statistiques ; nouvelle édition, revue et complétée. 1 beau vol. in-folio, cart. 40 fr.

Chaque carte séparément. 50 c.

Meissas et **Michelot** : *Atlas.*

Ces atlas sont autorisés par le Conseil de l'instruction publique.

PETITS ATLAS FORMAT IN-OCTAVO.

A. *Atlas* (petit) *élémentaire de géographie moderne,* composé de 8 cartes écrites. 2 fr. 50

B. *Le même,* avec 8 cartes muettes (16 cartes). 3 fr. 50

C. *Atlas* (petit) *universel de géographie moderne,* composé de 17 cartes écrites. 5 fr.

D. *Le même,* avec 8 cartes muettes (25 cartes). 6 fr.

E. *Atlas* (petit) *de géographie ancienne et moderne,* composé de 36 cartes écrites, sur 30 planches. 9 fr.

F. *Le même,* avec 8 cartes muettes (44 cartes). 10 fr.

G. *Atlas* (petit) *universel de géographie ancienne, du moyen âge et moderne, et de géographie sacrée,* composée de 54 cartes écrites. 14 fr.

II. *Le même*, avec 8 cartes muettes (62 cartes). 15 fr.

Atlas (petit) *de géographie ancienne*, composé de 19 cartes écrites, sur 14 planches. 5 fr.

Atlas (petit) *de géographie du moyen âge* et des principales époques des temps modernes, pour servir à l'histoire de l'Europe depuis l'invasion des Barbares jusqu'à nos jours. 10 cartes écrites, précédées de notices historiques. 4 fr. 50

Atlas de géographie sacrée. 8 cartes écrites, sur 6 planches. 2 fr.

Chacune des cartes écrites séparément. 35 c.

GRANDS ATLAS FORMAT IN-FOLIO.

A. *Atlas élémentaire pour la nouvelle géographie méthodique*, composé de 8 cartes écrites. 6 fr.

B. *Le même*, avec 8 cartes muettes (16 cartes). 11 fr. 50

C. *Atlas universel pour la nouvelle géographie méthodique*, composé de 12 cartes écrites. 10 fr. 50

D. *Le même*, avec 8 cartes muettes (20 cartes). 15 fr.

E. *Atlas universel pour la nouvelle géographie méthodique*, composé de 19 cartes écrites. 15 fr.

F. *Le même*, avec 8 cartes muettes (27 cartes). 21 fr.

Chaque carte séparément. 1 fr.

CARTES MUETTES FORMAT IN-FOLIO.

Cartes muettes complètes, non coloriées, pour exercices géographiques sur la Mappemonde, l'Europe, l'Europe centrale, l'Asie, l'Afrique, l'Amérique, l'Océanie et la France. Chaque carte séparément, 20 c.

§ 3. CARTES MURALES.

1. GRANDES CARTES MURALES

Par *MM. Meissas* et *Michelot*.

Chaque carte est coloriée et accompagnée d'un questionnaire qui est donné gratuitement aux acquéreurs de la carte à laquelle il se réfère. Chaque questionnaire se vend en outre séparément, 30 c.

Les cartes en 16 feuilles ont 1 mètre 80 centimètres de hauteur sur 2 mètres 30 centimètres de largeur. Celles en 20 feuilles ont 1 mètre 80 centimètres de hauteur sur 2 mètres 80 centimètres de largeur.

Le collage sur toile avec gorge et rouleau se paye en sus : 1º pour les cartes en 16 feuilles, 12 fr.; 2º pour les cartes en 20 feuilles, 14 fr.

Géographie ancienne.

Empire romain écrit. 16 feuilles, 10 fr.

Italie et Grèce anciennes écrites. 16 feuilles, 10 fr.

Géographie moderne.

Afrique écrite, 16 feuilles, 10 fr.

Amériques septentrionale et méridionale écrites. 20 feuilles, 12 fr.

L'Amérique septentrionale, séparément, 12 feuilles, 8 fr.

L'Amérique méridionale, séparément, 8 feuilles, 6 fr.

Asie écrite. 16 feuilles, 10 fr.

Europe écrite. 16 feuilles, 9 fr.

Europe muette. 16 feuilles, 7 fr. 50

France écrite par départements, *Belgique et Suisse*, autorisée par l'Université. Nouvelle édition, où l'on a ajouté dans deux cartouches la division de la France en bassins et la division en gouvernements avant 1789. 16 feuilles, 9 fr.

Mappemonde écrite. 20 feuilles, 12 fr.

Mappemonde muette. 20 feuilles, 10 fr.

2. NOUVELLES GRANDES CARTES MURALES

Par *MM. Achille* et *Gaston Meissas*.

Ces nouvelles cartes imprimées en couleurs sur 12 feuilles jésus indiquent le relief du terrain. Elles mesurent 2 mètres de hauteur sur 2 mètres 10 de largeur.

Le collage sur toile avec gorge et rouleau se paye en sus, 12 fr.

Europe muette ou écrite. 15 fr.

France muette ou écrite. 15 fr.

3. PETITES CARTES MURALES ÉCRITES

Par *M. Achille Meissas*.

La *France*, l'*Europe*, l'*Asie*, l'*Afrique* et la *Palestine* ont 1 mètre de hauteur sur 1 mètre 30 centimètres de largeur; la *Mappemonde* a 1 mètre 10 centimètres de hauteur sur 1 mètre 70 centimètres de largeur; l'*Amérique* a 1 mètre de hauteur sur 1 mètre 95 centimètres de largeur. Ces cartes sont coloriées.

Le collage sur toile avec gorge et rouleau se

paye en sus : 1° pour la *France*, l'*Europe*, l'*Asie*, l'*Afrique* et la *Palestine*, 5 fr.; 2° pour la *Mappemonde* et l'*Amérique*, 7 fr.

Afrique. 4 feuilles jésus,   5 fr.

Amériques septentrionale et méridionale. 6 feuilles jésus,   6 fr.

Asie. 4 feuilles jésus,   5 fr.

France par départements, *Belgique et Suisse.* 4 feuilles jésus,   4 fr. 50

Europe. 4 feuilles jésus,   4 fr. 50

Mappemonde. 8 feuilles grand raisin,   6 fr.

Palestine. 4 feuilles jésus,   6 fr.

4. GRANDES CARTES MURALES

Par *M. Erhard.*

(M. Erhard a obtenu une médaille de 1re classe à l'Exposition du Congrès géographique tenu à Paris en 1875).

Ces cartes sont imprimées en couleurs sur 4 feuilles grand-monde, avec teintes graduées, et ont 1 mètre 60 centimètres de hauteur sur 1 mètre 78 de largeur. Elles indiquent par des teintes graduées le relief du sol et rendent facile l'étude de la géographie physique.

Le collage sur toile avec gorge et rouleau se paye en sus, 12 fr.

France muette ou *écrite*, d'après la carte oro-hydrographique, publiée sous les auspices du ministère de l'instruction publique, par la Commission de la topographie des Gaules,   20 fr.

Europe muette ou *écrite*, sous presse.

Amérique du Nord muette ou *écrite* en préparation.

5. PETITES CARTES MURALES

par *M. Ehrard.*

Ces cartes sont imprimées en couleurs avec teintes graduées et ont 90 centimètres de haut sur 1 mètre de large.

France muette ou *écrite*, réduction de la grande carte murale, du même auteur.   6 fr.

Le montage sur deux baguettes ainsi que l'étui en carton destiné à recevoir la carte se paye en sus, 3 fr.

Le collage sur toile avec gorge et rouleau se paye en sus, 4 fr.

Europe muette ou *écrite*, imprimée sur un seul morceau de toile et montée sur gorge et rouleau.   8 fr.

6. PETITES CARTES MURALES ÉCRITES

Par *M. E. Cortambert.*

Ces nouvelles cartes sont imprimées en couleurs sur un seul morceau de toile de 95 cent. de hauteur sur 1 mètre 20 cent. de largeur, et ne se vendent que montées sur gorge et rouleau. Prix de chaque carte.   7 fr.

Europe, France, Palestine (en vente). *Asie, Afrique, Amérique du Sud, Amérique du Nord, Océanie, Planisphère* (en préparation).

7. CARTES MURALES MUETTES SUR TOILE NOIRE ARDOISÉE

Par MM. *A. Meissas* et *Suzanne.*

Ces cartes sont destinées à servir de cadre et de base aux démonstrations et tracés du professeur ou aux exercices qu'il fera faire par ses élèves sous ses yeux.

Les cartes de M. A. Meissas ont 1 mètre 10 centimètres de hauteur sur 1 mètre 70 centimètres de largeur.

La carte de M. Suzanne a 1 mètre 70 de hauteur sur 1 mètre 80 de largeur. Ces cartes se vendent montées sur gorge et rouleau :

France, par A. Meissas.   20 fr.

Europe, par A. Meissas.   20 fr.

France, par Suzanne.   35 fr.

8. CARTE MURALE HYPSOMÉTRIQUE DE LA FRANCE.

Par le *capitaine Prudent.*

Une feuille de 95 centimètres de hauteur sur 1 mètre 20 cent. de largeur.
Paraîtra en août 1877.

9. CARTE MURALE HYPSOMÉTRIQUE DE LA FRANCE.

Suivant la réforme géographique, par M. *Wacquez-Lalo*, avec la collaboration de MM. *Elisée* et *Onésime Reclus.*
Paraîtra en août 1877.

10. CARTE MURALE DE LA FRANCE AGRICOLE

par M. *G. Heuzé.*

Imprimée en couleurs sur quatre feuilles, ayant ensemble 1 mètre 10 centimètres de hauteur sur 1m.45 de largeur.   6 fr.

Le collage sur toile avec gorge et rouleau se paye en sus, 7 fr.

11. CARTE ROUTIÈRE ET ADMINISTRATIVE DU DÉPARTEMENT DU TARN

Dressée sous l'administration de M. Paul Lauras, préfet. 4 feuilles colombier tirées en couleurs, mesurant ensemble 1 mètre 20 centimètres de hauteur sur 1 mètre 65 centim. de largeur.   15 fr.

VII

PUBLICATIONS PÉRIODIQUES

ATLAS UNIVERSEL

DE GÉOGRAPHIE

ANCIENNE, MODERNE ET DU MOYEN AGE

CONSTRUIT D'APRÈS LES SOURCES ORIGINALES ET LES DOCUMENTS ACTUELS, VOYAGES,
MÉMOIRES, TRAVAUX GÉODÉSIQUES, CARTES PARTICULIÈRES ET OFFICIELLES

AVEC UN TEXTE ANALYTIQUE

PAR M. VIVIEN DE SAINT-MARTIN

Président honoraire de la Société de géographie de Paris.

Environ 110 cartes in-folio

GRAVÉES SUR CUIVRE PAR NOS MEILLEURS ARTISTES SOUS LA DIRECTION DE M. Ét. COLLIN

EXTRAIT DE LA PRÉFACE

L'Atlas universel de géographie se divise en trois grandes parties
auxquelles se rapportent trois catégories différentes de documents :

1º Les divers États de l'Europe (sauf la Turquie, que l'on peut considérer, sous tous les rapports, comme un État extra-européen) et plusieurs contrées étrangères où la civilisation et la science européennes
ont pénétré, possèdent aujourd'hui leurs grandes cartes topographi-
ques levées par les procédés savants de la géodésie, et nous donnant
l'image exacte du pays jusque dans ses moindres détails. C'est d'après
ces grandes cartes officielles, ou d'après leur réduction immédiate à
une échelle chorographique, que nos cartes de l'Europe ont été construites. Cette première division de l'Atlas, qui en est la section particulièrement importante au point de vue de la géographie politique et
économique, comme au point de vue de la science positive, comprend
trente-cinq feuilles ; elle forme le tiers de l'Atlas.

2º Les contrées en dehors de l'Europe, c'est-à-dire l'Asie, sauf l'Inde
et quelques autres cantons ; l'Amérique moins les États-Unis et le Chili ;
l'Afrique, moins l'Egypte et l'Algérie ; l'Australie, moins les colonies

de l'Est. Toutes ces contrées ne nous sont connues que par les descriptions, les cartes partielles, les itinéraires des voyageurs, rattachés à un plus ou moins grand nombre de déterminations astronomiques, et aussi par un certain nombre de documents nationaux.

3° La géographie historique forme une troisième division tout à fait distincte. Des médailles et des inscriptions nouvellement découvertes ont apporté à la géographie classique un grand nombre de noms nouveaux, ou fixé la véritable forme et l'application de bien des noms déjà connus, en même temps que les cartes actuelles, plus précises et plus détaillées, donnent une base plus certaine aux identifications. Des découvertes que la science ne soupçonnait pas avant le siècle actuel, le déchiffrement des inscriptions pharaoniques, les inscriptions cunéiformes de la dynastie akhéménide, les textes sanscrits de l'antiquité brahmanique, ont fourni des éléments tout nouveaux à la géographie aussi bien qu'à l'histoire des temps antiques. Un nombre infini de travaux partiels, répandus dans les mémoires des sociétés savantes, dans des ouvrages spéciaux, dans les recueils épigraphiques ou numismatiques, ont fixé une foule de points ignorés ou douteux, sans parler des travaux considérables dont certaines régions du monde grec et romain ont été l'objet, la Gaule, notamment, l'Italie et la Grèce.

C'est un devoir pour nous de payer un juste tribut à **M. Étienne Collin**, l'artiste éminent qui depuis l'origine exécute ou dirige la gravure de ces cartes. Je n'ai pas à craindre, en exaltant la beauté de son travail, d'être démenti par quiconque aura vu quelques-unes de nos épreuves; il en est, j'ose le dire, qui sont de véritables chefs-d'œuvre. Je noterai la Suisse, qui a paru déjà dans plusieurs grandes expositions; notre France en quatre feuilles, l'Europe centrale également en quatre feuilles, etc., etc.; — il faudrait tout citer. On peut affirmer que jamais la gravure topographique, à l'échelle d'un Atlas usuel, ne s'était élevée à cette perfection artistique.

Mode et conditions de la publication.

L'Atlas universel de géographie ancienne, moderne et du moyen âge sera publié par livraisons. Chaque livraison contiendra trois cartes accompagnées de notices sur les documents qui auront servi à leur construction et se vendra 6 francs.

Il paraîtra au moins trois livraisons par an à partir du 1er février 1877.

Le prix de chaque carte prise séparément variera selon l'importance des frais de fabrication — Ce prix, en aucun cas, ne sera inférieur à 2 fr. 50.

La première livraison **qui est en vente** comprend : une carte du ciel, la carte de la Turquie d'Europe et la carte de la région Arctique. Le prix de chacune de ces cartes séparément est de 2 fr. 50.

NOUVEAU DICTIONNAIRE

DE

GÉOGRAPHIE UNIVERSELLE

CONTENANT

1° LA GÉOGRAPHIE PHYSIQUE :

Description des grandes régions naturelles, des bassins maritimes et continentaux, des plateaux,
des chaines de montagnes, des fleuves, des lacs, de tous les accidents terrestres ;

2° LA GÉOGRAPHIE POLITIQUE :

Description circonstanciée de tous les États et de toutes les contrées du globe ; tableau
de leurs provinces et de leurs subdivisions ; descriptions des villes
et en particulier de toutes les villes de l'Europe ; vaste nomenclature de tous les bourgs,
villages et localités notables du monde ; population d'après les dernières données
officielles ; forces militaires ; finances, etc., etc. ;

3° LA GÉOGRAPHIE ÉCONOMIQUE :

Indication des productions naturelles de chaque pays, de l'industrie agricole et manufacturière,
du mouvement commercial, de la navigation, etc. ;

4° L'ETHNOLOGIE :

Description physique des races ; nomenclature descriptive des tribus incultes ;
études sur les migrations des peuples, la distribution des races
et la formation des nations ;

5° LA GÉOGRAPHIE HISTORIQUE :

Histoire territoriale des États et de leurs provinces ; description archéologique des villes
et de toutes les localités notables ;

6° LA BIBLIOGRAPHIE :

Indication des sources générales et particulières, historiques et descriptives ;

PAR

M. VIVIEN DE SAINT-MARTIN

Président honoraire de la Société de géographie de Paris.

EXTRAIT DE LA PRÉFACE

Le Nouveau Dictionnaire de Géographie universelle était attendu
depuis longtemps. Son apparition sera saluée, dans le monde des
sciences, comme un véritable événement. Cette œuvre dont on
comprendra l'importance quand nous dirons qu'elle égalera en volume le Dictionnaire de la langue française de Littré, va combler
une lacune qu'apprécieront tous ceux qui se sont occupés de géogra-

phie. Qu'on ne croie pas que ce soit là cependant un ouvrage uniquement destiné aux savants. Le nouveau Dictionnaire est une véritable encyclopédie géographique, ethnologique et statistique ; chacun de ses articles, dans son élégante concision, est le résumé de toutes les découvertes et de toutes les connaissances modernes ; on le lit avec un intérêt soutenu d'un bout à l'autre. Il nous suffira d'analyser le plan de l'ouvrage pour montrer que cette belle encyclopédie deviendra le complément indispensable de toutes les bibliothèques.

Le Nouveau Dictionnaire de Géographie universelle comprend :

La géographie détaillée de l'Europe, sous tous les rapports qui intéressent la statistique générale, particulièrement au point de vue politique, l'industrie, le commerce, les phénomènes physiques, les curiosités naturelles, et aussi les souvenirs historiques et archéologiques de toutes les époques ;

La description des contrées étrangères puisée aux sources originales, y compris les résultats de toutes les explorations contemporaines, jusqu'aux plus récentes, avec cette restriction, toutefois, que la pensée constante est de n'admettre que les faits bien constatés. Ainsi, les trois coordonnées géographiques, la latitude, la longitude et l'altitude, seront marquées pour tous les lieux notables où des observations directes les ont déterminées, en indiquant, autant que possible, le nom de l'observateur et la nature de l'observation.

Comme distribution et proportion des matières, on peut dire que les trois cinquièmes du Dictionnaire sont occupés par l'Europe, et les deux autres cinquièmes par les pays en dehors de l'Europe.

L'auteur n'a eu garde d'omettre les anciennes provinces de la France et leurs nombreux *pays*. Pour bien des parties du territoire, cette géographie locale des *pagi*, qui a ses racines au plus profond de notre histoire, est toujours en effet la géographie réelle et vivante, sous la froide nomenclature des divisions purement administratives.

Le nouveau Dictionnaire renferme deux des plus précieux éléments de la science géographique qui avaient été jusqu'ici très-négligés ou tout à fait omis dans tous les Dictionnaires antérieurs : ce sont l'*histoire géographique* et l'*ethnologie*. Pour nos Pays d'Europe, la géographie historique suit pas à pas le mouvement des races, la constitution des territoires, la formation et les mutations politiques des États. En dehors de l'Europe, elle expose la marche des explorations et le développement des études qui s'y rattachent ; elle dit ce que chaque époque et chaque explorateur ont ajouté, pour un pays donné, à l'étendue des notions acquises ou à leur précision. De même pour le côté ethnologique de la description du monde. On y a donné non-seulement une notice historique et descriptive des différentes races humaines prises dans leur ensemble, aussi bien que des nations ou des peuples qui ont eu leur rôle historique dans l'histoire ou qui y tiennent actuellement leur place, mais on a aussi relevé partout une nomenclature développée des tribus entre lesquelles se divisent les peuples demi-civilisés. N'est-il pas étrange, alors qu'on regarde comme important de n'omettre dans un Dictionnaire aucune localité qui a la moindre signification administrative, qu'on ne fasse aucune place à une nomenclature qui tient à l'homme même et qui a souvent tant d'applications scientifiques ? A côté de la géographie usuelle, de la géographie des affaires et des intérêts, le Dictionnaire, on le voit, fait une place considérable à la géographie d'étude.

C'est dans la même pensée que, par une autre innovation qui sera grandement remarquée et fort appréciée, l'auteur a soigneusement indiqué à la suite des articles toutes les sources à consulter.

Nous venons de mentionner les articles généraux ; le Dictionnaire leur attribue un espace relativement considérable. Là, en effet, est l'intérêt dominant et la plus grande somme d'instruction. On y développe fréquemment des faits particuliers, physiques ou ethnographiques, qui s'y trouvent placés dans leurs rapports naturels, soit entre eux, soit avec l'ensemble, et l'on évite par là, autant que possible, les morcellements qui sont à certains égards un inconvénient des Dictionnaires. Un bon système de renvois ne permet pas moins de retrouver sur-le-champ tel point particulier compris dans un article général.

Pour mener à bonne fin cette œuvre immense, M. Vivien de Saint-Martin a dû demander le concours de plusieurs savants déjà éprouvés dans des travaux analogues. Nous citerons : M. Louis Rousselet, géographe distingué et voyageur instruit, à qui l'on doit un ouvrage sur l'Inde d'une haute valeur, qui a accepté la tâche laborieuse de réunir, de coordonner et de réviser le manuscrit ; M. Élisée Reclus, le savant auteur de *la Terre* et de la *Géographie universelle* en cours actuel de publication, qui s'est chargé de plusieurs parties des deux Amériques qui lui sont particulièrement connues ; M. Onésime Reclus, lui-même auteur de plusieurs ouvrages très-remarquables et très-remarqués ; M. Belin de Launay, un des professeurs distingués de l'Université ; M. Meissas, auteur d'excellents livres d'éducation ; M. Cahun, connu par des travaux sur les langues touraniennes, et un archéologue distingué, M. Anthyme Saint-Paul.

Mode et conditions de la publication.

Le *Nouveau Dictionnaire de géographie universelle* formera deux magnifiques volumes in-4, même format que le *Dictionnaire de la Langue française de M. Littré*, imprimés sur trois colonnes Chaque volume contiendra environ 200 feuilles, soit 1600 pages.

La publication aura lieu par fascicules de 10 feuilles (80 pages). — Chaque fascicule se vendra 2 fr. 50 c. — Il paraîtra au moins 5 fascicules par an à dater du 1er février 1877. Le premier est en vente.

LE
TOUR DU MONDE

NOUVEAU JOURNAL HEBDOMADAIRE DES VOYAGES

PUBLIÉ SOUS LA DIRECTION DE M. ÉDOUARD CHARTON

ET TRÈS-RICHEMENT ILLUSTRÉ PAR NOS PLUS CÉLÈBRES ARTISTES

Les dix-sept premières années sont en vente (1860-1876).
Les années 1870 et 1871 ne formant ensemble qu'un seul volume, la
collection comprend actuellement seize volumes
qui contiennent plus de 9000 gravures

Et comprennent :

Les voyages de MM. G. Doré et Davillers en Espagne ; du capitaine Burton chez les
Mormons ; de M. Renan en Syrie ; de M. Mouhot dans les royaumes de Siam, du
Cambodje et de Laos ; de sir Baldwin dans l'Afrique australe ; du capitaine Speke
aux sources du Nil ; de M. de Mollins à Java ; de M. Ferdinand de Hochstetter à la
Nouvelle-Zélande ; de M. Charles Martins au Spitzberg ; de M. Arminius Vambéry
dans l'Asie centrale ; de Livingstone sur les rives du Zambèze ; de M. Aimé
Humbert au Japon ; de MM. Schlagintweit dans la Haute-Asie ; du vicomte
Milton de l'Atlantique au Pacifique ; de M. Mage dans le Soudan oriental ; du docteur J. J. Hayes à la mer libre du Pôle et au Groënland ; de M. Vereschaguine dans
le Caucase et à Samarkand ; de M. Francis Wey à Rome ; de M. et Mme Agassiz
au Brésil ; de M. A. Grandidier et de M. Rousselet dans l'Inde ; de MM. F. et
E. Whymper au territoire d'Alaska et dans les Alpes ; de M. Hepworth Dixon
en Russie ; de M. Fleuriot de Langle sur les côtes d'Afrique ; de M. Francis
Garnier en Indo-Chine ; de M. Wallace dans l'archipel de Malaisie ; de Stanley
à la recherche de Livingstone ; de M. de Varigny aux îles Sandwich ; de la
Germania et de la Hansa au pôle Nord ; du Dr Schweinfurth au cœur de
l'Afrique ; de M. Hayden dans le territoire du Montana et aux grands Gey-
sers d'Amérique ; de M. Keller Leuzinger sur l'Amazone et le Madeira ;
de sir Samuel White Baker dans l'Afrique centrale ; de M. Ch. Yriarte
dans l'Istrie et la Dalmatie ; de M. Pailhès dans l'archipel des Marquises ;
de MM. Rebatel et Tirant dans la régence de Tunis ; de M. J. Thomson en
Chine ; de M. de Lamothe au Canada ; des marins du *Polaris* dans les mers
du Pôle ; du colonel Warburton en Australie ; de M. Ch. Yriarte, dans la
Dalmatie et l'Herzégovine ; de M. A. Pailhès, aux îles Marquises et à Taïti ; de
M. Hepworth Dixon, dans les Etats-Unis ; de M. Francis Wey, dans la Toscane
et l'Ombrie ; de M. le vice-amiral Fleuriot de Langle, sur la côte d'Afrique ;
de M. T. Choutzé, à Pékin et dans le nord de la Chine ; de M. Th. Deyrolle,
dans le Lazistan et l'Arménie ; de M. Henri Belle, en Grèce ; des lieutenants
Payer et Weyprecht, au Pôle Nord (expédition du *Tegetthof*) ; de M. Kir-
chhoff, dans la vallée du Yosemiti.

CONDITIONS DE VENTE ET D'ABONNEMENT

Un numéro comprenant 16 pages in-4°, plus une couverture réservée aux nouvelles géographiques, paraît le samedi de chaque semaine. — Prix du numéro : 50 centimes. — Les 52
numéros publiés dans une année forment 2 volumes qui peuvent être reliés en un seul. Prix de
chaque année brochée en un ou deux volumes, 25 francs. Prix de l'abonnement pour Paris et
pour les départements : un an, 26 fr.; six mois, 14 fr. — Prix de l'abonnement pour les pays
étrangers qui ont adhéré à la convention de Berne : un an, 28 fr.; six mois, 15 fr. — Les
abonnements se prennent à partir du 1er de chaque mois.
Table décennale du *Tour du Monde* (1860-1869), brochure in-4°, 1 fr.

NOUVELLE
GÉOGRAPHIE UNIVERSELLE
LA TERRE ET LES HOMMES

PAR

ÉLISÉE RECLUS

10 à 12 volumes grand in-8
qui seront publiés par livraisons

EN VENTE :

Tome I : **L'Europe méridionale** (*Grèce, Turquie, Roumanie, Serbie, Italie, Espagne et Portugal*), contenant 4 cartes tirées à part et en couleurs, 60 gravures sur bois et 200 cartes insérées dans le texte.

Tome II : **La France**, contenant une grande carte physique de la France, 10 cartes en couleurs, 69 vues et types gravés sur bois et 200 cartes insérées dans le texte.

Prix de chaque vol., br., 30 fr.; richement relié avec fers spéciaux, tranches dorées, 37 fr.

EN COURS DE PUBLICATION :

ALLEMAGNE, AUTRICHE-HONGRIE, SUISSE

Mode et conditions de la publication.

La *Nouvelle Géographie universelle* de M. Élisée Reclus se composera d'environ cinq cents livraisons, soit dix à douze beaux volumes grand in-8° qui contiendront environ 2000 cartes intercalées dans le texte ou tirées à part et plus de 800 gravures sur bois.

Chaque volume, comprenant la description d'une ou de plusieurs contrées, formera pour ainsi dire un ensemble complet et se vendra séparément.

Les souscripteurs, selon leurs ressources ou leurs études, pourront donc se procurer isolément les parties de ce grand ouvrage dont ils auront besoin, sans s'exposer au regret de ne posséder que des volumes dépareillés.

Chaque livraison, composée de 16 pages et d'une couverture, et contenant au moins une gravure et une carte tirée en couleurs, et généralement plusieurs cartes insérées dans le texte, se vend 50 centimes.

Il paraît régulièrement une ou deux livraisons par semaine depuis le 8 mai 1875.

L'ANNÉE

GÉOGRAPHIQUE

REVUE ANNUELLE

DES VOYAGES DE TERRE ET DE MER
DES EXPLORATIONS, MISSIONS, RELATIONS ET PUBLICATIONS DIVERSES
RELATIVES AUX SCIENCES GÉOGRAPHIQUES ET ETHNOGRAPHIQUES

1862-1876

PAR

M. VIVIEN DE SAINT-MARTIN

Président honoraire de la Société de géographie

CONTINUÉE DEPUIS 1876

PAR

MM. MAUNOIR ET DUVEYRIER

FORMANT 14 VOLUMES IN-18 JÉSUS

à **3 fr. 50 cent. le vol.**

Il paraît, depuis 1863, un volume au commencement de chaque année. Les années 1870-71 ne forment qu'un vol. La collection est à son quatorzième volume.

L'impulsion immense qui porte les nations de l'Europe vers l'exploration du monde et l'étude des peuples étrangers est, un des grands côtés, le plus grand peut-être, de la civilisation moderne. Il y a là un intérêt philosophique de l'ordre le plus élevé, en même temps qu'un intérêt pratique de tous les instants. S'il est une science vivante entre toutes, c'est la géographie ; nous serions bien heureux que la publication de l'*Année géographique* ait pu et puisse encore contribuer pour sa part à en populariser le goût de plus en plus, et à en relever l'étude affaiblie.

VIII
PUBLICATIONS NOUVELLES

GÉOGRAPHIE HISTORIQUE
ET ADMINISTRATIVE
DE LA GAULE ROMAINE

PAR

Ernest DESJARDINS
Membre de l'Institut
Maître de conférence (Géographie) à l'École normale supérieure

OUVRAGE CONTENANT :

Une grande carte d'ensemble de la Gaule romaine, des cartes, eaux-
fortes et gravures en couleurs tirées à part, des bois et des zincs
intercalés dans le texte. 4 beaux vol. in-8 jésus.

Chaque volume sera vendu séparément, broché : **20** francs.

Conditions de la publication.

Cet ouvrage comprendra quatre volumes, qui seront vendus séparément, ainsi
que la grande carte comparée de la Gaule romaine.

Le tome Ier, qui vient de paraître, contient :

1° Une INTRODUCTION expliquant l'objet, le plan et les divisions du livre, et
donnant l'énumération détaillée des sources auxquelles l'auteur a puisé. Ces
sources comprennent les textes classiques, les monuments législatifs, les textes
épigraphiques, la numismatique, les documents archéologiques et diplomatiques,
et les publications géographiques antérieures, passées en revue par l'auteur avec
des réflexions critiques sur leur valeur relative ;

2° La GÉOGRAPHIE PHYSIQUE DE LA GAULE ROMAINE, comprenant cinq parties :
I. l'*Orographie* ou la description comparée des montagnes ; — II. l'*hydrogra-
phie intérieure : fleuves, rivières et lacs* ; — III. la *description détaillée des
côtes anciennes et actuelles*, avec l'indication des changements survenus depuis
l'époque romaine ; — IV. *le sol et le climat* au temps des Romains ; — V. *les
productions :* les mines, la flore et la faune à l'époque romaine.

Il renferme, en outre, 17 planches tirées à part et 22 vignettes intercalées dans
le texte. Les planches sont, pour la plupart, des cartes donnant, à l'aide de deux
tirages de couleurs différentes, l'état ancien du pays comparé à l'état moderne ;

Le tome II paraîtra dans les premiers mois de 1877. Il comprendra la Géographie de la Gaule à l'arrivée des Romains, un rapide examen topographique des
conquêtes de César et l'organisation administrative de la conquête romaine, provinces, cités, *pagi* (ou cantons), etc.

Les tomes III et IV suivront de près. Ils seront consacrés : 1° Le tome III, à
l'étude de la topographie détaillée de la Gaule romaine, touchant les circonscrip-
tions des cités et le régime particulier de chacune d'elles, les villes et *oppida*, les
lieux historiques, *castella*, stations thermales, villas, etc.; le tome IV à l'étude détaillée du réseau des voies romaines, stations postales, bornes milliaires, etc.

HISTOIRE

DE LA

FORMATION TERRITORIALE

DES

ÉTATS DE L'EUROPE CENTRALE

PAR

AUGUSTE HIMLY

Professeur de géographie à la faculté des lettres de Paris.

2 volumes in-8, brochés................. 15 francs.

EXTRAIT DE L'AVANT-PROPOS

Le système territorial de l'Europe contemporaine est le résultat complexe d'une longue série de révolutions qui, créant et détruisant tour à tour les états, modifiant sans cesse leur assiette et leurs limites, ont abouti à donner à notre continent sa configuration politique présente.

Ramené continuellement par mon enseignement à la Sorbonne à étudier cette action et cette réaction incessantes de la géographie sur l'histoire et de l'histoire sur la géographie, j'ai entrepris, il y a bien des années déjà, d'écrire une *Histoire de la formation territoriale de l'Europe moderne*, qui, prenant comme point de départ la géographie physique des grandes régions européennes, retraçât sommairement, pour chaque état actuellement existant, son origine et la réunion successive de ses parties intégrantes, ses agrandissements et ses pertes territoriales dans le mouvement général de la politique européenne, sa situation présente enfin au triple point de vue de la géographie, de la politique et de l'ethnographie. Expliquer l'organisation territoriale de l'Europe contemporaine tant par les conditions inhérentes à la nature du sol que par les vicissitudes de l'histoire, mettre en saillie les grands faits géographiques et historiques, ethnographiques et statistiques qui ont eu pour résultante l'ordre de choses présent, en un mot commenter et illustrer la carte actuelle de notre continent, tel est le but que je m'étais proposé en commençant et que je me suis efforcé de ne jamais perdre de vue. Aussi, tout en remontant aux premières origines des états modernes et en étudiant d'âge en âge la suite complète de leurs transformations territoriales, ai-je cru devoir insister davantage sur les temps les plus rapprochés de nous et n'accorder un développement analogue aux événements des siècles plus reculés que pour autant que leurs conséquences se font sentir jusqu'aujourd'hui.

Je soumets aujourd'hui au public la *première partie* de cet ouvrage, consacrée aux états de l'Europe centrale. Les sept livres dont elle se compose, tout en se complétant mutuellement, ont chacun son sujet spécial : le premier donne un aperçu de la géographie physique de la région centrale du continent européen ; le second est un essai de géographie historique générale, où j'ai tâché d'analyser les grandes époques historiques et géographiques du monde germanique depuis l'époque romaine jusqu'à nos jours ; les cinq autres traitent de la géographie historique spéciale des différents états, — Autriche, Prusse, Petite-Allemagne, Suisse, Pays-Bas et Belgique, — qui constituent le groupe.

PARIS. — IMPRIMERIE E. CAPIOMONT ET V. RENAULT
rue des Poitevins, 6.